《中国语学文库》

总主编：邢福义

副主编：汪国胜　朱　斌

本书获湖南省教育厅社科项目（项目编号：16C0984）经费资助。

现代汉语功能句型系统构建研究

A Study on the Construction for the System of the Function-based Sentence Patterns in Modern Chinese

王擎擎◎著

中国出版集团公司

世界图书出版公司

广州·上海·西安·北京

图书在版编目（CIP）数据

现代汉语功能句型系统构建研究 / 王擎擎著. — 广
州：世界图书出版广东有限公司, 2017.6
　ISBN 978-7-5192-3393-8

　Ⅰ.①现… Ⅱ.①王… Ⅲ.①现代汉语—句型—研究
Ⅳ.①H146.3

中国版本图书馆CIP数据核字（2017）第155905号

书　　名	现代汉语功能句型系统构建研究	
	XIANDAI HANYU GONGNENG JUXING XITONG GOUJIAN YANJIU	
著　　者	王擎擎	
策划编辑	孔令钢	
责任编辑	黄　琼	
装帧设计	黑眼圈工作室	
出版发行	世界图书出版广东有限公司	
地　　址	广州市新港西路大江冲 25 号	
邮　　编	510300	
电　　话	020-84460408	
网　　址	http:// www.gdst.com.cn	
邮　　箱	wpc_gdst@163.com	
经　　销	新华书店	
印　　刷	北京市金星印务有限公司	
开　　本	710mm × 1000mm　1/16	
印　　张	15.5	
字　　数	259 千	
版　　次	2017 年 6 月第 1 版　2017 年 6 月第 1 次印刷	
国际书号	ISBN　978-7-5192-3393-8	
定　　价	54.00 元	

摘　　要

　　对句型的研究既可从形式角度进行考察，也可以从功能角度进行分析。而从已有的研究成果来看，汉语句型研究仍侧重从形式角度对句子进行分析。本书希望从功能角度对汉语句型的全貌进行重新梳理。对汉语句型的分析方法也与传统的句子分析法不同，本书从"构式"与"语块"的角度对汉语句子进行分析，从句子所表达的语义功能角度进行归类，从而建构汉语功能句型的体系框架。依据"形式制约、语义管控"的分析方法，使最终解析得到的句型既能看出其所表达的语义内容，又能找到句型分类的形式依据。

　　本书着重分析了以下内容：

　　绪论部分分析了汉语句型的研究现状，阐释了本书的选题缘由及研究价值，介绍了文章选用的理论和方法，对本书的研究框架和内容进行了说明，即主要分析陈述功能句型、疑问功能句型和指令功能句型，并解释了汉语功能句型"三分"的原因。

　　正文部分首先是对陈述功能句型的讨论。陈述功能是语言表达中最为重要的一项功能，因为人们在言语交际中总是在互相交换自己所知道的信息。本书将陈述功能句型的陈述对象分为对客观世界的陈述和对主观世界的陈述，并认为对主观世界的陈述是对客观世界存在事物的主观映射。因此，本书在论述陈述功能时，也关注了此类句型中所包含的主观性。在对陈述功能句型进行讨论时，书中并没有在解析式中列出很多的形式标记，而是更侧重于从语义角度归纳各个语块所包含的语义内容。

　　其次是对疑问功能句型的讨论。人们对世间万物存在探知心理，因而会向他人进行询问。同陈述功能句型相反的是，人们使用疑问功能句型是要获取新信息。本书从疑问域的角度将此类句型分为对句内成分的疑问和对整体内容的疑问。其中对句内成分的疑问又可以细分为对句内单一成分的疑问和对句内部分成分的疑问。疑问功能句型中，可以作为疑问标记的因素比较多，本书考察和分析了疑问标记词、疑问格式、疑问语气词及疑问语气这些可以承载疑问信息的要素。

再次是对指令功能句型的讨论。指令功能句型所包含的语力比前两类句型高，因此对动词的选择具有特殊性。从指令功能句型所表达的语义内容来看，这类句型基本都会包含四个要素：发话人、指令标记、受话人和指令内容。本书依据指令程度的强弱将这类句型分为警告类、命令类、建议类和请求类，并对这四小类句型进行逐一分析。

本书最后对这三类功能句型之间的关系进行了论述。本书认为陈述、疑问、指令这三种语义功能之间呈离散状态，而表达这三种语义功能的句型之间却并非如此。首先，功能句型内部各小类之间存在语义上的关联性；其次，各类功能句型之间存在边缘地带，这些边缘地带使得功能句型之间并不是毫无关联的。各类功能句型之间的关联性主要体现在每一类功能句型的非典型类上。非典型的功能句型只具有某类句型的部分特征，因此存在与其他类功能句型发生关联的可能性。对于句型之间关联性的论述，本书主要从主观性、确信度、疑问度等角度论述了三类功能句型之间的联系。

关键词：功能句型　语义　构式　语块　连续统

目　　录

第一章 绪 论

第一节 汉语句型研究现状

真正意义上的现代汉语句型研究学界一般认为是从吕叔湘先生的《中国文法要略》（以下简称《要略》）（1942）[1] 和王力先生的《中国现代语法》（以下简称《语法》）（1944）[2] 开始，汉语学者逐渐关注到句型研究的重要意义。在早期的研究中，由于受西方语言学理论的影响，汉语句型研究注重从结构角度对句子进行分析和归类，不太重视句子内部结构的层次性和句子的语义功能。后来，学者们注意到汉语句型不仅可以从形式角度进行分析，还可以从功能角度进行分类。但这种功能分类是从句子语气角度进行的分类，并且是借用英文 sentence type 的分类，把汉语语气归纳为与句子功能类型相对应的陈述、疑问、祈使、感叹四种类型。这种分类是否符合汉语句型的实际还有待进一步思考。之后学者们从功能角度对汉语句型进行分类做了很多尝试，但是比较系统的汉语功能句型体系仍然不够完备。本书认为句子语气并不能代表语句所表达的语义功能，语气与句子的表述意图不是一回事，不能完全画等号。本章先简要论述"结构"与"功能"视角下现代汉语句型研究现状及存在的问题，再介绍本书从语义功能角度对汉语句型进行研究的基本思路。

---

[1]　吕叔湘 . 中国文法要略 [M]. 上海 : 商务印书馆，1942.

[2]　王力 . 中国现代语法 [M]. 上海 : 商务印书馆，1944.

一、"结构"视角下的现代汉语句型研究现状及问题

（一）"结构"视角下的现代汉语句型研究现状

汉语句型研究从一开始就深受结构主义语言学理论的影响，从 20 世纪初开始，学者们大多是从结构角度出发对汉语句型进行分类。本书认为对汉语句型研究有深远影响的是吕叔湘先生的《要略》和王力先生的《语法》。《要略》从形式与语义两个角度对汉语句型进行了论述和分类，这种研究方法对后来的研究有深远的影响，即语言研究可以有两种研究路径：从形式到意义和从意义到形式。《要略》中将汉语句子分为叙述句、表态句、判断句和有无句。王力先生在《语法》中对汉语句型的分类更加注重句子成分所具有的句法功能，以不同性质的谓语将汉语句型分为叙述句、描写句和判断句。这两本著作中以谓语为中心对汉语句型进行分类的方法被学者们传承下来，后来的学者所建构的汉语句型体系大多都是采用此种方法，而吕叔湘先生提倡的从语义到形式的研究路径并没有引起很多人的重视。在这一时期，高名凯先生在其著作《汉语语法论》[1]中也对汉语句型进行了分类。该著作中提到应区分"句型"、"句类"、"句模"，这三种类别分别以句子语气、谓语的性质、结构成分三个要素为考察对象。

20 世纪 50 年代以后，西方的结构主义描写语法理论对汉语句型的研究有很大的影响。这一时期，为了语法教学的需要，张志公先生主编了《暂拟汉语教学语法系统》（以下简称《系统》）。该书注重单句层面的结构分析，但是书中列举的句型内部不分层次，没有对句子成分做进一步细分。之后，张志公先生对《系统》中的句型体系进行修订，即 1959 年出版的《汉语语法常识》（修订本）[2]。其中将不同类别的句型进一步细分，不仅对各类句型中充当谓语的主要成分进行了说明，还指明了各类句型中谓语的用途。

进入 60 年代，丁声树先生等编写的《现代汉语语法讲话》（1961）[3]注重句子的结构形式和层次性，同时又兼顾了汉语句型的特点并注重语义分析。之后，引入

---

[1]　高名凯 . 汉语语法论 [M]. 上海：上海开明书店，1948.
[2]　张志公 . 汉语语法常识（修订本）[M]. 上海：上海教育出版社，1959.
[3]　丁声树 . 现代汉语语法讲话 [M]. 北京：商务印书馆，1961.

中国的语法理论越来越多，这些新的理论拓宽了汉语句型研究的视野。此外，70 年代之后我国的汉语国际推广工作也步入了新的阶段，汉语句型教学也逐渐引起对外汉语教学界的注意，无论是汉语本体研究还是对外汉语教学研究都要求学者们重视汉语句型研究。吕叔湘先生在《汉语语法分析问题》（1979）[1] 中也提到"怎样用有限的格式去说明繁简多方、变化无尽的语句，这应该是语法分析的最终目的，也应该是对于学习的人更为有用的工作"。80 年代出现了两部关于汉语句型研究的专著，即李临定先生的《现代汉语句型》（1986）和陈建民先生的《现代汉语句型论》（1986）。李临定先生从句法、语义、语用三个角度论述了汉语句型的特征，不仅注重静态描写，还注重语句的动态分析。该书从不同层面对汉语句型进行研究，既论述了汉语句型的概况，又指出了句型之间的系列性区别特征，为汉语句型研究做出了重要贡献。陈建民先生对汉语句型的分类很有特色，他取消了单复句的区分，提出一个前提（"多分"）、两个标准（"统一性"、"概括性"）、三个原则（"对立性原则"、"区别性原则"、"省略性原则"）的分类依据，以此建构汉语句型的体系框架，使人们对汉语句型的概况及层级性有了不同的认识。

　　新时期对汉语句型的研究，本书以四本现代汉语教材为分析对象，阐述句型研究的成果及存在的问题。这四本教材分别是：黄伯荣、廖序东主编的《现代汉语》（2002），胡裕树主编的《现代汉语》（2002），张斌主编的《新编现代汉语》（2002）和邵敬敏主编的《现代汉语通论》（2005）。

　　上述四本教材都对现代汉语句型的体系进行了详细描述，从结构和功能两个角度对汉语句型进行分类并且注重句型的体系及层级性。黄伯荣、廖序东本《现代汉语》对句型的分类既重视形式又关注语义，但是作者只在语气类句型中关注了句子所表达的语义内容，并且分类的标准是句子的语气。胡裕树本《现代汉语》、张斌本《新编现代汉语》也是从句子的结构和语气两个方面对汉语句型进行划分。胡裕树本在论述主谓句的下位句型时，注意到这些下位句型所表达的语义内容，但是并没有完整、系统地对各类句型所表达的语义内容进行概括、总结。《现代汉语通论》则在前人分析的基础上将汉语句型分为三个层次：句型、句式、句类，并对三个层次的系统做出了明确的界定：句型系统是按照句子的结构模式划分出来的类型系统；句式系统是按照句子的局部特点划分出来的类型系统；句类系统是按照句子的语气功能划

---

[1]　吕叔湘 . 汉语语法分析问题 [M]. 北京：商务印书馆，1979.

分出来的类型系统。这里的句型系统即前面三本教材中论述的结构类句型，句式系统则是将汉语中比较特殊的动词性谓语句及其他带有特殊标记词的句子单列为一类，句类系统即前面论述的以语气为标准划分出的句型。

（二）"结构"视角下的现代汉语句型研究存在的问题

首先，句型研究最理想的状态就是能够建构一套涵盖所有句型的体系，并且要做到分类标准一致，分类结果互无交叉。"结构"视角下的句型体系基本能够涵盖全部的汉语句型，但是现有的句型体系仍存在的问题就是分类标准不一致，分类结果互相重叠交叉，多标准的操作方法必然会在分类时出现问题。其次，形式上相同的句子表达的语义未必相同。以"台上演着皮影戏"和"台上坐着主席团"为例，二者虽然形式上一致，但是句中动词与其他名词性成分的语义关系并不相同。再次，传统的句子分析法有句子成分分析法和层次分析法等。句子成分分析法能让语言学习者清晰地了解句子的构成成分，但是无法体现句子的层次性，因为成分分析法分析出来的只是平面上的结构，并非句法结构的真正层次；层次分析法可以梳理出句中词语之间的结构层次和结构关系，其缺点是无法揭示句法结构内部的深层语义关系，如"鸡不吃了、鲁迅的书"，这类歧义结构内部层次关系相同，但表达的深层语义关系却不同。为了解释这种歧义结构，变换分析法应运而生，但是变换分析法无法解释产生歧义的原因。因此，后来的学者便提倡用语义特征分析法来分析句子的结构。以"吃完了"和"吃饱了"为例，前者的补语"完"语义指向动词"吃"的受事，而后者的补语"饱"语义指向动词"吃"的施事。二者虽然内部结构层次相同，但是表达的语义不同。语义特征分析法虽然能够明确句子成分的语义指向，但是作为一种析句方法，它还缺乏客观的参照标准，对语义特征的概括和描写具有很强的主观性。

二、"功能"视角下的现代汉语句型研究现状及问题

（一）"功能"视角下的现代汉语句型研究现状

从功能角度对句型进行研究的成果较早见于吕叔湘先生的《要略》。《要略》

中用了大量篇幅对汉语句法进行全面的语义分析。之后，吕叔湘先生在《汉语语法分析问题》中谈到"句子一般说是最高一级单位，只能按结构分类，其实也可以按功能分类，不过这方面不怎么理会"。这段论述中提到的"功能分类"指的是按句子在篇章段落里的功能来分类。20 世纪 70 年代末，系统功能语法理论引入国内，其中韩礼德的功能句法理论为汉语句型研究提供了一个新的视角——系统功能的视角。之后从功能角度对汉语句型进行研究逐渐引起了学者们的关注，但是学者们对"功能句型"研究的视角并不一致。以下将分别从本体研究与语言教学两个角度对"功能句型"的研究现状进行梳理。

1. 立足于语言本体的"功能句型"研究

语言本体研究中，学者们对"功能"一词的定义不同。目前汉语语言学界对"功能"的释义大致有以下四种：

首先，吴为章（1994）认为从功能角度给句子分类，不论是从分类标准还是从分类角度都与传统的句型分类不同，分类角度的转变涉及句型研究方法论的转向。按照功能给句子分类，在语言教学实践与研究中有着按结构分类的句子类别不能替代的作用，因而有深入研究的必要。该文定义的句子功能指的是句子在语篇中的作用。其次，朱德熙（1982）、赵春利和石定栩（2011）等认为句子的功能等同于"用途"。其中朱德熙先生认为从句子的功能来看，可以将汉语句型分为陈述句、疑问句、祈使句、称呼句和感叹句五类。这种分类实质上还是按照句子的语气所分的类别。赵春利、石定栩（2011）区分了 mood、sentence type、modality 三个概念，提出要挣脱将汉语语气、句子功能类型和句末助词三者一一对应并循环论证的藩篱，应把三者分开来处理。本书也认同此观点，句子语气并不等同于句子功能，在给汉语句型进行功能分类时，不能完全按照英语句型的体系来分类。再次，屈成熹、纪宗仁（2005）认为句子的功能指的就是语义功能，认为句法不是单独存在的个体，而是与语义、语用等因素密切相关的。范晓（2009）认为句子的功能不仅仅体现在语篇层面上，句子还有表意功能和交际功能。最后，徐杰（2010）认为要在语法学意义下定义句子的功能，制定切实可行的语法学标准和规范。该文认为语法学意义下的"句子功能"是能够带来语法效应的句子功能。

在已有的研究成果中，吴剑锋（2008，2009）以言语行为理论为基础，结合认知语言学、心理语言学的理论和方法，重新审视了汉语句类的划分问题。该文认为句类是句子的功能分类，是按句子在交际中的作用划分出的句子类型，传统的句类划分掩盖了句子功能的丰富性。我们认为吴剑锋分析的句类系统与本书所论述的"功能句型"并不相同。因为句型是句子的结构格局，如单句、复句，句型是句法平面的；句类是以表达目的即语气为依据的分类，句类是语用平面的。句类和句型的不同之处在于语气是决定句类的关键因素，而本书论述的功能句型，语气只是参考性因素而非决定性因素。

2. 立足于语言教学的"功能句型"研究

尽管学者们对"功能"的定义不同，但是大家都逐步意识到"功能"在语言教学中的重要性。从 20 世纪 90 年代开始，对外汉语教学界的学者们依据语言教学实践陆续制定出一些功能大纲，如杨寄洲主编的《对外汉语初级阶段教学大纲》（1999）中的"功能大纲"、赵建华主编的《对外汉语教学中高级阶段功能大纲》（1999）、国家对外汉语教学领导小组办公室编写的《高等学校外国留学生汉语言专业教学大纲》（2002）中的"功能项目表"、《高等学校外国留学生汉语教学大纲》（长期进修）（2002）中的"功能项目表"以及上海师范大学对外汉语学院编写的《旅游汉语功能大纲》（2008）。以上所列举的各种功能大纲是以有利于对外汉语教学实践为宗旨，所列的功能项目是日常交际中出现频率比较高的一些词、短语、句子和语段。上述这些功能大纲中所说的"功能"指的是"交际功能"。这些功能大纲划分标准不尽一致且种类较为繁复，又因着力于应付对外汉语教学的需求，在有些方面过于简化。

除了上述功能大纲之外，立足于语言教学的功能句型研究成果有：吴勇毅（1994）认为过多依赖形式来标记句型，在语言教学中并不能给学习者的理解与表达提供很多帮助。现有的句型体系偏重形式，对语义和语用因素重视不够。该文建议句型研究可以走从意义到形式的路子，并提出一些操作方法，如从意义出发，看表示某个意义的形式有哪些，当然有些可能有形式标记，有些可能没有形式标记，下位句型的分类可以依据语义关系、语义指向或语义特征等因素。李泉（1997）提出句子格式应有常量和可以类推的变量，其中"常量"为句子的格式标志，该文认为标志性是功能的本质特征，是确认句子功能的根本原则之一。温云水（1999，2001）建议可以依据句子所表达的交际意义建立句型，并在文中提出"框架"加"空位"的分类操作方法，这与李泉提出的"常量"加"可类推的变量"的方法可谓殊途同归。温云水认为功能句型的可操作性就在于它有一个由固定的词语构成的特定"框架"供人记忆、识别与运用，而其现实的生成能力则是由其含有的"空位"所提供的，人们可以根据简单的模仿和类推的方法运用相关的词语去替代与生成。王俊毅（2007）根据前人提出的"功能类"概念，对汉语陈述句进行了重新分类，从功能角度将陈述句分为对事件的表述、对预期的表述和对性状的表述。其中对事件的表述分为陈述、描述、说明，对预期的表述分为建议、计划、估量，对性状的表述分为判断、评价和描写。王俊毅提出应以句子功能为中枢，进一步对各个词类的功能以及短语、结构的功能及语段语篇功能进行研究。以上几位学者的研究关注的是句子的交际功能或是其表达的语义功能，都较为注重从句子内部找出可以定义句子功能的成分，以此作为一种功能句型与其他功能句型相对立的依据。

在已有的研究成果中，还有一些是对具体的功能项目进行研究，如李婷婷（2011）分析了"谦虚"功能；马剑（2011）考察了"否定"功能；唐晓婷（2012）论述了"批评"功能；杨雪（2012）研究了"拒绝"功能。另外，温云水（2007）选取了一个特定句式"瞧 / 看 / 瞅＋K_1＋这（个）// 那（个）＋k_2!"进行考察。该文详细论述了贬抑功能句型的归纳过程及相关句法特征，并分析了如何由这一句式衍生出二级句式、三级句式，为功能句型的研究提供了新的研究思路。此外，还有一些论文是对前期研究成果的分析、讨论，并提出自己的观点。如：易峰（2009）对部分功能大纲进行研究分析，认为汉语功能句型的归类还有待进一步商榷；王美馨（2012）对已有的功能句型研究进行了简要的分析、论述，并以《博雅汉语》的语言材料为基础，尝试建立功能句型的语料库。

3. 功能句型研究的新视角

对句子功能的研究，有的学者从形式语法的角度来分析汉语句子的功能，并对汉语句子功能进行重新定义，如司罗红（2011）依据 X- 阶标理论和格位理论对句子功能进行线性实例化研究。也有一些学者将"形式"和"功能"结合起来分析句子结构，如冯胜利（2011）提出的"结构功能观"的教学语法。该语法理论认为，每一种结构都有其功能，每一种功能也有其对应的结构。"结构功能观"的教学语法研究排除了结构的特殊用法或变形的用法，仅仅关注语言教学中涉及的基本句式。

在近期的研究成果中，有不少学者采用 Goldberg 的构式语法理论来分析汉语句子的功能。如吴为善、夏芳芳（2011）对构式"A 不到哪里去"的分析，并考察其话语功能及形成原因；王寅（2011）以认知构式语法为理论依据，分析了"被自愿"一类"新被字构式"的词汇压制；罗耀华、周晨磊、万莹（2012）对构式"小 OV 着"的构式义、话语功能及其形成理据的研究。

　　这些研究成果对本书的研究有很大的启发性。我们认为可以借鉴前人的经验、方法对汉语句型进行重新分析，在分析句子功能时以"形式制约，语义管控"为原则，划分出表达不同功能的句型，将相同功能的句型进行归类，形成功能视窗下各个不同功能菜单层级的句型体系。

　　（二）"功能"视角下的现代汉语句型研究存在的问题

　　从功能角度对现代汉语句型进行研究的成果已经很多，但是目前研究中仍存在一些不足。如学者们对"功能"的定义不同，阐述的功能句型内涵不一致。其次，现有的各种功能大纲中所列举的功能类型过于细化，概括性不够。再次，从功能角度对汉语句型进行分析的广度不够，目前的研究仍仅限于对特殊句式的分析。

　　因此，本书的写作目的就在于选取某一视域，对现代汉语功能句型进行重新分析，尝试梳理出新的汉语句型体系。这一思路仍是沿袭吕叔湘先生对汉语句型的研究路径，只是侧重于从语义功能角度来观察现代汉语句型的全貌，对汉语句型研究进行新尝试。

第二节　本书的理论依据和研究价值

一、理论依据与研究方法

　　（一）本书的理论依据

　　构式语法的兴起拓展了语言学研究的视野，尽管目前人们对构式语法的解释能力仍存有很大的疑问，认为它只适用于解释一些特殊的句式，但是本书认为"构式"

与"语块"相结合,可以为分析句子提供新的途径。因为"语块"与人的认知思维相关,是"预制性"成分,句子就是由若干语块组合而成,并且人们能够接受的最大心理组块为7,最适宜的是4(陆丙甫、蔡振光2009)。因此,本书在对各类句型进行分析时,尽量将构成句子的语块控制在4左右。句子所表达的语义内容并不是由语块简单相加构成的,而是会产生新的构式义,这种构式义就是本书所关注的"语义功能"。

构式语法兴起的时间相对于形式语法和功能语法较晚,但国内已有相当一部分研究成果是从构式的角度研究汉语现象,并且"构式"的研究方法在汉语教学中的作用不可小觑,相较传统的语法教学有其自身的优势。如苏丹洁、陆俭明(2010)提出的"构式—语块"教学法,其"语块"是人认知心理层面的"组块"在语言句法层面的体现。这就保证了以"构式"的方法对句子进行结构分析能获得人们心理认知上的一致性。此外,冯胜利、施春宏(2011)提出了一种新型的二语教学语法体系——"三一语法",即将形式、功能的研究视角综合起来再考虑具体的语境因素,力求体现"场景驱动、潜藏范畴、实现法则"的教学理念。

根据这些理论研究成果,本书认为从句子的功能入手,结合形式标记,对现代汉语功能句型展开系统性研究是可行的。这种系统性研究既要从宏观角度考察汉语句子的功能种类,也需要考察各个功能类的下位分类。"形式—功能"相结合的主张已有学者提出,本书认同这一方法,并以构式语法作为理论基石,从宏观的角度对汉语句型进行重新梳理。

(二)本书的研究方法

本书的研究以构式语法为理论依据,并参照苏丹洁、陆俭明提出的"构式—语块分析法"来归纳汉语功能句型。研究路径是先分析一个个构式所表达的语义功能,然后将相关功能句型归类,最后再形成体系。在进行构式分析时,不仅要着力于整个构式义的解析,还要分析除构式标记词之外的句子成分的语义内涵,并且要关注整个构式适用的语境。此外,李泉与温云水的研究都注意到句子标记词对汉语学习者掌握句型的重要性,但是"可以类推的变量"或是"空位"中填充的词语有什么限制,二位学者没有明确的论述。这一点在苏丹洁、陆俭明的"构式—语块分析法"中得到了弥补。

本书认为在分析句子的功能时,既要分析句子各组成部分的语义,又要关注句子中一些关键的标记词，以此来考察句子的功能更具可操作性。本书所定义的"功能"也是从语义角度出发的，只要某个构式可以表达某种语义功能，就可以把它纳入本书讨论的功能句型体系框架内。

在有关语言教学的句型研究中，不少学者引入"语块教学"的概念。薛小芳、施春宏（2013）论述了学界对"语块"的共识：就其结构而言，语块是由连续或不连续的词语或其他有义元素整合而成，具有实体性、模块性；就形义关系而言，语块作为一个整体，在形义关系上具有共时上的不可分析性或较低的分析性，即形义整合性，每个语块都有特定的语用功能；就表达系统而言，语块不是在语言交际中通过语法规则临时生成的，而是早已储存在大脑中的，具有很高的预制性；就交际过程的即时加工而言，语块具有易于提取性，对学习者和交际过程而言，语块具有鲜明的整存整取特征。

因此，本书选取构式语法为理论依据，在分析具体的功能句型时，先将其分解为若干组块，再概括其整体的构式义及适用的语境。

二、研究价值

本书在理论和应用方面都具有创新价值。

（一）理论价值

在现有的汉语句型研究中，从形式角度进行论述的成果丰富，并且形成较为完备的句型体系。而从功能角度考察汉语句型虽然引起了众多学者的关注，但是系统性地将汉语句子重新梳理，并描绘出一幅较为详细的功能句型树形图的研究成果并不多见，且现有的研究成果之间分类标准、框架体系差异较大。本书所说的树形图是从功能的角度出发，看汉语句型大体上表达了哪些语义功能。对于各类功能句型，又该如何进行下位分类。本书在相关章节的最后，附上了一些表格，总结了我们对功能句型的简要分类。此外，目前针对各种功能类型的专题研究所采用的理论也大多为社会语言学、心理语言学、交际法理论及系统功能语法相关理论。因此，在功能视角下研究现代汉语句型还存在继续探索的必要性。本书希望能运用新的方法、新的研究视角重新梳理汉语句型体系。

从形式角度研究汉语句型的丰硕成果为功能句型研究提供了充足的养分。本书认为句子的功能仍是以结构为依托的，没有结构也就无从谈功能，句子的结构和功能是密不可分的。本书在总结和概括功能句型研究成果的基础上，对目前研究中仍存在的问题提出自己的看法，并阐述对于建构现代汉语功能句型体系的一些想法。

（二）应用价值

本书的研究也可以为语言教学中的句型教学提供参考，使学习者能够从所要表达的语义出发检索自己所要运用的句法结构，并能根据会话语境的限制和要求，使用得体的表达方式。

针对汉语句型的研究，学者们希望能够创建一套标准一致、层次分明的句型系统。前人大都以形式手段作为划分句型的依据，后来在语言研究与教学实践中逐渐发现从功能角度对汉语句型进行重新分类的重要性和必要性，因此出现了诸多相关研究成果。对外汉语教学界的学者们已经制定出了汉语教学用的功能大纲，但这些大纲中列举的功能项目是否已经反映了汉语的实质，是否在形式化上做到了标准一致，功能项目立项是否得当，本书认为都需要进一步的考察和论证。本书所阐述的功能句型研究其实与对外汉语教学界对句子的功能分析可以互证和互补。对外汉语教学界的研究立足于语言教学，将汉语中使用频率较高的句子按照交际功能分为不同的功能项目；而本书所论述的功能句型研究则希望能够立足于汉语本体，将汉语句子形式化地表述为各种功能，然后再将研究成果应用于语言教学实践。虽然二者出发点不同，但最终的目的仍然是认清汉语事实，为语言教学提供帮助。

三、结构安排

本书所论述的功能句型体系包括陈述功能句型、疑问功能句型和指令功能句型。而传统的从语气角度分出的功能句型为四类：陈述、疑问、祈使和感叹。徐杰（1987）认为传统的四分法同时采用了两种不同的功能标准。该文认为句子的功能是"表情达意"，陈述、疑问、祈使属于"达意"，而感叹则属于"表情"。因此，感叹句不应该与其他三类句型归为一类。戴耀晶（2001）提到言语行为类型主要可分为三种：表述（statement）、询问（question）和要求（command）。相应的句子功能结构类型也可分为三类：陈述句（declarative）、疑问句（interrogative）、祈使句（imperative）。该文也没有将"感叹"列为功能句型的一个类别。

本书认为"感叹"属于人的情感表达方式。朱德熙在《语法讲义》中也谈道，"感叹句的作用是表达感情，但同时也报道信息"。而"表达情感"与"报道信息"都可以归为"陈述功能"，所以本书认为"感叹"不应成为功能句型的一个类别。本书将功能句型分为"陈述"、"疑问"与"指令"是基于以下考虑：首先，人们使用语言进行交流最主要的意图就是传递信息、获取信息，与信息传递最为相关的句型就是"陈述"与"疑问"。因此，这两种功能是论述功能句型体系时不容忽视的内容。其次，人们使用语言传递的信息要么是"告知"，要么是"索取"。而"索取"的内容除了信息之外，还可以是"服务"。因此，本书将"指令"也看作是功能句型的一个基本类别。

本书旨在描绘出语义视域下现代汉语功能句型的基本情况，本书的研究只关注现代汉语句型单句层面的体系分类，对复句层面的内容暂不做讨论。全文内容包括绪论、结语以及主体部分的五个章节。具体内容如下：

第一章绪论部分总结了现代汉语句型的研究概况，分别论述了"结构"和"功能"视角下的句型研究成果，并提出值得进一步思考的问题。该部分提出本书是以"语义管控、形式制约"为宗旨对现代汉语句型进行重新分析。

第二章主要讨论陈述功能句型的基本情况。该部分将陈述功能句型分为对客观的陈述和对人心理层面的陈述。对客观的陈述包括对人动作行为的陈述、对客观现象的陈述、对事物之间关系的陈述。对心理层面内容的陈述包括说话人对陈述对象的态度、评价或判断。文章依据构式语法对句型进行分析，关注句型内部各个语块所表达的语义内容及形式标记，并论述由各个语块组成的整体构式义及该构式适用的语境。在陈述功能句型中，绝大部分句型都没有明显的形式标记。本书在这一章中只关注句中各个语块所表达的语义内容，只在有特殊标记的句型中才将构式标记列在解析式中。

第三章主要讨论疑问功能句型的基本情况。文章以疑问功能句型中疑问域的大小为依据，将该类句型分为三大类，即对句内某一成分的疑问、对句内部分内容的疑问及对整句的疑问。在论述疑问功能句型时主要关注该类句型内部出现的疑问标记、疑问语气及句末语气词。有些问句中可能只出现其中一个或两个要素用以承载疑问信息，有些问句中则可能三者都出现。

第四章依据指令程度的强弱将该类句型分为警告类、命令类、建议类和请求类。指令功能句型较前两类句型的情况稍微简单一些。一般情况下，指令功能句型中会包括：发话人、指令标记、受话人和指令内容四个要素。指令功能句型与陈述功能句型中的表态类句型有相似之处，本书对二者进行了区分。

第五章主要讨论三类功能句型之间的关联性。尽管这三种语义功能之间呈现出离散状态，但用于表达这三种功能的句型之间存在连续性，并且每一功能句型内部的下位句型之间也存在语义上的关联性，文章从主观性、确信度、指令程度的角度考察了三种功能句型之间的相关性。

结语部分是对全文内容的总结及对下一步工作的展望。

四、语料来源

本书的语料来源如下：

北京大学中国语言学研究中心语料库。

华中师范大学语言与语言教育研究中心语料库。

来自互联网及自造的例句。

各种语料的标注方式不同：书面语料详细标注出处，来自语料库、互联网及自造的语句不标注出处。

第二章　陈述功能句型

第一节　陈述功能句型的命名及分析角度

学者们对"陈述"内容的语句进行考察，多将其归入语气类句型，与"疑问、感叹、祈使"并列，但在对句型进行分类的时候又强调是"表述意旨＋特定语气"的双重标准。也有从其他角度对陈述句进行考察的，如李富林（1994）认为从表述功能给单句进行分类虽然各家都有论及，但未引起人们的普遍重视，该文从表述功能角度对单句进行了重新分类。周国光（2004）认为陈述是现代汉语表达层面的基本表达功能之一，对陈述和词类、句法位置的对应关系，陈述的质和量，基本句式的主要陈述功能进行了论述。该文认为陈述除了可以分为肯定陈述和否定陈述，还可以分为客观陈述和主观陈述、显性陈述和隐性陈述。这里的"主观陈述"同说话人的主观性密切相关，而"隐性陈述"指的是从语义层面来分析句子的陈述功能。邱明波（2010）论述了言听双方所占有的信息量对陈述和疑问系统产生的影响。在现有的研究中，关注"疑问"和"指令"的研究成果较多，而从语义角度对"陈述"进行考察的研究成果较少。因此，本书将从语义功能的角度对陈述功能句型进行分析和考察。

一、"陈述功能句型"的命名

在现实生活中，人们相互之间需要交流，告知他人一件事情或是一种现象，表达自己对事物、现象或行为的认识、观点，这些都属于陈述的范围。而表达这些内容的语句就是陈述功能句型。邢福义（1996）认为"陈述句是告诉别人一件事的句子……有的用肯定形式，有的用否定形式，有的用双重否定表肯定的形式"。这里指明了"陈述"的部分语义功能即告知功能。除此之外，"陈述"还可以表达说话人对事物的主观态度、对事物的判断等，这些则属于说话人心理层面的内容。根据以上论述，陈述功能句型表达的是说话人对事件或现象的述说，对客观事物或他人的主观态度。即使是对客观现象的陈述，说话人也难免会带上自己的主观态度，即沈家煊（2008）提到的"语言世界不是直接对应于物理世界，而是有一个心理世界作为中介"。这反映出言语过程需要经历以下阶段，如图2.1所示：

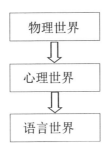

图 2.1　语言世界与物理世界的关系

　　客观物质世界中存在的事物决定了人们的话语内容，但是话语内容在很大程度上取决于人们的主观认识，话语内容并非都能完全真实地体现客观存在的事物。本章讨论的陈述功能句型论述的就是人们的话语内容所反映的"物理世界"及"心理世界"。

二、陈述功能句型分析

（一）陈述功能句型的分析视角

　　陈述功能句型所陈述的内容无外乎客观存在的物质世界和人的内在主观世界。根据邵敬敏（2007）的论述，一个单句对应于一个现象或者事件，而不是一个事物（即使是一个独词句，表现的也不是事物，而是事件）。一个单句单独表达，往往描述一个现象或者陈述一个事件，它在逻辑关系上是孤立的，与其他现象或事件无关。如：

A$_1$：桌子上是什么？

B$_1$：蛋糕。

A$_2$：我的这幅画画得怎么样？

B$_2$：不错。

虽然 B$_1$ 只用名词"蛋糕"来回答 A$_1$ 的问题，但是已经将相关事实叙述清楚了，即"桌子上是蛋糕"。这一简短的单词句表达的不仅仅是事物本身，也是在陈述一个事实。B$_2$ 也只是回答了相关的评价性内容，但已明确表达了说话人对该事物的评价，即"这幅画画得不错"。因此，这种单词句或是表达具体的事件、现象，或是陈述说话人心理层面的内容。只是在交际对话中，从语言经济原则的角度考虑，说话人只需要回答最为关键的信息即可，其他背景信息听话人可以从语境中获得。

陈述功能句型还可以表达人的内在主观世界。主观世界的内容既可以是对客观世界的真实反映，也可以含有人的主观意识，体现为说话人对客观事物的态度、观点等。周国光（2004）从陈述者的态度角度将陈述分为主观陈述和客观陈述。客观陈述是一种事实陈述，陈述者对陈述的事实不做主观上的评价，不表示自己的态度。客观陈述一般来说都是对现实的陈述，包括对过去、现在和未来的陈述。而主观陈述是一种事实再加上情态的陈述，即不仅陈述事实，而且还陈述说话人对所陈述事实的感情、态度和感觉。由于主观陈述中多出了说话人的主观因素，所以主观陈述同客观事实有时相符，有时则不一定相符。

根据以上分析，本书认为陈述功能句型按照所陈述的对象可以分为四大类：①对动作行为的陈述，因为事件的完成总离不开具体的行为；②对客观现象的陈述，即对客观事物在发展、变化过程中所表现出的内外部形态进行陈述；③对事物之间关系的陈述，即对事物之间或人与事物之间关系的陈述；④对人心理活动的陈述，因为人无时无刻不在感知着客观世界，对客观世界存在的事物含有自己的主观认识及情感、态度。因此，本章将从以上这四个方面来论述陈述功能句型的体系框架。

（二）陈述功能句型的分析方法

吕叔湘先生在《要略》中分出的四类句型：叙述句、表态句、判断句和有无句，这四类都与本书讨论的陈述功能句型相关，都符合从"表述意旨"的角度对句型进行划分。《要略》中提出了以动词为中心的句法模型，即：起词—动词—止词，并认为叙事句中动词性部分最为关键，因为要记录一件事情的发生，总离不开动词性成分。其次是主语，动作的发生总和一定的人、物相关联。再次才是该动作影响的客体及与动作相关联的时间、地点、方式、结果等。此外，该文既从形式方面分析"中国文法"，又从语义角度考察"中国文法"，这种分析模式对本书的论述有重要的参考价值。

吕叔湘先生对句型的分析与韩礼德在《功能语法导论》中对句型的分析有相似之处。二者都将句中的主要行为动词看作核心要素，观察其他成分与核心动词的关系。韩礼德在分析英语句子的语义配置时，也是关注句子涉及的过程、参与者和环境。对过程进行具体分类时，韩礼德划分出物质过程、心理过程和关系过程，以及与这三个过程密切相关的行为、言语、存在过程。

以上两位学者分析句子的方法对我们分析陈述功能句型有很大的启发。因为陈述功能句型与疑问功能句型、指令功能句型不同，它没有十分明显的标记词。因此，本书将注重对陈述功能句型中各语义块所表达的内容进行考察，在含有标记词时再在解析式中列出相关标记词。陈述功能句型中，说话人总会就某人或某事物展开陈述，不管这一对象是否在语句中出现，我们都将这一陈述对象看作句子的"话题"成分。"话题—陈述"结构比较符合汉语语法的实际，"话题"部分为陈述功能句型的陈述对象，"陈述"部分是对陈述对象的具体阐释，即陈述对象发生的时间、地点，陈述对象的动作行为、性质、状态等。根据徐通锵（2008：285-286）的分析，"主语—谓语"结构比较适合印欧语这样的以形态为标志的语形语法的研究，而"话题—陈述"结构比较适合汉语这种注重表达的语义语法的研究。因此，本书在分析陈述功能句型时，会着重关注句子中"话题"和"陈述"部分的内容。

（三）陈述功能句型的研究范围

陈述功能句型仅是说话人在向对方传递新的信息，并且这一新信息是说话人认为听话人未知的。如果说话人明明知道该信息对方已经知晓，仍向对方述说的话，则应视为无效的信息传递，除非是说话人另有其他交际目的。疑问功能句型与指令功能句型则是在向对方索取信息或者是服务。陈述功能句型看似最为简单，实则最复杂、最难以梳理。因此，本章的主要内容就是重新梳理陈述功能句型的体系框架。

第二节　陈述功能句型分类

本章以说话人的视角为出发点，将陈述功能句型分为两大类：对客观世界的陈述和对主观世界的陈述。对客观世界的陈述包括对行为的陈述、对现象的陈述和对事物之间关系的陈述。对行为的陈述，包括对已经发生、正在发生和将要发生动作行为的陈述。对现象的陈述包括对客观世界中存在事物的陈述、对事物内外部特征的陈述。对事物之间关系的陈述包括对事物之间的内在联系或是人与人之间社会关系的陈述等。对主观世界的陈述指的是陈述说话人对陈述对象的主观情感与态度。以下将依次对各类句型进行论述。

考察陈述功能句型不得不提到说话人的主观性因素。说话人在陈述相关内容时，虽然是要保持"中立"，但在陈述事物的时候，形容词的使用、修辞格的使用都会体现其主观态度。这也说明了即使是被看作客观陈述的内容，也只是"主观性"较低的表现。在话语表达中，不存在完全客观的语言形式，当然科学研究类语言除外。在功能大纲所列举的功能项目中有一半的内容都是跟主观陈述相关的。

一、陈述行为类

陈述行为就是向他人叙述已经发生过的事情或是正在发生、将要发生的事情。一件事情的发生、发展变化总离不开具体的行为。因此陈述行为类句型中需要有行为的参与者即实施该行为的人，本书称为"动作者"。还应包括具体的动作行为，主要体现为行为动词，本书称为"行为方式"。最后，动作行为涉及的相关内容，产生的相关结果或达到的某个目标，本书称为"行为目标"。在陈述行为时，该行为发生的时间和方所因素则为动作行为发生的背景信息，这一信息可以出现在语句中，也可以不出现。但是，有些情况下表示方所的名词性成分也可以放在句首作为陈述对象。此外，具体的行为内容总有其所关涉的对象，这些因素都是在分析陈述行为类句型时不容忽视的内容。本节先将陈述行为类句型分为三种情况进行论述。

（一）陈述行为类句型的完整形式

陈述行为类句型应包含四个要素：人物、时间、处所、动作。一般情况下，该类句型中的人物要素为陈述对象，时间、处所、动作这三个要素为陈述内容。这四个要素中人物和动作是最为重要的，不论该动作是否对其他事物产生影响，动作行为总要由具体的人来实施，因此这两个要素在陈述行为类句型中尤为重要。和动作行为相关的时间、处所因素可以由上下文语境得知，因此，这两种要素在陈述事件类句型中的重要性不及人物和动作因素。

郭宝栋（1989）提到奥斯汀最初区分了行为句和叙述句，其中提出行为句有显性行为句和隐性行为句之分。显性行为句是自我报导讲话场合并以内容方式自指的句子，隐性行为句所要表达的用意不明确说出来，而是以潜在的形式存在于句中。隐性行为句同时也是叙述句。因此，叙述句在叙述事件的同时，在具体的语境中还会对听话人产生相关影响。如一位学生对自己的父母说："我没钱了。"这一方面是在述说自己目前的生活状况，另一方面也表达出该学生的言外之意是想让家长再给自己一些生活费。本书在论述陈述行为类句型时，不考虑其在具体的语境中产生的语用价值。

本书所论述的陈述行为类句型，句中的动作行为可能会影响到相关的事物，也可能不对他人他物造成影响，或者是该动作行为会关涉其他的人或事物等。以上这些内容都将作为该类句型分类的参考性因素。本节主要考察以下几类陈述行为类句型：含"行为目标"类、含"受益者"类及含"关涉对象"类。

1. 含"行为目标"的陈述行为类句型

前文已经提及在陈述行为类句型中，实施动作行为的人物要素和具体的动作行为是最为关键的因素。有些行为动词要求后面出现受其影响的事物即"行为目标"，本小节将对这类句型进行阐述。

Ⅰ 含"行为目标"的陈述行为类句型构式义解析

这一类句型中的"行为方式"要求句中必须同时出现该动作行为的发出者和受该动作行为影响的事物。当然，句中常常伴随出现时间、地点性成分，这些内容都是该动作行为发生的背景性信息。如：

（1）她昨天在学校门口遇见了小张。

（2）我们在操场上打篮球。

（3）你很快就会知道考试结果。

上述例句陈述的都是具体的事件。在对动作行为进行陈述时往往会涉及该动作发生的时间、地点因素以及该动作产生的结果。如例（1）中动作者是"她"，动作行为是"遇见"，该行为的目标是"小张"。该例中还出现了时间和地点因素，分别是"昨天"和"在学校门口"，该例陈述的是过去发生的行为。例（2）中动作者是"我们"，动作行为是"打"，该动作行为的目标是"篮球"，句中还出现了表示地点性的成分"在操场上"，该例是对正在发生的行为进行陈述。例（3）中动作者是"你"，具体的动作行为是"知道"，该行为的目标是"考试结果"。该例的陈述对象是第二人称代词"你"，一般情况下听话人已经知晓的信息是无需说话人告知的。但句中的听话人"你"并不了解有关考试结果的信息，所以说话人才向"你"进行解释，并告知相关信息，该例得以成立。例（3）是对将来可能会发生的行为进行陈述。上述例句中句首部分出现的内容均为各句的话题，即各例句的陈述对象。根据以上分析，该类句型可以解析为：动作者—行为方式—行为目标。

Ⅱ含"行为目标"的陈述行为类句型各部分内容的语义分析

陈述行为类句型中最核心的要素就是句中的行为动词。因此，本节先分析该类句型中动词的语义特点。如：

（4）我借了几本杂志。

（5）学生们到达了今天的目的地。

（6）她丢了一台笔记本。

以上例句都是对某一具体动作行为的陈述，这类陈述不涉及动作行为的发展变化。如例（4）的"借"、例（5）的"到达"、例（6）的"丢"，这三个动词都具有［＋瞬时性］的语义特征，这些动作都是在瞬间完成的。

但有些动作行为却不具上述［＋瞬时性］的语义特征，如：

（7）这本书影响了一代人。

（8）老人在等子女们回家过年。

（9）他五年前就得了这个病。

以上例句中的行为动词也都含有受其影响的目标。如例（7）"影响了一代人"，例（8）"等子女们"，例（9）"得了这个病"，其中的行为动词"影响"、"等"、"得"呈现出 [＋持续性] 的语义特点，都不是在瞬间可以完成的动作。例（7）中的动词"影响"本身并不能明确体现出动作的瞬间性还是持续性，但是后面的行为目标"一代人"表明了句中动作行为的"持续性"。例（8）中出现的副词"在"表明动作正在持续进行，例（9）中出现的时间名词"五年前"表明动作从过去持续到现在。除了动词本身，句中的名词性成分也可以帮助理解句中行为动词的语义特征。

在陈述行为类句型中，可以使用动态助词"了、过"，但在使用动态助词"着"时，则需依据句中的动词语义而定。在陈述行为类句型中出现的动词如果后面附加"着"，那么该动词必须具有动态的特征，如：他正看着比赛。该类句型中不能出现表静态义的动词，如：桌子上放着一盒饼干。因为表静态义的动词后附加"着"表示某种存在的状态，不属于本节论述的陈述行为类句型。

陈述行为类句型中，动作者也是非常重要的内容，因为动作行为总要由相关的人物来实施。但在该类句型中，一般不以第二人称代词做主语，如果是以第二人称代词做主语，句子表达的可能是命令功能、评价功能或疑问功能等。如：

（10）你准备一下明天上午的发言稿。

（11）你这个人真麻烦。

（12）你认为海南的最大优势是什么？

例（10）是说话人对听话人提出的要求，一般是上级对下级发出的指令。例（11）是说话人对听话人的评价，通常情况下对方自身的情况是不需要说话人告知的。说话人向对方传递的应该是听话人不知道的或是说话人以为听话人不知道的信息。该例是说话人对听话人的主观评价，句首可以加上"我觉得"等表示说话人主观态度的短语，只是在具体的交际语境中隐含了此类表明说话人主观态度的标记性成分，因此句首可以使用第二人称代词做主语。例（12）是说话人希望从听话人那里得到相关信息而提出的问题。而第一人称、第三人称代词或是其他表人名词都可以在陈述行为类句型中作为陈述对象。如：

（13）我在资料室写论文。

（14）在此期间，他阅读了大量的书籍。

（15）小张曾在这所学校教中文。

上述例句中的陈述对象分别为"我"、"他"、"小张"，这些人称代词或者指人名词一般不能替换为第二人称代词。这表明陈述行为类句型不倾向以第二人称代词作为陈述对象。如果是说话人在告知听话人相关信息，这时也可用"你"作为陈述对象。

该类句型中出现的"行为目标"，可以是具体的事物，也可以是表示范围的名词。如：

（16）我们今晚住宾馆。

（17）他们在这儿住了几十年。

例（16）中的行为目标是"宾馆"，该例陈述的是行为发生的处所。例（17）中的行为目标是"几十年"，这里表明的是行为发生的时间范围。上述二例中的处所范围、时间范围，本书为了表述方便都称为"行为目标"。

2. 含"受益者"的陈述行为类句型

在上一节讨论的含"行为目标"类句型的基础上再看句中含"受益者"的句型。有一部分陈述行为类句型不仅会在句中出现动作行为的目标，还会在句中指明该动作行为的服务对象，本书将这一部分内容称为"受益者"。

I 含"受益者"的陈述行为类句型构式义解析

陈述行为类句型中的"受益者"多是动作者提供服务的对象或是动作者提供信息的对象。如：

（18）小张给我两张《私人订制》的电影票。

（19）服务台帮我查询了航班信息。

（20）她为我们解决了旅行中的所有问题。

上述例句中，例（18）动作者为"小张"，行为方式是"给"，该动作服务的对象是"我"，行为目标是"两张《私人订制》的电影票"。该例中的行为目标和服务对象为不同的内容，行为目标是动作行为直接影响的对象，服务对象是该动作行为间接关涉的对象。例（19）动作者为"服务台"，行为方式是"帮"，该行为服务的对象为"我"，行为的目标是"查询了航班信息"。例（20）中动作者为"她"，行为方式是"解决"，该行为服务的对象是"我们"，句中的介词"为"指明了动作行为服务的对象，句中的行为目标为"旅行中的所有问题"。上述三例中的行为目标部分可以是名词性成分，也可以是动词性成分。

以上例句表明如果句中不出现相关的形式标记，如"为、替"之类，服务对象的位置需在行为动词之后。如果句中出现相关形式标记，服务对象可以提前。以上是动作者向受益者提供具体的服务或是帮助，如果是动作者向他人传递新信息也可看作是一种"服务"。如：

（21）她告诉我今天学校会停水。

（22）小张通知大家今晚有新年晚会。

以上二例中，例（21）中的动作者"她"向服务对象"我"提供新信息，这一信息是"我"未知的，该例也可以看作是"她"向"我"提供服务。例（22）中的动作者"小张"向服务对象"大家"提供新信息，这一信息也是"大家"未知的，所以该例可看作是"小张"为"大家"提供了服务。这两例中的行为目标都是以小句的形式出现，因此在提供信息的陈述行为类句型中，行为目标部分必须以小句的形式出现。这与前文论述的提供服务类句型不同。根据以上论述，含"受益者"的句型可以解析为：动作者 — 行为方式 — 受益者 — 行为目标。

Ⅱ含"受益者"的陈述行为类句型各部分内容的语义分析

根据句中各成分的重要性，本小节仍先考察行为方式部分动词性成分的语义特征。根据以上各例句中出现的行为动词，本书认为该类句型中的动词性成分有一个共同的语义特征即都表达"给予"义。不论给予的是具体的服务还是提供给听话人新信息，都可以看作是说话人在向听话人提供某种服务。

与前一类句型相同，含"受益者"的陈述行为类句型在动作者部分也排斥出现第二人称代词，而受益者部分则可以为第二人称代词，这种情况多是处于对话交际中的说话人向听话人所说的话。如果说话人是在向听话人提供某种服务，可以在受益者位置使用第二人称代词，如"我帮你写完了"。如果是说话人"我"在向交际对话中的听话人提供新信息，则不是本章所讨论的陈述行为类句型。如：

（23）我告诉你今天没有免费的午餐。

（24）我提醒你这些旧账以后还是少提为好。

以上二例虽然也是说话人在向听话人提供新的信息，但是句中的"你"并不是"受益者"。以上例句表达的是说话人向听话人发出的指令，属于本书讨论的指令功能句型，在此不作赘述。

这一类句型中的行为目标与前一类陈述行为类句型中的行为目标也存在区别。前一类句型中的行为目标可以是具体的某人或某事物，或者是表示时间或处所的名词性成分，而在出现"受益者"的陈述行为类句型中，行为目标可以是表示具体事物的名词性成分或是表示具体服务内容的小句，但不能是指人名词。

3.含"关涉对象"的陈述行为类句型

在第一类陈述行为类句型的基础上，本小节重点关注句中出现"关涉对象"的句子。"关涉对象"与"受益者"不同，它指动作行为指向的对象，而非动作行为服务的对象。

I 含"关涉对象"的陈述行为类句型构式义解析

陈述行为类句型中，除了可以出现受益者之外，还可以在句中出现动作行为所关涉的对象，这一对象并非动作行为的"受益者"，仅仅是动作行为指向的对象。如：

（25）他经常向父母夸耀自己的音乐老师。

（26）我按照老师的意见修改论文。

（27）她对我轻轻地摇了摇头。

例（25）中动作者为"他"，动作行为是"夸耀"，行为目标为"自己的音乐老师"。而"父母"虽然不是句中动作行为的目标，但却是动作者传递新信息的对象，所以"父母"为句中动作行为所关涉的对象。例（26）中动作者为"我"，动作行为是"修改"，行为目标是"论文"。而"老师的意见"是"修改"这一行为所关涉的对象，"我"并没有为"老师的意见"提供某种帮助或是服务。因此"老师的意见"只能被看作是动作行为"修改"关涉的对象。例（27）中动作者为"她"，动作行为是"摇了摇"，行为目标是"头"。该行为关涉的对象是"我"，这里表达的也不是"她"向"我"提供服务。根据以上分析，这类句型可以解析为：动作者—关涉对象—行为方式—行为目标。

II 含"关涉对象"的陈述行为类句型各部分内容的语义分析

与上述陈述行为类句型一样，该类句型中的行为方式部分应为行为类动词。但是在行为类动词之前，必须出现介词短语将行为动作关涉的对象介引出来。介词所指向的对象为句中动作行为关涉的对象。根据以上例句可以看出动作行为关涉的对象位于行为动词之前，若句中出现的是动作行为服务的对象，则服务对象的位置可以位于动词之前，也可以位于动词之后。如：

（28）我通过他才知道这件事情。

（29）他通知大家今天不上课了。

（30）她为大家做了一顿可口的饭菜。

以上三例中，例（28）为本节讨论的含"关涉对象"的陈述行为类句型，而后两例为上一节讨论的含"受益者"的陈述行为类句型，受益者是句中出现的"大家"。从上述例句可以看出，关涉对象在句中的位置有所限制，而受益者的位置较为自由，只是位于行为动词之前时需要由介词将之介引出来。

再看这类句型中的动作者部分。该类句型中出现的动作者部分同前两类句型一样也排斥使用第二人称代词。

4.陈述行为类句型适用的语境

陈述行为类句型为说话人告知听话人有关某件事情的情况，说话人陈述的事情可以是已经发生、正在发生或是将要发生的事情。这类陈述类句型的陈述对象可以使用人称代词或是其他指人名词。若说话人是在陈述有关对方的新信息，陈述对象也可以是第二人称"你"，如：你马上就可以回家了。根据表述的需要，陈述行为类句型中有时还会出现"关涉对象"或"受益者"部分，只是"关涉对象"在句中的位置有所限制，而"受益者"在句中的位置较为灵活。

（二）陈述行为类句型的省略形式

在陈述行为类句型中，除了上述完整形式之外，还有一些省略的形式。这种省略一方面是由于动词的语义特征所致，另一方面是由于语境因素使得句中无须出现所有的成分。

1. 不含"行为目标"的省略形式

有些动词因其自身的语义特征，只要求句中出现与之相关的动作者部分，因为该动词表示的动作行为不会对其他事物产生任何直接影响。如：

（31）他睡着了。

（32）我在游泳。

（33）老师休息了。

上述三例均是对动作行为的描述，例（31）中的动作者为"他"，动作行为是"睡着"。例（32）中动作者为"我"，动作行为是"游泳"。例（33）中动作者为"老师"，动作行为是"休息"。这三例中出现的动词表示的动作行为都无法对其他事物产生任何直接影响。因此，本书将这类句型解析为：动作者—行为方式。

但有些情况下，句首的陈述对象并非句中动作行为的发出者，而是行为动词的目标，如：

（34）博览会在星期天举行。

（35）《私人订制》将在 12 月 19 日上映。

（36）这套漫画书明年发行。

上述三例的陈述对象都是句中行为动作的目标，但却出现在句首位置。如例（34）的"博览会"应该是"举行"的目标，例（35）电影《私人订制》是"上映"的目标，例（36）"这套漫画书"应该是"发行"的目标。以上例句中，本应作为行为目标的成分均位于句首位置，但是又与表达被动含义的语句不同。本书认为这类句子之所以将本应是"行为目标"的部分放在句首位置，是因为说话人想要突出强调这一部分的内容。因此，句首部分应看作句子的"话题"。为了论述上的一致性，我们将这类陈述对象也看作是"动作者"。

根据以上分析，陈述行为类句型中的动作者有两种情况：一种是句中动作行为的发出者，即典型的"动作者"；另一种是句中动作行为的目标，但因出现在句首位置，是说话人论述的"话题"，我们也将这类表物名词看作"动作者"。这类句型中出现的动词性成分也存在两种情况：一种是句中的动词不对其他事物产生任何影响，因此只需句中出现"动作者"部分即可；另一种是句中的动词虽然可以同时兼具"动作者"和"行为目标"，但由于句中本应做"行为目标"的成分提前，使得该动作行为的实施者部分省略。

2. 不含"动作者"的省略形式

还有一种省略现象是句中不出现"动作者"部分，尽管如此听话人也能依据生活常识理解说话人话语的内容。如：

（37）下雨了。

（38）出太阳了。

（39）刮风了。

这种省略动作者的现象多是由于无须说出动作者，听话人也能明白说话人话语的内容。在英语中也有类似的情况，如：It's raining/ It's windy. 以上例句含有行为动词，如"下"、"出"、"刮"，也含有行为目标部分，如"雨"、"太阳"、"风"。因此，本书仍将这类对自然现象的陈述归为陈述行为类句型。

还有一种省略的情况是在具体的语境中，动作者部分往往可以省略。说话人只需说出动作行为及该行为的目标即可。如：

（40）上车。

（41）接电话。

（42）告诉我真相。

但是这种情况属于本书讨论的指令功能句型。因为这类句子具有较强的语力，是说话人在指使对方实施某种行为，意在对听话人产生某种影响。而陈述功能句型表达的是说话人在告知对方新信息。因此，上述这类情况将放在指令功能句型章节进行论述。

综上所述，本节讨论的省略"动作者"的陈述行为类句型可以解析为：行为方式—行为目标。

3. 只含"陈述对象"的省略形式

前文提到陈述行为类句型中最为核心的内容便是句中的行为方式部分。但有些情况下，句中却只出现表示具体事物的名词性成分，表示行为方式的动词性成分不出现。如：

（43）飞机。

（44）证件。

（45）张老师。

上述三例中均只出现了表示人或事物的名词性成分。例（43）为小朋友不常见到"飞机"，看到这种稀奇事物时就会脱口而出事物的名称。但是这种简单句表达的并非事物本身，而是在陈述一件事情。该例补充完整为：空中飞过一架飞机。而例（44）可能是在进入某种场合时需要验明身份，说话人简洁有力地发出指令。虽然句中只出现名词性成分"证件"，但表达的意思是：请出示您的证件。这类句子属于本书讨论的指令功能句型，具体内容请见以下章节。例（45）只出现了表示称呼的名词性成分，这种情况多见于学生向老师打招呼。句中省略了问候语，只出现称谓语。补充完整可以为：张老师，您好！这类表示祝福、问候的句子本书归为陈述态度类句型。与本节有关的为例（43），本书将这种句子看作陈述行为类句型的省略现象。

（三）陈述行为类句型的特殊形式

除了前文讨论的完整形式与省略形式之外，陈述行为类句型还有一些特殊形式。这些特殊形式有的是与上述句型的语序不同，有的则是在句中出现了两个或两个以上的动作行为。

1. 含特殊标记词的陈述行为类句型

汉语有两类特殊的陈述行为类句型能够反映出说话人的主观性，即句中含有"把／被"的句子。这类陈述行为类句型，不仅在形式上含有特殊的标记词，而且在语序上也与上述句型不同。

Ⅰ句中含标记词"把"

汉语中，如果需要强调通过一定的动作行为使行为目标发生改变，一般会使用含标记词"把"的句子。如：

（46）她昨天把家里的花瓶打碎了。

（47）我把工资给她了。

（48）他把所有藏书捐赠给了家乡的大学。

例（46）中"家里的花瓶"从完好无损到"打破了"是一种变化，可以看作是"遭受"

了破坏，这对"家里"来说是一种损失。该例中"她"为动作者，"打"为行为方式，"碎"为动作行为的结果，"家里的花瓶"为行为目标。例（47）中的行为目标"工资"本来是属于"我"的，但从"我"这儿转移到"她"那里，事物发生了位移。该例中"我"为动作者，"给"为行为方式，"她"为动作行为的"受益者"，"工资"为行为目标。例（48）中"所有藏书"从"他"那儿转移到"家乡的大学"，也是动作的发出者通过一定的动作行为使行为目标发生位移。该例中，"他"为动作者，"捐赠给"为行为方式，"所有藏书"为行为目标，"家乡的大学"为动作行为的"受益者"。例（47）、（48）由于语句中出现的动词具有"给予义"，所以在行为方式部分之后还出现了该行为的受益者部分。根据以上分析，含标记词"把"的句型可以解析为：动作者—把—行为目标—行为方式—（受益者）。

含标记词"把"的句子，不仅在语序上和形式上具有独特性，在表意上同样也独具特色。该类句型在表意上具有很强的主观性。按照 Lyons 的解释，"主观性"是指语言的这样一种特性，即在话语中多多少少总是带有说话人"自我"的表现成分，也就是说话人在说出一段话的同时还表明自己对这段话的立场、态度和感情，从而在话语中留下自我的印记。语言的"主观性"主要表现在三个方面：说话人的情感、视角和认识（沈家煊 2002）。

在陈述功能句型中，说话人在述说一件事情时难免会带上个人情感因素，这种情感因素会对其使用的句式产生影响。如沈家煊（2002）对"把"字句式的分析，文章认为说话人往往移情于处置事件中的参与者，即前文分析的"行为目标"。在说话人心中施事是责任者，而受事才是受损者。"把"后面出现的行为目标往往是说话人移情的对象。但是含标记词"把"的句子有时也仅仅表达主观处置义，如"他把教室的电脑修好了。"这类句子就只是表达说话人认为是由动作者实施了某种行为，对行为目标产生了影响。

句中含标记词"把"的陈述行为类句型，表示行为方式的动词为行为动词。动作者部分可以出现第二人称代词。如"你把他的电脑玩坏了。"句首位置为第二人称代词的情况多是说话人在陈述某种事实，并且该事件中动作者为"你"。该类句型中的行为目标部分可以是指人名词，也可以是指物名词。

Ⅱ句中含标记词"被"与句中含标记词"把"的句子不同，含"被"的句子不仅可以表示行为目标遭受某种损失，还可以表示行为目标承受到某种"恩赐"。如：

（49）我被虚假广告骗了。

（50）国家大量文物被损毁。

（51）草场的生态环境被严重破坏。

以上例句，例（49）中"我"为行为目标，"虚假广告"可以看作"动作者"，行为方式为"骗"。例（50）中"国家大量文物"为行为目标，行为方式是"损毁"。例（51）中"草场的生态环境"是行为目标，行为方式是"严重破坏"。以上三例，句首的陈述对象即动作行为的目标均为遭受损失的事物。标记词"被"后面出现的成分是该动作行为的实施者。例（50）、（51）中没有出现动作者，但听话人可以依据句子出现的语境补充出来。上述例句的行为方式部分均处于句末位置，这与前文讨论的陈述行为类句型的语序不同。根据以上论述，句中含标记词"被"的句子可以解析为：行为目标—被—动作者—行为方式。

但并不是所有出现标记词"被"的句子都表示遭受义，邢福义（2004）撰文讨论了承赐型"被"字句的相关格式及源流思辨。表"承赐"义的被字句如：

（52）萧何被任命为丞相。

（53）他被授予博士学位。

（54）2班被评为优秀班集体。

以上三例虽然也出现了标记词"被"，但句子表达的意义均与"承赐"义相关，而与"遭受"义无关。以上三例的语序与表"遭受"义的"被"字句一致。

句中含标记词"被"的陈述行为类句型，表示行为方式的动词为行为动词。这类行为动词可以表消极意义，也可以表积极意义。动作者部分可以是指人名词，也可以是指物名词。如："我被眼前的雪景吸引住了。"行为目标部分可以出现第二人称代词。如："你被我们公司录用了。"句首位置为第二人称代词的情况下，多是说话人在告知对方某一信息。含标记词"被"的行为类句型将行为目标置于句首，用来强调其所"遭受"到的行为，当然这种行为并非都为不如意的情况。

2. 陈述行为类句型的扩充形式

Ⅰ行为组合型

陈述行为类句型除了有上述含标记词的特殊形式之外，还存在一些扩充形式。

如句中同一动作者连续做出一连串的行为，并且这一连续性行为之间是有关联性的。
本书将这种陈述行为类句型称为"行为组合型"，如：

　　（55）我运动完再回宿舍。　　　　　　　顺序

　　（56）我们去教学楼参加期末考试。　　　目的

　　（57）他用勺子吃饭。　　　　　　　　　方式

　　（58）大家相互看着对方一句话也不说。　相反

　　（59）他没有钱买东西。　　　　　　　　相反

　　（60）他绝对有资格参加这次比赛。　　　说明

　　（61）他考英语得了满分。　　　　　　　结果

　　例（55）体现出两个动作在时间上的先后顺序，其中"我"为动作者，"运动"、
"回"分别为行为方式，"宿舍"为动作行为"回"的目标。例（56）后一动作行
为是前一动作行为的目的，其中"我们"是动作者，"去"、"参加"分别为行为
方式，"教学楼"、"期末考试"分别为句中行为动词的目标。例（57）前一动作
行为是后一动作行为的方式，动作者为"他"，前后两个动作行为分别是"用"、"吃"，
行为目标分别是"勺子"、"饭"。例（58）与例（59）类似，句中出现的前后两
种行为在语义表达上完全相反，是肯定与否定的结合。例（58）中的动作者为"大家"，
行为方式为"看着"、"不说"，行为目标分别是"对方"、"一句话"。该例的
特殊之处在于，后一动作行为的目标前移至行为方式部分之前，目的在于强调行为
目标部分的内容。例（59）中的动作者为"他"，行为方式分别是"没有"、"买"，
行为目标分别是"钱"、"东西"。例（60）前一动作行为是对后一动作行为的说明，
该例中的动作者为"他"，行为方式是"有"、"参加"，行为目标是"资格"、"比赛"。
例（61）后一行为是前一行为的结果，该例中的"他"为动作者，行为方式分别是"考"、
"得了"，行为目标分别是"英语"、"满分"。上述例句中的动作行为之间都是
有联系的，但是这些动作行为又都是由同一动作者发出的，与下文讨论的陈述事物
之间关系类句型不同。事物之间的关系指的是不同事物之间的关联性。根据以上分析，
行为组合型陈述行为类句型可以解析为：动作者—行为方式$_1$—行为目标$_1$—行为方
式$_2$—行为目标$_2$。

Ⅱ行为叠加型

行为组合型陈述句是句中出现多个动作行为，并且这些动作行为都由同一动作者发出。在这一类型的基础上，本小节再讨论行为叠加型句型。所谓行为叠加型指陈述行为类句型中，目标$_1$既是行为方式$_1$的行为目标，同时也是行为方式$_2$的实施者。这与指令功能在形式上有相似之处，但是本书讨论的指令功能句型指的是处于言语交际中的说话人对听话人发出的指令，而陈述行为类句型是说话人向听话人陈述具体的行为内容，或是告知对方相关信息，但不包含要求对方实施某种行为的语义内容。如：

（62）小张通知大家去听讲座。

（63）他让我们采访行人。

（64）我们班没有人听说过这个故事。

上述例句中，行为目标$_1$"大家"、"我们"、"人"又分别是行为方式$_2$"去听讲座"、"采访行人"、"听说过这个故事"的实施者。这种情况本书称为"行为叠加型"。

以上例句中的行为目标$_1$为行为方式$_2$的实施者。在此基础上，还有一类特殊情况是动作者与行为目标$_1$同为行为方式$_2$的实施者。如：

（65）我们陪他去爬山。

（66）他跟随成吉思汗东征西讨。

（67）小张扶着老人过马路。

以上三例中的行为方式$_2$可以看作是由动作者和行为目标$_1$共同实施的。如例（65）中"爬山"是由"我们"与"他"一起完成的，例（66）中"东征西讨"是"他"与"成吉思汗"共同完成的，例（67）中"过马路"是"小张"与"老人"一起完成的。因为上述例句中的行为方式$_1$"陪、跟、扶"拥有共同的语义特征，即"协同"义。这些行为动词的出现要求其后再出现的行为内容必须由行为双方共同完成。

根据以上分析，这类陈述行为类句型可以解析为：动作者$_1$—行为方式$_1$—行为目标$_1$（动作者$_2$）—行为方式$_2$—（行为目标$_2$）。这里的动作者$_2$既可以单独与行为目标$_2$发生联系，也可以与动作者$_1$一起与行为方式$_2$发生语义上的关联。

3. 以"方位"为话题的陈述行为类句型

汉语中还有一类特殊的陈述行为类句型，这类句型的句首位置不是动作行为的实施者，而是动作行为发生的处所。本书称为以"方位"为话题的陈述行为类句型，这类句型与传统定义的"存现句"有相似之处。苏丹洁（2010）、王勇和徐杰（2010）都从构式角度对汉语中的存现句进行讨论。苏丹洁定义的解析式为：存现处所—存现方式—存现物，王勇、徐杰定义的解析式为：方位成分—存在谓词—存在主体。几位学者都注意对句中各个语块的语义内容进行概括，本书认为这类句型尽管是在表述客观存在，但还可以分为对行为的陈述和对现象的陈述。本小节仅讨论对行为的陈述，如：

（68）合肥城里来了"洋城管"。

（69）公司里没了拿主意的人。

（70）东方升起了月亮。

例（68）句首出现的是方位短语"合肥城里"，行为方式为"来了"，动作者为句末的"洋城管"。例（69）句首出现的是具体的空间范围"公司里"，行为方式是"没了"，动作者为句末的"拿主意的人"。例（70）句首出现的是方位名词"东方"，行为方式为"升起了"，动作者为"月亮"。这类句型之所以把表方位的成分放在句首，与说话人想要强调的语义内容有关。本书将这类以"方位"成分为话题的句型解析为：方位成分—行为方式—动作者。

（四）陈述行为类句型中包含的主观性因素

依据沈家煊（2009）的考察，语言表达主观性的手段除了以上例句中出现的语序因素之外，还可以使用：韵律变化、语气词、词缀、代词、副词、时体标记、情态动词、词序和重复等手段。本节以副词的使用为例，说明句中所包含的说话人的主观态度。如：

（71）他拿了我的笔记本。

（72）我在校园里遇见他了。

（71'）居然是他拿了我的笔记本。

（72'）我又在校园里遇见他了。

例（71）、（72）只是说话人在向听话人述说某件事情，属于客观地陈述已经发生的动作行为，但是例（71'）、（72'）分别在原句的基础上添加了副词"居然"、"又"。与原句相比，副词的使用使得语句中所包含的主观性增强。例（71'）中的副词"居然"表现出说话人没有料到是他拿走了自己的笔记本。例（72'）中使用的副词"又"可以理解为说话人再次见到"他"的欣喜，也可以理解为说话人不想总是遇见"他"。由于副词的使用，句子的语义变得更加丰富，也间接地表达了说话人的主观态度。

在句子中，对动作行为的陈述也会带上说话人的主观色彩。如：

（73）大熊猫懒洋洋地躺在地上啃竹子。

（74）他跳舞似的飘过去救球，然后以正手拿下关键一分。

（75）千百万只彩蝶王在碧空长天中，与飞云竞驰，和流霞争艳，蔚为壮观。

以上三例都是对具体的动作行为进行陈述的句子，但同时上述例句也对行为动作所呈现出的状态进行了详细的描述，体现在句中行为动词的修饰性成分上。如例（73）中的"懒洋洋"，使大熊猫憨态可掬的形态跃然纸上，例（74）中"跳舞似的"将运动员带球的动作形象地描述出来。例（75）陈述的内容比较含蓄，需将陈述对象"千百万只彩蝶王"与参照物"飞云"、"流霞"进行比较才能体会出数量众多的彩蝶在空中飞舞的状态。

因此，即使是对动作行为进行陈述也会包含说话人的主观性。因为人们运用语言表达观察到的物质世界时，总会经过心理世界的认知、加工，而心理世界的内容也会通过语言形式表现出来。

二、陈述现象类

陈述现象类句型包括对客观世界存在的事物或事物的内外部特征进行陈述。上一节讨论的陈述功能句型关注的是动作行为，本节讨论的陈述功能句型关注的是静态的事物。本节将对上述两种现象进行论述。

（一）陈述客观存在类

人们每天都在接触客观世界中存在的事物，并且倾向于将这些所见所闻与他人分享。陈述客观存在的事物就是说话人将自己观察到的现象告知他人。

1. 陈述客观存在类句型构式义解析

表示客观存在的句子中最常使用典型的存在义动词"有、在"，如：

（76）海底有许多危及航行的沉船、礁石和禁航区。

（77）大树下有几位乘凉的老人。

（78）他们在教室里。

（79）你的电脑在他那儿。

用存在动词"有"和"在"的句子表达"存在义"，这两类句子在语序上完全相反。如例（76）是对海底事物的陈述，"海底"为存在处所，"有"可看作存在方式，"沉船、礁石和禁航区"为存在物。例（77）也是对静态画面中存在事物的陈述，"大树下"为存在处所，"有"为存在方式，"几位乘凉的老人"为存在物。使用"有"表达存在义的句子语序为：存在处所—存在方式—存在物。而例（78）、（79）使用"在"表达客观世界中存在的事物。例（78）"他们"为存在物，"在"为存在方式，"教室里"为存在处所。例（79）中"你的电脑"为存在物，"在"为存在方式，"他那儿"为存在处所。使用"在"表达存在义的句子语序为：存在物—存在方式—存在处所。虽然以上例句的语序不同，但陈述客观存在类句型都包含三个部分：存在物、存在方式及存在处所。以上几例都是对某一处所存在某种事物进行陈述，属于对现象的陈述，而非对行为的陈述。

汉语中还存在大量不使用"存在义"动词表述客观存在的句子，如判断动词"是"以及一些行为动词都可以进入表示存在义的语句中。如：

（80）满脸都是哀愁。

（81）窗户上贴了一些年画。

（82）蓝色的天幕上嵌着一轮金光灿烂的太阳。

以上三例分别使用了判断动词"是"以及行为动词"贴、嵌"，但是句子仍可以表达"存在义"。如例（80）表示在某人的脸上存在哀愁的表情。例（81）表示在窗户上有一些年画。例（82）表示在天上有金光灿烂的太阳。对于这类现象，王勇、徐杰（2010）做了十分详细的论述，总结了五类存在句的构式义和存在谓词之间的关系，分别是：①存在谓词为典型的存在动词，如例（76）—（79）；②存在谓词表示主体存在的状态，如例（82）；③存在谓词表示存在物存在带来的结果，如"操场上站满了学生"；④存在谓词表示存在主体存在的前提条件，如"画板上画了一幅漫画"；⑤存在谓词表示存在主体的存在方式和手段，如"墙上挂着一幅画"。上述这些情况都可以用"构式压制"（Construction Coercion）进行解释，Goldberg认为当整个构式义与动词在语义上"不兼容"时，"构式"可对"动词"产生压制，使动词产生新的相关意义（王寅 2009）。上述非存在义的动词进入表存在义的构式，为了与整个构式的语义达到某种和谐的状态，就会以转喻的方式，用存在手段、前提、方式及状态转指事物的存在。王勇、徐杰还对"存在处所"及"存在物"部分的内容进行了考察，认为表方位成分的词语可以在典型方位名词即原型的基础上再扩展，通过隐喻映射、转喻映射等方式从具体向抽象的方位或感知空间转移。如：人群中有一张熟悉的脸。存在物既可以是客观存在的事物，也可以是比较抽象的事物，如：满脑子都是馊主意。这里的存在物应为无定的名词性成分。

不管是何种形式的存在句，表示客观存在的句子都可以解析为：存在处所—存在方式—存在物。

汉语中还有一类句子不太容易归类，即陈述天气现象的句子。有些情况下对天气现象的陈述像是对动作行为的陈述，有些情况下对天气现象的陈述更像是本节讨论的对客观存在事物的陈述。请看下例：

（83）暴风雨马上就要来了。

（84）下雪了。

（85）阳光很耀眼。

（86）今天很热。

（87）水结冰了。

（88）有雾。

例（83）、（84）是对动作行为的陈述，例（84）中不需要出现"动作者"部分，因为听话人能够根据自己所掌握的生活常识正确理解句子的内容。例（85）、（86）则属于对客观事物的评价。因为句中陈述内容部分使用的是性质形容词，表达说话人对陈述对象"阳光"、"今天（天气）"的主观看法。例（87）、（88）则是说话人对观察到的客观事物进行陈述，这类句子属于对现象的陈述。本书对陈述天气现象的句子仍以句中各语义块呈现的语义特征为分类标准。例（83）、（84）中的主要动词"来"、"下"表达的是动态的行为，因此仍归为陈述行为类句型。例（85）、（86）中的陈述内容为性质形容词，可以看作是对客观事物的评价。例（87）、（88）中的动词"结"、"有"表示客观世界中已经存在了某种事物，因此这二例属于对客观现象的陈述。

2. 陈述客观存在类句型各部分内容的语义分析

这类句型中存在物部分多使用表示人或事物的名词性成分，只有句中出现表存在义的动词"在"的时候，才会使用人称代词，但仍排斥使用第二人称代词。如：

（89）a 我在资料室。

　　　b 他在资料室。

　　　c* 你在资料室。

例（89）中使用表存在义的动词"在"，表述陈述对象所处的空间位置，因而属于对现象的陈述。a、b 两句使用第一人称代词、第三人称代词都能成立。若将上述两个例句的人称代词换成第二人称形式，句子或者是用来表示疑问义，或者是用来表达发现真实情况的惊叹，即"原来你在资料室"。

该类句型中表示存在方式的动词须具有"存在义"，如果是非存在义的动词进入该类句型，便会由于"构式压制"的作用令动词产生新的相关意义。如例（80），判断动词"是"本来只表判断义，但在表存在义的语句中受到整体构式义的影响，其语义更加丰富，在原有意义的基础上增加了表示"存在"的含义。

表示存在处所的部分为方位名词，或是其他可以表示方位义的短语。可以是具体的方位成分，如"学校里"；也可以是比较抽象的方位成分，如"脑袋里"、"心里"。存在处所的位置可以居于句首，也可以位于句末，这需要由句中出现的动词来决定。

3.陈述客观存在类句型适用的语境

陈述客观存在类句型都是用来描述客观物质世界中的某一处所存在的人或事物，是说话人用语言的形式描绘一幅静态的画面。说话人使用该类句型的目的在于告知他人自己所观察到的客观存在。

（二）陈述事物特征类

1. 陈述事物外部特征类

说话人并不满足于告知他人客观世界中存在的事物，还会向他人描述事物的外貌特征。有时为了更加形象地向他人描述事物的特征还会使用一些含有修辞格的语句。本书认为无论是含有修辞格的语句，还是一般直陈式的语句都是为了表达某种语义功能，只是二者表达语义的方式不同。本小节主要关注陈述事物外部特征的语句。

Ⅰ陈述事物外部特征类句型构式义解析

客观存在的事物具有自己的外形特征，或者是呈现出某种状态。这些特征或状态是客观存在的，不以人的主观意志为转移。说话人仅仅是将这些客观存在的现象告知他人。如：

（90）蝴蝶长有两对密布鳞片与纤毛的翅膀。

（91）教室里面很亮、很安静。

（92）树叶黄了。

以上例句都是对客观事物所具有的外部特征或状态进行陈述。例（90）是对蝴蝶身体构造特征的描述。句中的客观存在物为"蝴蝶"，存在特征为"两对密布鳞片与纤毛的翅膀"。这二者之间使用的动词是"长有"，该动词既体现了蝴蝶的身体构造，也表现出存在物与存在特征之间的领有关系。本书将这种联系存在物与存在特征的动词也称为"存在方式"。例（91）与例（92）则使用形容词性成分对事物的特征进行陈述。例（91）是对教室的状态进行陈述，副词"很"也体现出说话人的主观评价。句中"教室里面"为存在物，"很亮、很安静"为存在特征。例（92）是对树叶颜色的变化进行的陈述，树叶的颜色因季节而变化，"了"在语句中表明事物状态的"推移性"（邢福义 1996：166）。句中"树叶"为存在物，"黄了"为事物经过某种变化之后存在的特征。根据上述分析，陈述事物外部特征的句子可以解析为：存在物—（存在方式）—存在特征。如果句中出现动词性成分，该动词性成分为事物特征的存在方式。如果句中使用形容词性成分描述事物的特征，则句中不出现"存在方式"部分。

除了对事物的外部特征进行陈述之外，陈述现象类句型还包括对人外貌特征的陈述。如：

（93）这位老人面黄肌瘦，花白胡须。

（94）大多数非洲人是黑皮肤。

（95）她天生就有黑眼圈。

上述三例都是对人外貌特征的陈述，人的相貌特征也是一种客观现象。如例（93）中陈述对象为"这位老人"，本书把"人"也看作客观"存在物"，句末的形容词性成分则是对存在物外貌特征的陈述，即"存在特征"部分。例（94）中存在物为"非洲人"，句中的动词"是"可看作存在方式，存在特征为"黑皮肤"。句中的"大多数"限定了陈述对象的范围。例（95）中"她"为存在物，"有"为存在方式，"黑眼圈"为存在特征。

对事物状态、特征的陈述属于对静态事物的描述，因此多以形容词或以表存在义的动词性成分作谓语。根据以上分析，陈述事物外部特征类句型可以解析为：存在物—存在方式—存在特征。

Ⅱ陈述事物外部特征类句型各部分内容的语义分析

这类句型的陈述对象即"存在物"可以是事物或人。若是对事物进行陈述，该陈述对象可以是具体的某个事物，也可以是某一类事物，如例（90）、（91）。对人外貌特征的描述，也可以是具体的某个人或是某一类人，如例（93）、（94）。

该类句型中如果存在动词性成分，那么该动词性成分为存在物的"存在方式"，经常使用的就是表示领有关系的动词"有"。如果句中不出现动词性成分，可以使用形容词性成分对事物的外部特征进行陈述。

对事物外部特征的陈述还有一类情况是使用修辞格对存在物进行描述。本书认为运用修辞格的陈述现象类句型也是一种"常态"的功能句型，不应看作"异类"。如：

（96）小王胖得跟熊猫一样。

（97）新出的这款手机像纸一样薄。

（98）整朵花比针头还小。

　　上述例句对事物外部特征的描述使用了类比的方法，将陈述对象的外部特征与相关事物的外部特征做比较，以便听话人能更加清晰地了解陈述对象的外部特征。例（96）陈述对象为"小王"，即该例中的"存在物"，存在特征为"胖"，句末出现的"跟熊猫一样"是对人存在特征的补充说明，"熊猫"可看作"参照物"。例（97）中存在物为"新出的这款手机"，存在特征为"薄"。句中的"像纸一样"是对存在特征的补充说明，这里"纸"为参照物。例（98）存在物是"花"，存在特征是"小"，句中的"针头"为参照物。以上三例，说话人都是以参照物的外形特征类比陈述对象的外部特征，使听话人对陈述对象的特征有更为直观的感受。说话人用描述性的语言具体再现了存在物的形状。本书认为这类含有"比较"功能的句子可以看作 个单独的类。上述例句中的"存在物"部分都可以看作是比较关系中的"目的物"，"存在特征"部分可以看作是"比较结果"。目的物、参照物与比较结果之间可以用表示比较的词语联系，上述例句可以重新解构为：

　　目的物—比较结果—"跟"—参照物—"一样"；

　　目的物—"像"—参照物—"一样"—比较结果；

　　目的物—"比"—参照物—"还"—比较结果。

　　当然表示比较关系还可以使用其他格式。使用比较类句型不仅可以用来陈述客观存在的现象，还可以表达说话人的主观评价。如：中东部地区的雾霾现象比西部地区严重。关于评价类句型本书将在下文中详细论述。

　　Ⅲ陈述事物外部特征类句型适用的语境

　　该类句型是说话人运用语言再现客观世界中事物的外部特征，描述其所处的状态。陈述事物外部特征的能力取决于说话人观察事物时是否全面、细致，表达是否准确、简洁。陈述事物的外部特征只涉及事物的外部现象，并未涉及事物的本质属性。

　　2. 陈述事物内部特征类

　　人们对事物的认识并不会满足于对事物外部现象的认识，还会进一步了解事物的内部特征。陈述事物内部特征的句子包括对事物内部构成和功能的陈述。事物的内部特征是一种事物区别于其他事物的本质属性，即使是外部特征相似的事物也可能具有完全不同的属性。

Ⅰ陈述事物内部特征类句型构式义解析

陈述事物内部特征的句子大多是用来说明事物的构造、质地及功能的，如：

（99）地球分为内部圈层和外部圈层两部分。

（100）这条裤子是纯棉的。

（101）原子是一种元素能保持其化学性质的最小单位。

上述三例都是对句中陈述对象内部特征的说明。如例（99）陈述对象是"地球"，可以看作是"存在物"。句中的动词"分为"为存在特征的存在方式，句末部分为"存在属性"。这里为了与上一节所论述的"外部特征"区别开来，使用"存在属性"作为对事物内部特征的陈述。例（100）中存在物为"这条裤子"，"是"为存在方式，"纯棉"为存在属性，该例使用"是……的"格式强调事物的存在属性即内部特征。例（101）中存在物为"原子"，"是"为存在方式，"一种元素能保持其化学性质的最小单位"为存在属性。该例是对事物功能的陈述。这类句型中，存在属性部分可以是词、短语，也可以是小句的形式。根据以上论述，陈述事物内部特征类句型可以解析为：存在物—存在方式—存在属性。

对事物内部特征的陈述同样可以使用比较的方式，如：

（102）机器人具有像人脑一样的智能。

（103）有些食物同药物一样具有治疗疾病的功能。

例（102）中将"机器人"的智能类比"人脑"的智能，例（103）将"食物"与"药物"进行比较，说明有些食物同样也具有治疗疾病的功效。由此可见，陈述功能句型中存在很多含有修辞格的语句。

Ⅱ陈述事物内部特征类句型各部分内容的语义分析

该类句型中"存在物"部分为名词性成分，该部分不出现表人名词和人称代词。因为该类句型是对事物内部构成及功能的陈述。存在方式部分多是解释、说明类动词，如"是、为、分为"等。存在属性部分可以是名词性成分，也可以是动词性成分，这一部分主要是对事物内部特征的解释。

Ⅲ陈述事物内部特征类句型适用的语境

该类句型用来说明事物的内部特征，这种特征体现为事物的本质属性。与前一类陈述事物外部特征类句型不同，该类句型更注重对事物内部结构、属性、功能的陈述。有些事物虽然外部特征相似，但功能上可能会存在很大的差异，而这种差异就是事物的本质属性。

（三）主观性因素对陈述现象类句型的影响

前文论述中已经提到陈述类句型也含有主观性，这种主观性主要体现在以下三个方面。

1. 观察点和参照点选取的主观性分析

物质世界中存在的事物是客观的，但人们对事物所处的方位进行陈述时则具有主观性。首先，空间状态的方位是由人主观认定的；其次，说话人立足于不同的观察点、选择不同的参照点都会对事物空间方位的描述产生影响。肖燕（2012）考察了空间描述中的语言主观性以及认知主观性如何影响参照框架的选择。观察者或说话人所处的空间位置不同，那么他所观察到的空间图像也不同。因此，对于同样一个物理空间，观察者的感知方式未必相同。描述同一事物所处的空间位置可以选取不同的参照点，如：

（104）文学院在行政楼的西北面。

（105）语言所在国交院楼上。

（106）她在电影院。

物理空间是客观存在的，由说话人表述出来的空间为说话人的认知空间。这种认知空间通过语言的形式表现出来，就会具有主观性。如例（104），说话人是将"行政楼"作为参照点来描述"文学院"所处的空间位置。例（105）说话人以"国交院"为参照点来描述"语言所"的位置。例（106）说话人以"电影院"为参照点来描述"她"的位置。该例虽然没有出现具体的方位名词，但根据人的心理认知，仍能判断出"她"是在"电影院"里面，而不是其他位置。以上三例中，若是说话人选取其他参照点来陈述描述对象的位置，则会选用不同的方位词。此外，若将上述例句中的目的物和参照物位置互换，变为：

（104'）行政楼在文学院的东南面。

（105'）国交院在语言所楼下。

（106'）＊电影院在她外面。

目的物和参照物的内容互换之后，例（104'）、（105'）仍然成立，而例（106'）则不能成立。因为汉语偏向于选取较大、固定、持久、复杂、已知为特征的物体作为参照物（刘宁生 1994，方经民 1999）。例（106'）中"电影院"具备以上部分语义特征，因此更适合做参照物。

此外，观察点或者说观察角度不同也会影响说话人对事物的描述。如说话人在走进学校时说"学校图书馆在右边"，那么他走出学校大门时则要说"学校图书馆在左边"才是正确的。因此，本书认为观察点和参照点的选择使陈述事物方位的句型具有了主观性。

2. 陈述现象的主观性因素分析

对现象的陈述涉及说话人个人的好恶。如果说话人偏好于陈述的对象，那么对该陈述对象进行陈述时会表露出对其的褒扬；如果说话人对陈述对象较为反感，那么对该陈述对象进行陈述时则会流露出个人的不满或厌恶。如：

（107）a 他三天就学会了。

　　　b 他三天才学会。

（108）a 楼下有一只温顺的拉布拉多犬。

　　　b 楼下有一条凶恶的狗。

例（107）中的两句话都是对"他"学习时间的陈述，但是却分别使用了"就"和"才"两个副词。用"就"说明说话人认为"他"很快就学会了相关内容，而用"才"表明说话人认为他学习速度很慢。例（108）中的两句话同样是对犬类的描述，但是针对不同的陈述对象使用了不同的形容词做修饰性成分。前一句使用的是"温顺"，后一句使用的是"凶恶"，不同的修饰性成分透露出说话人完全不同的主观态度。

3. 对现象的陈述取决于观察者的观察能力

每个人观察事物的能力不同，观察到的事物特征也不同。善于观察的人会选择恰当的观察角度，尽可能全面地再现当时的场景。观察不够细致的人可能会错过一些细节性的内容。这些主观层面上的内容体现在语言层面上，就会表现为不同的描述性内容。如：

（109）他是一位七十多岁的老人。

（110）这位消瘦而憔悴的老人拥有像海水一样湛蓝的双眼。

如果使用例（109）对人物进行描述，那么该人物的许多特征都被说话人忽略了。这种描述性的语言也无法引起听话人的共鸣。而例（110）中说话人对"老人"的外貌特征进行了详细的描述，使听话人对说话人陈述的对象有了较为直观的了解。因此，即使是针对相同的陈述对象，不同的人所陈述的内容也不可能完全相同。

（四）陈述行为类句型与陈述现象类句型的区别

陈述行为类句型侧重于对具体的动作行为进行陈述，是对该行为发生、发展的过程及对相关事物的影响进行陈述。而陈述现象类句型则是说话人向听话人陈述客观存在的事物及事物的内外部特征，是用语言再现客观世界中存在的事物。陈述现象类句型带有说话人较强的主观性，因为客观世界中存在的事物在不同人眼中会呈现出不同的特点，即所谓的"横看成岭侧成峰"。

陈述行为类句型也会对动作发生时所呈现的状态、特征进行陈述，但该类句型中的时间因素是一项不可忽视的内容。而陈述现象类句型中时间因素不是必须出现的成分。陈述现象类句型用于描摹、再现人或事物的状态及陈述事物的功能、属性。在陈述现象类句型中，常出现动词、形容词等谓词性成分做句子的谓语部分。这与陈述行为类句型不同，陈述行为类句型陈述的是人或事物的动作行为，因此经常使用行为类动词做谓语部分。在陈述现象类句型中，为了更加形象地描写事物的外部特征常常会使用一些修辞手法。而陈述行为类句型更侧重于写实，旨在将事情的经过告知对方。二者的区别如表 2.1 所示：

表 2.1　陈述行为类句型与陈述现象类句型的区别

句型	谓语	语义内容
陈述行为类句型	动词	行为过程
陈述现象类句型	动词、形容词	特点、属性

三、陈述关系类

除了上述对动作行为的陈述、对现象的陈述之外，陈述功能句型还包括对事物之间关系的陈述。这类陈述需要建立在对客观现象有一定了解的基础之上，因此，陈述关系类句型也具有一定的主观性。本书从以下三个角度来论述关系类句型的特点：①事物与事物之间的关系，可以看作是事物之间的客观联系类；②人与事物或人与人之间的关系，可以看作是社会关系类；③事物与事物之间还存在逻辑关系。这里的逻辑关系指的是事物之间的内在联系。

（一）陈述客观联系类

事物与事物之间的客观联系可以分为整体与部分之间的关系和属种关系。这种关系是客观存在的，不会随意发生改变。

1. 整体—部分关系类

整体与部分的关系可以看作是某一范围内事物之间的关系，该范围内事物之间具有很强的关联性。整体与部分的关系也可以看成是总分关系，"整体"是对该范围内事物的总称，"部分"是指该范围内所包含的事物。

Ⅰ整体—部分关系类句型构式义解析

整体—部分关系类句型中总会出现一个陈述对象，陈述内容部分则是对陈述对象所包含的事物进行的解释。如：

（111）世界三大宗教为基督教、佛教、伊斯兰教。

（112）这篇论文包括四章主体内容及绪论、结语部分。

（113）这次考试的内容分为笔试和面试。

上述三例都是对具体事物包含对象的陈述。例（111）中陈述对象为"世界三大宗教"，这里也将陈述对象称为"存在物"，动词"为"在语句中表达了事物之间的包含关系。因此，这类句型中出现的动词性成分，本书称为"包含关系词"。句中的存在内容为"基督教、佛教、伊斯兰教"，该例陈述了三大宗教的具体所指。例（112）中存在物为"这篇论文"，包含关系词为"包括"，存在内容为"四章主体内容及绪论、结语部分"。该例陈述了整篇论文的结构框架。例（113）存在物为"这次考试的内容"，包含关系为"分为"，存在内容为"笔试和面试"。该例的存在物较为抽象，但是其所包含的内容却是客观存在的。整体—部分关系类句型是对陈述对象即存在物涵盖内容的具体解释。根据以上分析，该类句型可以解析为：存在物—包含关系词—存在内容。

陈述整体与部分关系的句子中，存在物可能包含几种事物，但也会有一些特殊情况，如：

（114）这所学校只有高中部。

（115）他家就他一个人。

以上二例也表达了整体与部分的关系，但存在物与存在内容之间的关系较为特殊，体现为一对一的关系。而前文例句中存在物与存在内容之间的关系为一对多的关系。

Ⅱ整体—部分关系类句型各部分内容的语义分析

这类句型中包括三个部分：存在物、包含关系词与存在内容。存在物部分可以为指人名词，如："著名的田园诗人有王维、孟浩然、柳宗元等。"该句中的存在物为"著名的田园诗人"，是对某一类人的总称。但更多情况下存在物是具体的事物，如例（114）、例（115）。

包含关系词部分可以使用表示领有义的动词"有"，也可以使用具有"包含义"的其他动词。存在内容部分可以是名词性成分或动词性成分，存在的内容可以是一种事物，也可以是若干种事物，如：

（116）这项工作的程序是：用户出课题—检索—复制—翻译—交用户。

（117）评审过程包括网上申报、网上评审、会议终审和网上公示四个步骤。

上述二例是对某项工作流程的陈述，工作流程中的每个步骤都是用动词性成分来表示的。这种"总分式"的句子也被归为整体—部分关系类句型。

2. 属种关系类句型

上一小节论述的整体—部分关系关注的是某一事物或行为的组成成分，事物之间的属种关系关注的则是事物所属的类别，因此两种关系类型的关注点不同。

Ⅰ 属种关系类句型构式义解析

本小节讨论的属种关系正如本书论述的功能句型体系与陈述、疑问、指令功能句型的关系一样，属于上下级的关系，如：

（118）正方形是矩形的一种。

（119）橄榄球是球类运动的一种。

（120）直角三角形是一类特殊的三角形。

这类句型偏向于进行归类，如例（118）中"正方形"为陈述的对象，本书称为"下位成分"，判断动词"是"表示两种事物之间的归属关系，句末成分"矩形的一种"为"上位成分"。例（119）中"橄榄球"是"下位成分"，"是"表示两种事物之间的归属关系，"球类的一种"为"上位成分"。例（120）中"直角三角形"为"下位成分"，"是"表示两种事物之间的归属关系，"一类特殊的三角形"为"上位成分"。这三个例句都将"下位成分"作为陈述对象，陈述其归属的类别。根据以上论述，属种关系类句型可以解析为：下位成分—归属关系词—上位成分。

在属种关系类句型中还有一类比较特殊的情况，如：

（121）大熊猫是生物多样性保护的旗舰物种。

（122）银杏树是世界上最古老的树种。

（123）鲸是世界上体型最大的哺乳动物。

以上三例中陈述对象与陈述内容之间可以画等号，本书将这类句子也归为属种关系类句型。上述例句中，陈述对象"大熊猫"、"银杏树"、"鲸"为下位成分，"生物多样性保护的旗舰物种"、"世界上最古老的树种"、"世界上体型最大的哺乳动物"为上位成分。这种情况与例（118）—（120）不同，例（118）—（120）中，下位成分与上位成分之间是"包含"关系，而例（121）—（123）中下位成分与上位成分之间是"对等"关系。

Ⅱ 属种关系类句型各部分内容的语义分析

该类句型中的下位成分多为某一类具体的事物，而上位成分表示的是某一事物的类别。这二者之间可以看成是归属关系。属种关系类句型中使用的动词多是"是、为"等表示判断义的动词，这些动词的作用在于表明事物之间的属种关系。

3. 陈述关系类句型适用的语境

陈述关系类句型表述的是事物与事物之间的关系，这种关系是客观存在的，通常情况下不会发生改变。该类句型中的整体—部分关系类句型关注的是事物的各个组成部分，属种关系类句型关注的是某一事物的所属类别。

（二）陈述社会关系类

陈述关系类句型除了陈述事物与事物之间客观存在的关系之外，还可以陈述人类社会中存在的领有关系和社会关系。其中社会关系又可分为人际关系和亲属关系。

1. 领有关系类句型

本节讨论的领有关系特指人与事物或者事物与事物之间的所属关系。

Ⅰ领有关系类句型构式义解析

领有关系类句型中可以使用表领有义的动词，如"有、占有"等，也可以使用判断动词"是"等。例如：

（124）他有很多粉丝。

（125）这片地为学校所有。

（126）福特公司旗下拥有众多的汽车品牌。

例（124）中"他"为领有者，领有动词"有"用来连接领有者与句末出现的领有物"粉丝"。领有动词用来表示领有者与领有物之间的领有关系。例（125）的语序与例（124）正好相反，该例的领有物"这片地"位于句首位置，"为……所有"格式表明了句中出现的两种事物之间的关系，该例中的"学校"为领有者。例（126）中领有者为"福特公司"，领有动词使用的是"拥有"，领有物为"众多的汽车品牌"。从上述三例可见，表示领有关系的句子语序上也并不完全一致。根据以上论述，该类句型应包括三个部分：领有者—领有关系词—领有物。

Ⅱ领有关系类句型各部分内容的语义分析

该类句型中的领有者部分可以是指人名词、人称代词，如例（124），或是其他指称事物的名词性成分，如例（125）、（126）。该类句型中出现的动词性成分表达"领有义"，如"有"、"拥有"等。领有物部分多为表人或表物的名词性成分，一般不出现人称代词。

2. 人际关系类句型

以上论述的陈述关系类句型是对人与事物或是事物与事物之间关系的陈述，本节则讨论用来表述人与人之间关系的句型。人与人之间的关系主要是亲属关系和社会关系。其中社会关系涵盖范围更广，包括：朋友关系、同事关系、师生关系、雇佣关系以及上下级关系等。

Ⅰ陈述人际关系类句型构式义解析

陈述人际关系的句子多是用来介绍相关的人物或是告知对方客观存在的人际关系。如：

（127）他是我爸爸。

（128）他是小张的叔叔。

（129）她是我们院长。

（130）这是张经理。

该类句型中，陈述对象可以使用人称代词，也可以使用人名的形式，本书将这类陈述对象称为"指称对象"。陈述内容部分则为具体的称谓或是人称代词、指人名词加具体的称谓，如例（127）、（128），也可以是具体职务的名称，如例（129）、（130）。这部分内容本书称为"社会称谓"。例（130）较为特殊，指示代词"这"在句中的作用也是用来指人，因此，本书将这类介绍他人的句子也归入陈述人际关系类句型。用来连接"指称对象"与"社会称谓"的动词多为"是"，本书为了名称上的统一，这里也用"关系词"来定义。根据以上分析，这类句型可以解析为：指称对象—关系词—社会称谓。

Ⅱ陈述人际关系类句型各部分内容的语义分析

指称对象部分多由人称代词来充当，这种形式多出现在有上下文语境的情况下。也可以由具体的人名来充当，这种形式多出现在较为正式的场合，说话人需要正式地向他人介绍相关人物。

用来陈述人际关系的句子多使用判断动词"是"，在前文讨论的陈述关系类句型中也有使用"是"的情况。由于不同的句型中，动词性成分前后的语义块表示的语义内容不同，因而本书将这些句型归为不同的类别。

该类句型中的社会称谓部分可以由人的社会称谓、职位名称来充当，也可以由人称代词或指人名词加具体的亲属称谓来充当。

3. 陈述社会关系类句型适用的语境

说话人若要告知他人相关人物与事物之间的关系或是相关人物与人物之间的关系，就可以使用陈述社会关系类句型。人与事物之间的关系，本节论述的是领有关系；人与人之间的关系，本节论述的是亲属关系和社会关系。

（三）陈述逻辑关系类

事物之间的关系除了前文讨论的客观联系类及社会关系类之外，还包括事物与事物之间的逻辑联系类。复句表达的逻辑关系关注的是两个行为之间的关联性，而本书所关注的对象是单句，单句一般情况下多表达一个行为事件。对这一类句型的讨论，可能会涉及一些紧缩句的形式，我们在此也遵从"点号标句"的从众性原则（邢福义 2001：565）。我们认为在单句层面，事物之间的逻辑关系也包括因果关系类、并列关系类及转折关系类。

1. 因果关系类句型

因果关系是较为常见的一种逻辑关系，本小节讨论单句层面上的事物之间的因果联系。

Ⅰ因果关系类句型构式义解析

本书讨论的因果关系类句型不同于因果关系复句，因为本书的关注点在单句层面上。如：

（131）父亲的话令她们言归于好。

（132）长期熬夜导致他抵抗力下降。

（133）岩石的风化、土壤的形成离不开生物的积极参与。

例（131）中"父亲的话"为事件的原因，"令"为连接因果部分的动词性成分，"言归于好"为事件的结果。例（132）中"长期熬夜"为事件的原因，"导致"为连接因果部分的动词性成分，"他抵抗力下降"为事件的结果。例（133）句首部分的"岩石的风化、土壤的形成"为事件的结果，"离不开"为表示因果关系的动词性成分，

"生物的积极参与"为事件产生的原因。因果关系类句型中，表示原因与结果的内容可前可后，这是由句中出现的动词决定的。如果是"致使义"动词，那么原因部分在前，结果部分在后。如果为"归因义"的动词，那么结果部分在前，原因部分在后。根据以上论述，因果关系类句型包括三个方面的内容：原因—关系词—结果。关系动词表达两种语义关系，即"致使"关系和"归因"关系。"原因"与"结果"部分在句中的位置，与句中动词的语义特征密切相关。以上三例都是对具体的某一事件进行陈述，并不关注事件与事件之间的逻辑关系，因而属于单句的范围。

还有一些句子表达的是潜在的因果关系，该类句子中不使用表致使义的动词，而使用表达可能意义的能愿动词"会"，如：

（134）迟到会扣奖金。

（135）乱丢垃圾会被罚款。

（136）酗酒会误事。

以上三例中，句首部分均为事件产生的原因，该部分虽然使用的都是动词性成分，但都具有指称义，用来指称一种现象。如例（134）表示如果存在迟到的现象，那么当事人会被扣奖金。例（135）表示如果存在乱丢垃圾的现象，那么当事人会被罚款。例（136）表示如果存在酗酒的现象，那么可能会产生误事的结果。句中的能愿动词"会"表示原因与结果之间潜在的因果联系，句末部分出现的动词性成分均表示可能会出现的结果。

Ⅱ因果关系类句型各部分内容的语义分析

因果关系类句型中表示原因的部分可以是名词性成分，也可以是动词性成分。如：

（137）过度的悲痛使她瘫倒在地。

（138）全身心地投入工作令她的生活十分繁忙。

表示结果的部分可以是动词性成分或是一个小句，如上述二例。该类句型中用来连接原因、结果部分的动词具有"致使"或"归因"的语义特征，也可以使用表示可能意义的能愿动词"会"等。

Ⅲ因果关系类句型适用的语境

说话人若要陈述一种事物或是行为与另一种事物或行为之间的因果关系，就可以使用该类句型。该类句型有两种表达方式：一种是原因在前，结果在后；另一种是结果在前，原因在后。这种语序上的差异与句中动词的语义特征密切相关。

2. 并列关系类句型

单句中也存在表示并列关系的情况，这类句型或是对多种行为同时发生的陈述，或是对可供选择项的陈述。这里对多种行为同时发生的陈述与前文所论述的行为组合型句型不同。行为组合型句型所陈述的行为在时间上具有连续性。因此，二者并不存在重合现象。

Ⅰ并列关系类句型构式义解析

本节所论述的并列关系类句型指的是陈述内容部分所陈述的行为或现象处于并列的关系，即该部分所列举的内容或者是在同一时间发生，或者是具有选择关系。如：

（139）我不去东湖就去植物园。

（140）他最近不是感冒就是咳嗽。

（141）大家痛并快乐着。

（142）他们边唱边跳。

上述例句中，陈述内容部分表述的行为或现象都为并列关系。例（139）是说话人在宣告自己的计划，表明自己有两种可选的出行计划。例（140）是对"他"最近身体状况的陈述，"不是……就是……"表现出两种现象交替出现。例（141）是针对陈述对象"大家"的心理状态进行的陈述，目前"大家"处于一种矛盾的状态，即"痛并快乐"。例（142）是对陈述对象"他们"正在实施行为的陈述，即"边唱边跳"。以上例句分别出现了表示并列关系的标记词"不……就……"、"并"、"边……边……"。因此，本书认为可以表示并列关系的单句至少包括三类成分，即陈述对象、并列标记、行为／现象。

Ⅱ并列关系类句型各部分内容的语义分析

陈述并列关系类句型中的陈述对象可以是表人名词、人称代词，也可以是表示具体事物的名词，如："这座建筑气势宏伟并内涵深邃。"该类句型中的陈述对象一般排斥使用第二人称代词的形式。并列标记可以是表示多种选择的"不……就……"，也可以是表示同时出现的"并"、"边……边……"等。句中的陈述内容部分既可以是表示动作的行为动词，也可以是表示事物状态或特征的形容词性成分。

Ⅲ并列关系类句型适用的语境

表示并列关系的单句，可以用来陈述同时发生的几种动作行为，也可以用来表述人或事物同时具备的几种状态、特征，或是用来陈述相关人物可以做出的多种选择。

3. 转折类句型

在单句范围内，不仅存在表示因果、并列关系的语句，还存在表示转折关系的语句。本小节主要考察陈述功能句型中表达转折义的句子。

Ⅰ转折关系类句型构式义解析

表达转折义的陈述句对标记词的选择有一定的限制，转折关联标记中的前项一般不能进入该类句型。在表达转折义的陈述句中多出现关联标记中的后项，如表达转折义的"却、但"等，也可以出现完整形式的"不是……而是……"。如：

（143）商品好看却不中用。

（144）我可以听但不会去做。

（145）我的好心却被他认为是多此一举。

（146）这道题目的答案不是 A 而是 B。

上述例句都为单句的形式，句子在表义上都体现出转折的内涵。例（143）使用的是副词"却"，该例在对陈述对象"商品"进行评价时表现出说话人话语内容的转折。例（144）使用的是连词"但"，说话人在语句中表明自己有些事情可以做，有些事情不可能去做。例（145）在表达"遭受"义的同时，也表达了事与愿违的语义内容，说话人的"好心"被看作是"多此一举"。例（146）中使用的是关联标记词"不是……而是……"，该例是对陈述对象"答案"的陈述，表明说话人的观点与他人的观点不同。根据以上论述，表达转折义的陈述功能句型一般也包含三个部分：陈述对象、转折标记、行为／现象。

Ⅱ转折关系类句型各部分内容的语义分析

该类句型中的陈述对象可以是表人名词、人称代词或是表示具体事物的名词，句中使用人称代词时一般也排斥使用第二人称代词的形式。表示转折义的标记词大多数情况下为单音节形式的转折词，但有时也可以是完整的关联标记，如例（146）。陈述内容部分往往先是表达对某一行为或现象的肯定，然后再指出否定性的内容，语句在表义上发生了转变。例（145）是较为特殊的情况，该例中说话人存有预设，即"我的好心"你至少不应该排斥，而对方却认为是"多此一举"，所以说话人在语句中不仅使用了表"遭受义"的标记词"被"，也使用了表转折义的标记词"却"。

Ⅲ转折关系类句型适用的语境

说话人需要使用单句的形式表达语义上的转折或是表达某件事情与自己的主观意愿相悖时，就可以使用转折关系类句型。

根据以上内容的论述，本书认为不仅复句可以表达语义上的逻辑关系，在单句层面上也可以表达逻辑关系。只是单句中的标记词不像复句中的标记词那样常常两两对应出现，单句中更多情况下为单一的形式标记。讨论单句层面上的逻辑关系，难免会与紧缩复句有"牵连"，但本书依据"点号标句"的原则，并没有对单句与紧缩复句做严格的区分。

四、陈述心理类

本书认为陈述功能句型的陈述内容还包括人的心理世界。陈述心理类句型包括陈述对象对他人、他物或某种现象所持的态度、所给出的评价以及判断。因此本书将陈述心理类句型分为：陈述态度类、陈述评价类及陈述判断类。陈述心理类句型比本章讨论的前三类句型更具主观性特征。由于该类句型陈述的是人心理层面的内容，因此可将该类句型视为说话人对客观世界中存在的行为、现象、关系的主观映射。如图 2.2 所示：

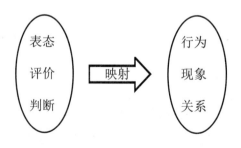

图 2.2　陈述心理类句型与客观存在的关系

（一）陈述态度类

本书所论述的陈述态度类句型用于表达陈述对象对客观存在的事物、现象所持的态度或意见。这与吕叔湘先生在《要略》中分析的"表态句"不同，《要略》中的表态句指记述事物性质或状态的句子，类似于本书讨论的陈述现象类句型。

1. 陈述态度类句型的语义类别及构式义解析

根据陈述对象对不同事物的态度，本书认为陈述态度类句型可以分为三种情况：①对已经存在的人或事物表明自己的情感与态度；②对将要发生的行为表明自己的态度；③对他人提出的请求表明自己的态度。这里的陈述对象在句子中可以是第一人称代词"我"，也可以是第三人称代词或是其他指人名词，但是不能为第二人称代词。若为第二人称代词则该句子或是疑问功能句型，或是指令功能句型。

Ⅰ陈述对他人或事物的情感与态度

陈述态度类句型仅表达陈述对象对人或事物的主观态度，并不涉及对他人行为的干预。如：

（147）小张非常感谢你为他提供这些资料。

（148）大家祝贺您获此殊荣。

（149）欢迎来到云南普者黑。

上述例句均表达了陈述对象对他人的态度。例（147）表达了"小张"对"你"的感谢，并说明了理由是"你为他提供这些资料"。例（148）表达了"大家"对"您"的祝贺，并表明理由是"您获此殊荣"。例（149）表达了说话人对来访者的态度，句中表示来访者的人称代词"你／你们"省略。此外，该例句的句首部分也省略了第一人称代词"我"，这是为了遵循语言经济性的原则。在言语交际中，说话人即使不说出表示自身的人称代词，听话人也能明白这是说话人自己的观点、态度。上述三例中的动词"感谢"、"祝贺"、"欢迎"不仅具有"行为义"，还可以表达行为实施者的主观态度，与本书论述的陈述行为类句型不同。以上例句中的表态对象若替换成第三人称代词或是其他表人名词仍然成立。如：

（147'）小张非常感谢他／小王……

（148'）大家祝贺他 / 小王……

（149'）欢迎他 / 小王……

以上三例中，说话人的表态对象替换为第三人称代词或是表人名词之后，句子仍然表达的是说话人的态度。只是这里说话人的表态对象不是交谈中的听话人，而是第三方。根据以上分析，这类陈述态度类句型一般包含四个因素：表态者、表态方式、表态对象、表态内容。表态者部分可以隐而不现。表态方式多由可以表达说话人主观态度的动词充当。表态对象如果是交谈中的听话人也可以省略，如果涉及交谈之外的第三方则必须出现。表态内容则为说话人表达此态度的原因部分。在有上下文语境的情况下，句中也可以不出现表态内容。因此，该类陈述态度类句型可以解析为：表态者—表态方式—表态对象—表态内容。在对话语境中，表态者和表态对象部分常常省略。本节讨论的句型多是对已经发生或是正在发生的事情进行表态。表态者对他人的态度，除了上述列举的"感谢、祝贺、欢迎、希望"之外，还包括"喜欢、讨厌、同情"等。

以上讨论的是陈述表态者对他人主观态度的句型。下面将论述另外一类表达表态者对事物主观态度的句子，这种态度是表态者就某事物发表自己的观点。如：

（150）我赞成他提的建议。

（151）他很信任我的团队。

（152）小张不喜欢日式料理。

这类表态句有时会在句中出现表达陈述对象主观态度的词语，如"羡慕、反对、伤心"等，有时候则不出现该类词语，而采用间接的方式表达说话人的态度，如"我们还是再讨论讨论 / 我再想想"等。以上三例，例（150）中表态者为"我"，表态方式为"赞成"，表态对象是"他提的建议"；例（151）中表态者为"他"，表态方式为"很信任"，表态对象为"我的团队"；例（152）中表态者为"小张"，表态方式为"不喜欢"，表态对象为"日式料理"。这三例表达的都是表态者在对相关事物表明自己的态度。根据以上论述，表示陈述对象对某种事物态度的句型共包括三个部分：表态者—表态方式—表态对象。

如果将上述三例中的表态对象部分提到句首，可变换为：

（150'）他提的建议我赞成。

（151'）我的团队他很信任。

（152'）日式料理小张不喜欢。

上述例句是在原有例句的基础上将表态对象部分提前。句子仍然是用来表达说话人对事物的态度，只是语序上发生了变化，更能突出表态者是就某一事物表明自己的态度。

Ⅱ陈述对将要实施行为的态度

前文讨论的是表态者对他人或事物情感与态度的句子，多是针对已经发生或是正在发生的事情表明态度。而本节论述的陈述态度类句型则是针对将要实施的行为表明陈述对象的态度，这种行为可以是陈述对象自己去实施，也可以由他人去实施。这类句型中使用的表态类动词有"决心、保证、发誓、愿意、承诺、希望"等，也可以使用能愿动词"愿意"等帮助表达陈述对象的态度。这种态度不涉及对他人行为的干预，只是表态者的一种主观态度，表达陈述对象对将要实施行为的态度。如：

（153）我决定到公园给人画像去。

（154）他愿意接受挑战。

（155）大家希望小张一路顺风。

上述例句都表明了陈述对象即"表态者"对将要实施行为的态度。如果表态内容部分的行为由表态者来实施，那么句中则不含表态对象，如例（153）、（154）。这类句子只含三个部分，即表态者、表态方式、表态内容。如果表态内容部分的行为是由其他人来实施的，那么句中则含表态对象部分，如例（155）。本书将"希望"也归为陈述态度类句型，因为"希望"更侧重于表达陈述对象的主观态度，而不是要求他人去实施某种行为。这类句子则有四个部分：表态者、表态方式、表态对象、表态内容。

这类句型中的表态方式部分不能为能愿动词"应该、得、该"等，如果句中出现这类动词，那么句子表达的可能是说话人的建议，是一种委婉的指令。如：

（156）小张应该去跟他道歉。

（157）你得加快速度了。

以上例句中都省略了说话人"我",可以补充为:"我觉得小张应该去跟他道歉。/我觉得你得加快速度了。"添加上表明说话人主观态度的标记性成分"我觉得",例句的表态功能更加明显,但是例(156)表达的是说话人对某事的主观态度,而例(157)表达的是说话人对言语交际中的对方提出的建议。若将该例中的人称代词替换为"我们",变为"我觉得我们得加快速度了",这也属于委婉的建议,说话人使用表复数的人称代词"我们",是将自己也视为实施行为的主体。这运用了会话交际中的"移情策略",目的是为了让会话能够顺利进行。

Ⅲ陈述对他人提出请求的态度

表态者对他人提出的请求,可以是接受、允诺,也可以是拒绝、推辞。在表义上,可以是直接表态也可以是间接表态。如:

(158)小张答应每周到他家补课三次。

(159)他不愿参加你今晚的派对。

(160)<u>周末我没空</u>,还要赶论文呢。

上述三例均表示陈述对象对他人提出请求的回应。例(158)为接受型,句中"小张"为表态者,"答应"为表态方式,该例表态对象省略,但依据句末出现的内容可以补充为"他",表态内容为"到他家补课三次"。例(159)为拒绝型,句中的表态者为"他",表态方式为"不愿",表态内容为"参加你今晚的派对"。例(160)表意较为委婉,属于借故推辞型。该例不能使用第三人称代词,如果将句中的人称代词替换为"他",该例是在陈述行为,而非态度。在陈述态度类句型中,陈述对象部分排斥出现第二人称代词的形式。若将以上三例变换为:

(158')*你答应每周到他家补课三次。

(159')*你不愿参加你今晚的派对。

(160')*周末你没空。

将句中的陈述对象变换为第二人称代词之后,句子不能成立。若要使句子成立,则必须使用疑问句的形式,或是在特定的语境中,强调某种事实。

在对话语境中表达对他人提出请求的态度,说话人可以只使用"好/可以/不了"等简短的语句进行回应。表态者如果同意他人的请求,一般都会直接做出回应。若是说话人采取直接拒绝对方的方式，往往会给对方造成颜面上的损失。因此，表态者往往会使用间接的表达方式，表达自己无法或是没有能力接受对方的请求，如上述例（160），这样更符合会话交际中的礼貌原则。

2. 陈述态度类句型各部分内容的语义分析

陈述态度类句型指陈述表态者态度、主张或愿望等的句子。该类句型中如果表态者为第一人称代词"我"，则表态者部分出现与否都可以。若为其他人称代词或指人名词，表态者部分则必须出现。

该类句型中可以直接出现表明陈述对象态度的动词，如"怀疑、后悔"之类，也可以间接、委婉地表达自己的态度，如"这个问题我再跟父母商量一下"。这类间接表态句中，虽然没有出现表明说话人态度的词语，但从句子的语义内容来看，说话人表达了犹豫、拒绝的态度。作为表态方式的谓词性成分可以是能愿动词，也可以是心理动词或是其他表明说话人主观态度的动词性成分。有些情况下，说话人会考虑到对方的面子而使用间接的表达方式。

陈述态度类句型中的表态对象可以是代词或是其他指人名词，可以出现在句子中，也可以省略。如果是在对话语境中，表态者和表态对象均可以省略。有一种特殊的情况，即如果句首部分出现的是第三人称代词或指人名词加能愿动词的形式，那么该句子有可能省略了真正的表态者和表态方式部分，需要依据语句的内容进行具体分析。因此，判断句子属于哪一类功能句型要注意句中使用的人称代词，人称代词的变化可能导致句子的语义功能发生转变。

表态内容部分多是动词性成分，是表态者就具体的某件事或某个人发表态度。表态者既可以针对自己的言行表明态度，也可以就他人、他物表明自己的态度。

3. 陈述态度类句型适用的语境

陈述态度类句型用来表述陈述对象对客观世界已经存在的人、事物或是某种行为表明自己的态度。在陈述对即将实施行为的态度类句型中，表态对象部分对第二人称代词的使用有所限制。

4. 主观性因素对陈述态度类句型的影响

表态者对表态对象的态度可以分为明确表态与模糊表态。有些情况下表态者使用明确的语言形式表明自己的态度，有些情况下却使用模糊性的语言来表态。表态者使用模糊表态的方式多是出于礼貌原则的考虑，为了照顾对方的面子。如说话人询问听话人寒假是否一起去旅行，听话人只回答了一句"哦"。那么听话人是同意还是拒绝并不确定。这种情况下，听话人以模糊性的语言委婉拒绝对方的提议比直接拒绝对方要更为得体。

在表达陈述对象的惊讶或是意外时，也可以使用疑问功能句型。这种情况下多使用反问句，如：这怎么可能？／不会吧？／难道……？／他是……吗？以此表达说话人怀疑、惊讶的态度。或者在询问的同时表达说话人的主观态度，如：他怎么还没回来？说话人虽然使用询问的方式，但真正的意图是要表达对"他"的担心。这种表达方式就属于间接表态。使用疑问功能句型便是间接表态的一种手段，形式上采用询问的方式，但是真正要表达的意图确却是说话人对他人或事物的态度。间接表态和模糊表态不同，间接表态是句中不出现表明说话人态度的词语，而模糊表态为句中出现表明说话人态度的词语，但是这种态度具有不确定性。如：

（161）a 我一定参加这次旅行。

b 我尽可能参加这次旅行。

c 我不一定参加这次旅行。

d 我不参加这次旅行。

上述例句表现了"我"由肯定表态向不确定表态，再到否定表态的变化。处于两端的 a、d 句态度都非常明确，只有中间状态的 b、c 句态度较为模糊。说话人使用模糊性的语言表态，可能是由于客观情况的不确定，但也可能是由于说话人主观上不愿实施某种行为，却又不想造成对方颜面上的损伤，只好先以模糊性的语言回答对方。

（二）陈述评价类

对于"评价"，本书基本认同陈景元、高佳（2012）的定义，"评价是指说话人或作者根据一定的意图，对处在一定时间、空间、社会中的人、物、事，或对言说的命题或述题等表明情感和态度，以期影响读者或说话人态度和行为的一种言语表达"。但是本书讨论的陈述评价类句型与陈述态度类句型不同。评价侧重于对已经存在的人或事物表达说话人的感性或理性评判，评价与表态的具体差异将在下文详细论述。评价的表达形式可以是词汇层面的，也可以借助于句法结构。

前人对评价功能的研究，有的属于本书定义的判断功能，如韩孝平（1992）提到奥斯汀对言语行为进行分类时，有一种行为是对事态做出判断，这种判断包括估计、推断、评价等。从这里可以看出，奥斯汀是将评价作为判断的一种。还有的研究将评价归为指令功能，如金城（2009）就提到塞尔指出评价语句的言语行为目的有推荐、建议、命令或指挥等。本书认为评价功能指的是说话人对事物的性质、实质、价值等进行评定、鉴定。评价可以是理性思考的结果，也可以只凭说话人的主观判断而得出结论。

汉语学界对评价功能的考察，多以具体的结构为分析对象，如：李小军（2011）以构式"（X）真是（的）"和"这/那个＋人名"为例，对语用省略的评价功能进行分析。吴早生（2011）考察了主观非数量评价性结构"NP$_1$的一量NP$_2$"，该文认为在领属结构的被领者具有表达唯一性特性的前提下，如果被领者是光杆的，既可表示客观陈述也可表达主观性评价，如果被领者带上"一量"，只能表示对被领者的主观评价态度。李宗江（2012）论述了短语"A的是"，认为"A的是"表达了说话人的主观评价，这一评价既包括正面评价，也包括负面评价。胡清国（2013）分析了构式"一群NP"，认为该构式是由原型"你们是一群NP"这一断言句式主观性增强的结果。陈景元（2010）、吉益民（2013）分别对跨域表达构式"X（的）Y"进行了论述。

而外语学界则主要从宏观角度对评价功能进行概括性分析，如：陈国亭、兰巧玲（2004）考察形容词评价句的语用内涵；张克定（2007）分析主位化评述结构及其评价功能；席建国、郭小春（2008）探析评价型标记语；金城（2009）分析评价语句的言语行为；王勇（2011）分析评价型强势主位结构的功能理据分析。由上述研究成果可见，评价功能是陈述功能体系下现有研究成果较多的一个类别。本书试图从宏观角度对现代汉语评价功能句型进行分析，并将之与其他陈述功能句型进行比较。

1. 陈述评价类句型的语义类别及构式义解析

本书从语义角度将陈述评价类句型分为正面评价和负面评价两类。正面评价是指说话人对特定的人或事物表达肯定的、积极的主观情感或理性倾向，包括侧重表达理性倾向和情感倾向两种类型的正面评价。负面评价是指说话人对特定的人或事物表达否定的、消极的主观情感和理性倾向（李宗江 2012）。本书将从这两个方面对评价类句型进行论述。

Ⅰ 陈述正面评价类句型

正面评价类句型表达说话人对评价对象的赞誉，句中多使用褒义色彩的形容词，也可以使用副词、名词或是动词性成分表达对评价对象的肯定。如：

（162）他们家永远是那么干净。

（163）这些展品都是中国的文化瑰宝。

（164）勤劳的女性撑起了生活中的"半边天"。

（165）这次运动会她表现得不错。

对于人或事物的评价可以通过谓词性部分来体现，也可以通过相关的修饰性成分或名词性成分来表达。如例（162）中"永远"、"干净"表达了说话人对"他们"家里环境整洁的赞美。例（163）中"文化瑰宝"表达了说话人对展品的高度评价。例（164）则是在主语部分添加了形容词"勤劳"来表达说话人对"女性"的高度评价。例（165）比较特殊，说话人不是对出现在句首的"这次运动会"进行评价，而是对"她"在运动会上的表现进行评价。"这次运动会"作为背景信息出现在句首位置，限定了句子的时间范围。由此可以看出，评价对象有时候是句子的主语，但有些情况下未必如此。

Ⅱ 陈述负面评价类句型

负面评价类句型表达的是说话人对评价对象的不满、贬损。句中多使用含贬义色彩的形容词，也可以使用副词、名词或是动词性成分表达对评价对象的否定。如：

（166）他这次考得很糟糕。

（167）她居然临阵退缩。

（168）他很少按时上班。

（169）宋朝奸臣秦桧诬陷岳飞谋反。

上述例句中，例（166）通过形容词"糟糕"来表达说话人对"他"这次考试成绩的评价。例（167）通过动词"临阵退缩"表达说话人对"她"行为方式的评定。例（168）中虽然没有出现贬义色彩的形容词，但是在这一具体语境中，修饰性成分"很少"表达出说话人对"他"行为方式的评价。例（169）则通过名词性成分"奸臣"表达出说话人对评价对象的憎恶。上述例句分别通过形容词、动词、副词、名词性成分来表达说话人对评价对象的负面评价。在表达负面评价时，说话人往往碍于礼貌原则的约束将负面评价性的话语内容省略，如前文列举的"（X）真是（的）"、"这 / 那个＋人名"和"一群 NP"构式，都是将相关负面评价性成分省略，以避免造成听话人颜面上的损失。

Ⅲ由两可的情况到只表达负面评价

这里所说的两可情况指的是有些构式本来既可以表达对评价对象的肯定评价，也可以表达对评价对象的否定评价。但经过语用法的语法化之后，省略相关评价性内容，该构式只能表达对评价对象的否定评价。如：

（170）a 他这个人热诚、坦白、可信。

　　　　b 他这个人自私又阴险。

（171）a 她字写得工整有力。

　　　　b 她字写得很潦草。

上述两个例句中 a、b 句形式上基本相同，表明这两个句式既可以表达正面评价，也可以表达负面评价，只是句中评价性的内容分别使用了表达不同感情色彩的形容词。若将上述例句中表示评价性的词语删除，变为：

（170'）他这个人……

（171'）她字写得……

经过语用性省略，将句末形容词性成分删除，则上述两个例句偏向于表达负面评价。具体原因正如前文所述，是说话人出于礼貌原则的考虑。这一过程正是主观化的体现。在言语交际中，若说话人使用上述句式，则会表达出说话人对评价对象的不满或者是无奈，或是出于某种原因不好直接做出评论。正是由于存在各种不方便直接评价的因素，句中的评论性成分才会省略，以此照顾评价对象的面子。Traugott认为主观化和语法化一样是一个渐变的过程，强调局部的上下文在引发这种变化中所起的作用，强调说话人的语用推理过程。语用推理的反复运用和最终的凝固化，结果就形成主观性表达成分。而语用推理的产生是由于说话人在会话时总想用有限的词语传递尽量多的信息，当然也包括说话人的态度和感情（沈家煊 2001）。

因此，根据前人的研究成果，本书认为评价类句型的表达式有如下的演化过程：

图2.3 评价类句型表达式的演化过程

一个完整形式的构式既可以表达正面评价，也可以表达负面评价，但是经过语用法的语法化，评价性的内容发生语用性省略，省略后的构式只能表达负面评价。上述语法化的过程就伴随着主观化。按照 Langacker 的观点，主观化的程度越高，观察的对象越是脱离舞台，在语句中登台呈现的语言形式就越少（沈家煊 2001）。Traugott 认为"语法化中的主观化"是一种语义—语用的演变，就是"意义变得越来越依赖于说话人对命题内容的主观信念和态度"，而表达这种主观性的语法成分则是通过非语法成分的演变逐步实现的。"化"自然是一种渐变的过程，先在局部的上下文中引发这种变化，继之通过语用推衍扩大和巩固这种变化，使之定型，最终完成"语法化中的主观化"（徐通锵 2008：280）。

Ⅳ中性评价

前文论述了汉语中的正面评价和负面评价形式，是否还存在不偏不倚的中性评价，这种中性评价是否包含说话人的主观性，也是本书感兴趣的问题之一。如：

（172）这台电脑性能一般。

（173）这辆车的价钱还行。

（174）这幅画画得还不错。

上述例句中使用的形容词"一般"、"合适"、"还不错"，都表达出说话人对事物适中的评价。这种看似不偏不倚的评价，在表意上却还是带有说话人的主观性。若将上述例句扩充为：

（172'）这台电脑性能一般，我想买那台性能更高一些的。

（173'）这辆车的价钱还行，再贵一点我就承受不起了。

（174'）这幅画画得还不错，要是色调再柔和一些会更好。

例（172'）中说话人认为电脑性能"一般"，这里说话人是倾向于负面评价的，从后面的小句内容可以看出说话人的主观倾向。例（173'）中说话人认为价钱"还行"是倾向于正面评价，从后面的小句内容可以看出说话人非常满意现在的这个价钱。例（174'）中说话人认为"这幅画"还不错，只是将"色调"再调整一下会更好，言外之意还是"美中不足"。所以上述所谓的"中性"评价，还是含有说话人的主观倾向。

Ⅴ特殊情况

说话人对他人或事物进行评价时，可以是客观评价，如"这栋教学楼质量很好"。但是"质量"在什么程度上算高，在什么程度上算低，在语义上是有一定模糊性的。很多情况下，说话人对客观事物的评价都难免带有个人的主观因素。如对同样一本著作，有些人会认为它严重影响了社会舆论，将它视为"激进、反叛"，而另外一些人则会觉得它真实地剖析了社会现实，将之视为"经典"。所以即使对同样一个评价对象，不同的人评价内容是不同的。

另外，对事物的评价也要受到语境因素的制约，同样一个词语在不同的语境中可能会产生不同的语义。如：

（175）这位小姐不错。

（176）这个馒头有味儿。

例（175）中"小姐"一词，随着时代的发展已经衍生出新的意义，那么该例在不同的语境中可以反映出说话人不同的态度。这句话究竟是褒扬还是讽刺，要依赖语境因素来判定。例（176）可以是称赞别人蒸的馒头好吃，也可以是说馒头放的时间长了，已经不能吃了。因此，对事物的评价不仅要看句中出现的词语，更要依赖句子出现的语境。

2. 陈述评价类句型各部分内容的语义分析

汉语评价类句型的一般语序是：评价对象＋评价内容。这个顺序与英语有些区别，英语的语序一般是"评价项＋评价对象"，这里的"评价项"即本书所指的"评价内容"。

英语中表达评价义的句子，如 "It was unfortunately that he encountered the accident." 这种句型被称为 "评价型强势主位结构"（王勇 2011）。

评价对象可以是人、事物或是具体的行为，评价内容可以是定语、状语、主语、谓语、补语成分，即名词、动词、形容词、副词都可以表达评价义。依据前文分析，汉语中有正面评价，也有负面评价，即使是看似没有倾向性的评价，也可能包含说话人的主观倾向。

3. 陈述评价类句型适用的语境

评价是运用语言的形式依据一定的标准对事物或现象进行价值评估的过程。而陈述评价类句型就是用来表述陈述对象主观看法的句子。在不同的语境中，评价类句型的形式不完全一致。有些情况下，说话人基于礼貌原则的考虑，在句中只出现评价对象部分。

4. 陈述评价类句型与陈述态度类句型的区别

陈述评价类句型与陈述态度类句型都是陈述说话人的主观态度，但是陈述态度类句型更侧重于表达陈述对象对他人或事物所持有的态度，而陈述评价类句型则是说话人依据一定的标准对客观现实的评定。

陈述评价类句型通常都会在句中出现说话人给出的评价性内容，只有做负面评价时，句中的评价性内容才会出现省略的情况。而陈述态度类句型侧重表达说话人对人或事物的主观态度，有时会在句中出现表明自己态度的原因部分，但陈述态度类句型并不针对表态对象的相关属性给出评价。另外，评价的对象一定是已经存在的，而表态既可以对已经存在的人或事物发表态度，也可以对将要发生的事件、行为发表看法。最后，表态注重表达说话人对相关的人或事物的感情，这种感情不是只有褒贬，还可以是喜爱、灰心、痛苦等，而评价则是侧重评定人或事物相关属性的等级。

（三）陈述判断类

本书讨论的判断类句型与吕叔湘先生在《要略》中定义的 "判断句" 并不一致。吕先生定义的判断句为 "解释事物的含义或判辨事物的同异"。杨伯峻、何乐士（2001）[1]指出 "广义地说，凡对主语的性质、情况进行判断的都是判断句。它包括具有此种

---

[1] 杨伯峻，何乐士. 古汉语语法及其发展（修订本）[M]. 北京：语文出版社，2001.

作用的名词谓语句、动词谓语句和形容词谓语句。狭义地说，判断句只指具有以下条件的句子：（一）主谓两部分有等同关系；（二）主语多由名词、代词充任；（三）在主谓之间多有系词连系。"本节将详细讨论陈述功能体系下判断类句型的具体情况。

1. 判断类句型的语义类别及构式义解析

判断是人脑反映事物之间联系和关系的思维形式。它是在概括基础上形成的对事物有所断定的思维形式之一。任何一个判断都是由概念组成的，都是概念的展开。单个概念无法进行思维和表达思维，必须把多个概念联系起来，对事物有所肯定或否定。判断主要有直接判断与间接判断、肯定判断与否定判断等类型。《现代汉语词典》（第6版）对"判断"词条的解释是：思维的基本形式之一，就是肯定或否定某种事物的存在，或指明它是否具有某种属性的思维过程。在形式逻辑上用一个命题表达出来。周国光（2004）认为可以表示断言或判断的句子中可以使用名词性谓语、形容词性谓语、状态词谓语和动词性谓语即"是"字句。根据以上对"判断"的解释，本书认为判断类句型表达了说话人对相关人或事物的断定，可以分为肯定判断和否定判断两种类型。

Ⅰ肯定判断类句型

肯定判断表达的是说话人认为该事物具有某种属性或是说话人认定某事物的存在。主要依靠"是"类判断句来表达肯定判断。肯定判断既可以表达说话人陈述一种事物的属性或是存在，也可以是说话人用来声明某事物确实具有某种属性或是确实存在，有加强肯定语气的作用。如：

（177）珠宝一直以来是高贵的象征。

（178）张国宝是那种比较理性的人。

（179）京城的漂泊艺人之多是全国出了名的。

上述例句中都使用了判断动词"是"，表明句首的判断对象具有"是"之后出现的判断内容部分所陈述的特征。例（177）判断对象是"珠宝"，判断内容为"高贵的象征"。例（178）判断对象是"张国宝"，判断内容为"比较理性的人"。例（179）判断对象是"京城的漂泊艺人之多"，判断内容为"全国出了名的"。判断对象并不一定能和判断内容部分所陈述的事物画等号，两者之间可能是包含于的关系，如例（178）。

还有一些表达肯定判断的句子不使用判断动词"是"，而是依靠其他表判断义的副词、形容词，如：

（180）这种无污染、品质高、营养丰富的蔬菜当然可以称为"绿色食品"。

（181）你黑眼圈这么严重，昨晚肯定熬夜了。

（182）可以论斤卖的 CD 很有可能是盗版光盘。

以上三例均没有使用判断动词"是"，但也表达了说话人对事物的判断，只是在做判断时，肯定的语气不完全一致。例（180）、（181）说话人肯定的语气较强，句中分别使用了副词"当然"、"肯定"。例（182）说话人肯定的语气比前两例要弱一些，句中不单使用了判断动词"是"，还在前面加上了限定性成分"很有可能"。因此，同是表达对事物的肯定判断，有些句子的肯定语气十分强烈，有些句子的肯定语气较为勉强，表现出说话人对事物的确信度不同。

如果是为了加强肯定语气，句中可以使用表推断义的副词"准、必、必定、其实、的确、简直、几乎"等。如：

（183）我可以断定他准会发表一篇精彩评论。

（184）他得到信，必定会来。

（185）我做模特其实也挺偶然的。

（186）美国从中国进口的玩具、鞋类等产品的确越来越多。

（187）通过各种凹凸透镜观察世界简直是一种享受。

（188）几乎班里的每位同学都有自己的异性朋友。

有些情况下，说话人对判断对象的相关情况不是十分肯定，就会在句中使用表示不确定的推断类语气副词，如"也许、大概、大约"，或者是使用表示推断义的动词"估计、推测"。如：

（189）也许马晓军已经买了电影票。

（190）"守株待兔"的寓言大概就是这样造成的。

（191）11 月初，猎户座大约在晚上 10 点升起。

（192）我估计他连 18 岁都没到。

（193）我推测这就是她的弱点所在。

以上例句所表达的判断明显含有推断的语义特征，与前文所论述的情况不同。不管说话人的肯定程度有何差别，表达肯定判断的句型都可以解析为：判断对象＋判断内容〈肯定义〉。若句中使用表推测义的动词，该句的主语部分不能是第二人称代词，否则句子不能成立。若是第三人称代词或是指人名词充当主语，则该句表达的可能是对他人行为的陈述或是对他人态度的陈述。如：

（189'）他认为也许马晓军已经买了电影票。

（192'）小张估计他连 18 岁都没到。

（193'）小张推测这就是她的弱点所在。

上述三例将原来例句中的主语部分分别替换为第三人称代词或是指人名词，句子由原先表达判断的语义功能转变为对他人主观态度的陈述，如例（189'），或是对他人行为的陈述，如例（192'）、（193'）。

Ⅱ否定判断类句型

否定判断表达的是说话人认为该事物不具有某种属性或是说话人认定某事物并不存在。这类句型中常常出现否定副词"不、没／没有、未必"等。如：

（194）她不是湖南人。

（195）他没去过教堂。

（196）以我的能力未必能帮得上他。

以上三例都属于否定判断类句型。例（194）如果补充为"她不是湖南人，她是北京人"，更能看出其表达的是判断功能。例（195）如果补充为"他没去过教堂，因为他连什么是礼拜都不知道"，句子表达的判断功能就更加明显。后面释因小句的出现表明前一小句表达的确实是说话人对他人行为的判定。例（196）是说话人对自己能力的判定，认为自己可能不具备帮助别人的能力。该例对事物的否定，语气并不十分强烈，表推测义的副词"未必"也可以用"不一定"来替换，使用这类词语表达的否定都没有否定副词"不、没／没有"语气强烈。不管是对人或事物的判断，还是对动作行为的判断，该类句型都可以解析为：判断对象＋判断内容〈否定义〉。

2. 判断类句型各部分内容的语义分析

判断对象可以是人，也可以是具体的事物。这部分内容可以由名词性成分充当，也可以由谓词性成分充当，无论是什么成分都应当具有指称性。判断内容部分可以是判断动词"是"或其否定形式"不是"加上名词性内容充当，也可以＋由谓词性成分充当。判断内容若为"是 / 不是"加名词性成分充当，句子表达的是判断对象所属的范围、类别或是其具有的属性；若为谓词性成分充当，句子表达的是对判断对象动作行为、性质状态的判定。

通过前文对判断内容部分语义的论述，本书认为肯定判断与否定判断之间还存在渐变的状态，即：肯定＞很可能、可能、不太可能＞否定。对事物的判断，不仅可以表达事物是否具有某种属性或是该事物是否存在，还可以表达申辩义，这时候句中表示判断的动词往往会使用重音形式，以加强肯定或是否定，如例（194）。若只是表示判断的话，句子可以不使用重音的形式，若说话人在表示判断的同时，还要表达申辩的意义，那么判断词"是 / 不是"需要使用重音形式加以强调。

小　结

本章对汉语中的陈述功能句型进行了论述。依据陈述功能句型的陈述内容进行分类，本章主要包含对行为的陈述、对现象的陈述、对关系的陈述及对心理内容的陈述。前三类句型是对客观世界中的客观存在进行陈述，对心理内容的陈述则为陈述对象或说话人对客观存在的主观态度。因此，本章将对心理内容的陈述归为单独的一类，将陈述心理类句型看作是陈述对象或说话人对客观存在的主观映射。对陈述功能句型的论述中，本书还关注了陈述类句型中所包含的"主观性"。正是由于"主观性"的存在，对句型的使用产生了很大的影响，使得一开始可能只是临时的语用现象，最终语法化为固定的构式。本章在论述陈述功能句型时，主要考察的是"肯定陈述"，"否定陈述"多是在肯定形式的基础上再加上否定标记，因此，本书对"否定陈述"并未做过多的阐述。在具体的语言使用中，陈述功能句型所表达的语义功能往往不是单一的。一个句子在表达某一语义功能的同时，可能还兼具表达了其他语义内容。本书对此类现象不做详细论述。

表 2.1 陈述功能句型各小类句型形式比较

		句型
陈述行为类	完整形式	动作者—行为方式—行为目标 动作者—行为方式—受益者—行为目标 动作者—关涉对象—行为方式—行为目标
	省略形式	动作者—行为方式 行为方式—行为目标 "陈述对象"
	特殊形式	动作者—把—行为目标—行为方式—（受益者） 行为目标—被—动作者—行为方式 动作者—行为方式$_1$—行为目标$_1$—行为方式$_2$—行为目标$_2$ 动作者—行为方式$_1$—行为目标$_1$（动作者$_2$）—行为方式$_2$— （行为目标$_2$） 方位成分—行为方式—动作者
陈述现象类	陈述客观存在	存在处所—存在方式—存在物
	陈述事物特征	外部特征：存在物—（存在方式）—存在特征 内部特征：存在物—存在方式—存在属性
陈述关系类	陈述客观联系	整体—部分关系：存在物—包含关系词—存在内容 属种关系类：下位成分—归属关系词—上位成分
	陈述社会关系	领有关系：领有者—领有关系词—领有物 人际关系：指称对象—关系词—社会称谓
	陈述逻辑关系	因果关系：原因—关系词—结果 并列关系：陈述对象—并列标记—行为/现象 转折关系：陈述对象—转折标记—行为/现象
陈述心理类	陈述态度类	表态者—表态方式—表态对象—表态内容
	陈述评价类	评价对象—评价内容
	陈述判断类	判断对象—判断内容

第三章　疑问功能句型

　　徐杰（1999）曾对现有研究中疑问句的分类提出疑惑，认为疑问句是从句子功能角度分类的，但是目前看到的疑问句式类别却都是以结构特征为依据的。同时，很多学者也注意到汉语中存在以疑问句的形式出现，但是表达的意义却并非疑问的句子。如：肖任飞（2006）对"什么"非疑问用法的考查；马瑞英（2011）对"怎么"非疑问用法的研究。本书认为可以尝试从语义功能角度来分析"疑问功能句型"。

　　本书所说的"疑问功能"不是指从语气角度分出来的功能类，而是依托句子的形式标记，结合句子的语义功能进行的分类。形式与功能是句子的两个方面，只从形式角度研究句子，无法弄清楚句子真正的表述意图；而只从功能角度谈句子，则是毫无根基的漫谈。形式是功能的依托，功能是形式体现出的价值。因此，本书讨论的功能句型分类，必须结合句子的形式标记。汉语疑问句有自身结构上的形式标记，也有各自的语义内涵，因此本书采用构式语法的方法来分析汉语疑问功能句型。

第一节　疑问功能句型的命名及分析角度

一、"疑问功能句型"的命名

　　吕叔湘曾在《要略》中提到"疑问"是一个总体上的说法，"疑"和"问"的范围是有区别的。该文认为汉语中有以下几种类型的疑问句，一种是有传疑而不发问的句子，这里既可以用问话的语调，也可以不用问话的语调，这一种被称为测度句；另一种是不疑而故意发问的句子，这一种被称为反诘句；还有一种是既有疑也有问的句子被称为询问句。对这几种句子的疑问程度区分如下：测度句是处于疑信之间的，而反诘句只是有疑问的形式而无疑问之实质，只有询问句的疑问程度最高，即在疑问程度上"询问句＞测度句＞反诘句"。陈妹金（1995）也认为"疑"与"问"是有区别的。疑问句包含的语义内容是：传问以求取信息或仅仅表达心中的疑惑。邢福义（1996）将疑问句定义为"用来提出问题的句子"，"典型的疑问句，句末语调上升"。本章定义的"疑问功能"，既包括疑惑，也涵盖了询问。本章所描述的疑问功能句型包含两个基本参量：疑惑与询问，并将疑问功能句型分为三种类型：①既疑且问；②只疑不问；③只问不疑。

二、疑问功能句型分析

（一）疑问功能句型的分析视角

以往对疑问句的研究，学者们的关注点在于疑问句的分类、疑问语气词、疑问点与答问、疑问程度或是疑问句内部的类型研究。以上几点仍在本书考察范围之内，但本书将重点考察疑问标记（疑问代词、疑问语气词、疑问格式），并形成以疑问标记为核心的各个功能次类。在此基础上，将疑问功能句型梳理归纳为疑问程度呈层级序列的句型体系。

《高等学校外国留学生汉语教学大纲》（长期进修）中的"功能大纲"部分列举了47个询问功能的次类，例如问姓名、问年龄、问简历等，这些类别详细地罗列了日常交际中可能会遇到的各种情况，但是这些项目是否可以更为概括、更为抽象，是本书思考的问题。本书认为这47个小类的核心功能就是"询问"，各个小类可以用疑问词"谁、为什么"等作为标记词来概括疑问功能句型的解析式。

对问句做疑问程度的量化分析已有学者关注，如徐杰、张林林（1985），黄国营（1986），邵敬敏（1996）。刘钦荣（2002）也曾将询问句分为强式询问句（即特指问）和弱式询问句（想进一步证实一下自己的看法，或是表示商量、请求、命令、委婉等语气，此外还包括附加疑问句和"吧"字问句），该文从语义程度上对询问句进行了等级划分，和前面几位学者的划分依据有所不同。

（二）疑问功能句型的分析方法

张伯江（1997）以共时语法化的观点，从疑问域的角度将疑问句划分为三个等级：特指问句、选择问句和是非问句。本书认为这种以疑问域来区分疑问程度的方法更具可依据性和直观性。因此，本章将按照疑问域的大小来依次考察各类疑问功能句型，大体上分为对句内成分的疑问和对整句的疑问。

传统上考察疑问句一般是从句子语气、语调、疑问代词、疑问格式等角度出发，而本书主要关注两个部分：一是疑问标记，二是疑问程度。本书所说的疑问标记除了疑问句的格式标记，还包括疑问代词和句末语气词。

从功能角度对疑问句进行研究的成果中，邵敬敏（1996）曾提及范继淹先生从疑问句的交际功能（说话人的意图和听话人的回答）角度提出"疑问句功能系统"，这一系统包括特指问句和选择问句，选择问句中又包括特指选择问和是非选择问。徐盛桓（1999）认为疑问句的功能有"全疑而问、半疑而问、无疑而问"，同前两种对应的是"强发问"，同最后一种对应的是"弱发问"。而本书试图建立的体系是以构式语法为理论依据，关注句子的语义功能及其适用的语境。

此外，问句的句末标点只是一个句子表达疑问功能的参考项。句末标点可以表示一个句子的语气，但不能仅凭句末标点来判定句子的功能，因为还存在句末标点与句子语气不一致的现象。而且，句子语气并不完全等同于句子的功能。以疑问句来看，有些句子表示疑问功能，但也可以用感叹号来做句末标点。因此，句末标点只是辅助参考项，本书的考察重点仍在于句子表达的语义功能。

（三）疑问功能句型的研究范围

本章定义的"疑问功能"的"问"既包括上述功能大纲中的 47 个小类，还包括更广范围。这 47 个小类仅仅列举了一般疑问句的内容，汉语中有些句子例如"你以为……"等形式是否应该划入疑问功能？还有一些句子中出现了疑问词，那么该句子就一定是疑问功能句型吗？表达疑问功能的句型是否只表疑问，是否与其他功能句型存在重叠形式？这些都是本章将要讨论的问题。

第二节　疑问功能句型分类

疑问句的功能在于表达说话人对事物的询问，并希望听话人能给出理想的答案。因此疑问标记所指代的内容是句子所要强调的新信息，是说话人认为听话人知道，而自己想要获取的信息。疑问标记用于句首是最为常见的形式，说话人将想要获得的信息放在句首，凸显了语义重心。句子中除了需要有疑问标记出现之外，还需要出现其他疑问内容。本书认为，疑问标记和疑问内容是疑问功能句型的两个核心要素，也是本章考察的重点。对疑问功能句型的分类，本章以疑问句中疑问域的大小将该类句型分为单一成分疑问类、部分成分疑问类及整体内容疑问类三种类型。

一、单一成分疑问类

对句内成分的疑问主要由疑问代词来体现。在本书考察的疑问功能句型中只有"为什么"类句型是由副词作为标记词。对句内单一成分的疑问本书列举了以下几类，每一类都以疑问标记来命名。

（一）"为什么"类句型及其扩展形式的疑问功能分析

1. "为什么"类句型构式义解析

"为什么"是用来询问原因的疑问标记，它既可以独立成句询问缘由，也可以作为句子成分询问具体的原因，因此"为什么"可以作为问因句型的标记词。"为什么"类句型的疑问程度很高。说话人使用该类句型不仅表达了自己的疑惑，而且希望听话人能针对所提问题做出解释。如：

（1）为什么彩虹是七种颜色？

（2）为什么会打雷下雨？

（3）为什么要加班？

以上三例是"为什么"类句型最为规则的形式，本书称为基本式，可以解析为：

疑问标记"为什么"＋疑问内容？例（1）中"为什么"的疑问内容可以指向谓词性成分"是七种颜色"，也可以指向"彩虹"，意思是为什么是彩虹有七种颜色，那么其他事物呢。因此，这里将该例归为对句内成分的疑问。例（2）、（3）的疑问内容是谓词性成分"会打雷下雨、要加班"。本书认为"为什么"类句型中的疑问内容部分是对现象或是行为的描述，该类句型用以询问现象存在、行为发生的原因。

"为什么"类句型中的疑问内容并不限于在疑问标记"为什么"之后出现，还可以置于标记词之前，也可以分布于疑问标记两侧。如：

（4）<u>我们的心是平等的，为什么</u>？因为心无相，而且大家都是佛，所以都是平等的。

（5）两种看法当然不可能都对。哪一种错了？<u>为什么</u>？

（6）<u>长者，你今天这么忙是为什么</u>？是祝寿做生日，还是为儿子举行结婚仪式？

以上三例中的疑问标记"为什么"位于询问内容之后，"为什么"句型之后往往会出现表示原因或可供选择项的句子。例（4）、（5）中的"为什么"还可以作为一个独立的小句，表示询问。此外，"为什么"还可以位于询问内容的中间。如：

（7）指南针的两极为什么总是指向南北呢？

（8）干电池为什么会"源源不断"地产生电流呢？

（9）你为什么打丁言乐？

以上例句中若删除"为什么"，句子就不再具有疑问功能。而说话人想知道行为发生的原因，就需要使用疑问标记"为什么"。以上例句将想要询问的核心内容置于标记词之后，突出疑问点。这样就不会产生如例（1）那样语义指向不明的现象。这一类句子中的疑问标记"为什么"仍然可以通过句式变换置于句首或是句末。因此，本书出现的解析式并不强调疑问标记的具体位置，而只强调句中必须包含的语义成分。

由上述例句可以看出，如果句中没有出现疑问标记"为什么"，句子表达的就是陈述或是指令功能。加上疑问标记"为什么"，无论说话人使用升调还是降调，以上例句都用于表达疑问。因此语调在这类句型中并不负载疑问信息，标记词"为什么"才是关键因素。如果说话人使用升调，只是为了帮助表达句子的疑问信息。

2. 疑问内容部分的语义分析

前文提到，疑问功能句型中除了疑问标记之外，疑问内容也是一个重要的组成部分。"为什么"类句型的疑问内容部分可以是一个陈述句或是谓词性成分等。即使疑问内容部分是一个句子，"为什么"的语义指向还是针对谓词性成分进行询问。如例（1）、（4）可以变换为：

（1'）彩虹为什么是七种颜色？

（4'）我们的心为什么是平等的？

除非说话人使用重音来强调是对主语部分进行提问，如：

（1'）为什么彩虹是七种颜色？

（4'）为什么我们的心是平等的？

还有一些例句中虽然出现了"为什么"，但"为什么"并不负载疑问信息，整个句子也不表达询问义。如：

（10）现在回想起来，我知道为什么一年后事情有所改变，一切都是从悉尼奥运会开始的。

（11）通过在年轻时候测量运动员的骨骼来发现人才，然后只招收那些以后会长高的孩子，这就是中国为什么只有好前锋和好中锋却没有很多好后卫的原因。

以上例句中的"为什么"位于宾语小句或是修饰性成分中，"为什么"的询问义消失。例（10）"为什么"指的是说话人知道的事情缘由，并且句中下一小句出现了与事件原因相关的内容。该例中的"为什么"由原来的询问义转为指称义，指称的内容是事情的缘由。例（11）中前面两个小句用来陈述原因，是句中"为什么"所指的内容。因此这类非询问义的"为什么"类句型，往往能在上下文语境中找到"为什么"指代的对象。

徐盛桓（2007）指出疑问通常是说话人对特定情况的探询。当说话人对疑问项的内容存疑度越来越低，或知道根本无可作答，或已知该如何回答时，疑问句的探询意图就会由强变弱甚至转变为其他意图，如陈述、感叹、祈使。例（10）、（11）中虽然说话人使用了疑问词"为什么"，但是说话人是知道事情缘由的，因此这里的疑问程度已经由强变弱，转为陈述。李宇明（1997）将这类现象称为"疑问标记功能的丧失"。

3. "为什么"类句型适用的语境

"为什么"类句型用于询问原因，在口语和书面语中都很常见，既可以是询问对方，也可以是询问自己。"为什么"重读时还可以表达质问的语气。该类句型适用的语境是：说话人对事物存在疑惑，并认为听话人能为自己做出解答。在说话人提出疑问的同时，要求或是希望听话人做出回答。如：

（12）"为什么吵？""因为我们说中国队被进的第二球是守门员犯了错，不该跑出禁区。他们说是后卫笨蛋，没有及时回防。争着争着就吵起来了。"（《王朔文集》）

（13）"为什么？""我觉得这么晚了不安全。"（同上）

在对话语境中，"为什么"类句型一般都会有相应的答句出现，除非听话人故意转移话题或是不做回答。

4. "为什么"类句型的扩展形式

含疑问标记的句型，大多可以在句末加上语气词，这一点将在下文专门讨论。该小节主要考察疑问标记"为什么"的变换形式。

第一，在"为什么"类句型中，疑问标记之后经常出现否定词"不/没（有）"，这一类句子含有强烈的反问语气。"为什么不"跟"何不"意思相近，有劝告、质问的意思。如：

（14）它们为什么不到其他地方去寻找生路呢？

（15）他们为什么不自己带球来呢？

（16）你为什么没有告诉我们这个故事？

（17）你为什么没有告诉我这划痕呢？

这一类句子仍然是依靠疑问标记来表达疑问功能，可以解析为：疑问标记"为什么不/没（有）"＋疑问内容？例（14）、（15）在询问原因的同时，也表达出一种建议、劝告的语义内容，只是这里说话人更强调对未知信息的探询。例（16）、（17）中不仅有表达疑问的功能，还表现出说话人的质问。

在询问原因的句子中还可以使用"为何"提出疑问，只是"为何"多出现于书面语中，口语中较少使用。如：

（18）为何对农村信用社和城市信用社没有提高存款准备金率？

（19）黑龙江哈尔滨"宝马肇事案"为何一波三折？

以上二例中的疑问词"为何"既可以出现在句首，也可以出现在句中；还可以置于句末，与前面的小句用逗号隔开。如：

（18'）对农村信用社和城市信用社没有提高存款准备金率，为何？

（19'）黑龙江哈尔滨"宝马肇事案"一波三折，为何？

这一类句型可以解析为："为何"＋疑问内容？上述二例中的疑问信息由"为何"承载，不管句中是否使用疑问语调，都不影响句子表达疑问的功能。

（二）"多 A？"类句型的疑问功能分析

"多"不仅可以用来修饰形容词表感叹义，还可以出现在疑问句中用于询问。那么"多"能否像上节讨论的疑问标记"为什么"一样独立承载疑问信息，是本节将要考察的内容。

1. "多 A？"类句型构式义解析

"多 A？"类句型用来询问程度或数量，标记词"多"后面通常跟表积极义的形容词"高、远、长、重"等。但以下情况不在本书考察范围之内，如：

（20）质量多好！

（21）我可以看出他的运动素质多棒。

（22）刚投入市场的药物能起多大作用，还是个未知数。

上述例句中虽然都出现了表示积极意义的形容词，但是"多"在句中仍只是表达程度义，起修饰形容词的作用，并没有表达询问功能。"多"在句中可以表示高程度义，如"这些学体育的学生多不容易啊，三伏天还在训练"。还可以表示某种程度，如"无论这条路有多艰难，我都要走下去"。这些句子中"多"都不表示询问义，所以本书认为在用"多"表示询问时，如果仅凭标记词"多"，不能完全承载句中的疑问信息。"多 A？"构式中，疑问语调即升调是必需的要素。例（22）中"药物能起多大作用"类似于询问，但是放在具体的语境中它是话题，是陈述性的内容，与本书讨论的疑问功能不同。因此，"多 A？"类句型就与前一小节讨论的"为什么"类句型不同："为什么"可以单独承载疑问信息，"多"必须与疑问语调组合才能承载疑问信息。本书认为语调也可以作为一种疑问标记，只是这种标记是隐性的，在书面上无法体现出来，因此，文中将使用"↑"/"↓"来表示相应的语调。这一节讨论的"多 A↑？"类句型就采用了双重疑问标记，即疑问标记和疑问语调。

本节考察的"多 A↑？"类句型如下：

（23）你多大？

（24）你做了多长时间家教？

（25）那家餐厅的饭菜有多差？

"多"在句中表询问义，询问事物的程度。表达询问功能的"多 A↑？"句型，不仅需要疑问标记词"多"出现在句中，也需要疑问语调来承载疑问信息。因此，这一类句型可以解析为：疑问标记"多"＋疑问内容↑？

2. 疑问内容部分的语义分析

"多 A↑？"句型中的询问内容部分多为表示积极意义的形容词，并且疑问内容多是对事物的陈述，如例（23）—（25），而不是对性状的描写。在我们检索到的例句中也出现了一些疑问标记词"多"后面加消极意义形容词的用例。如：

（26）你知道现在的孩子心眼有多坏吗？

（27）你知道一个戏迷不能看到自己喜欢的演出有多痛苦吗？

以上例句中虽然出现了"多 A"形式，但句子的疑问焦点是由"你知道……吗"来传递的，整个句子的疑问信息是由语气词"吗"来承载的。因此，与这一节讨论的情况不同。如果标记词"多"后面出现了表消极意义的形容词，那么句子中一定有其他形式的疑问标记出现，"多"在句中表程度义，不表询问义。根据以上例句还可以发现，如果"多 A"格式用在句中的谓语部分，那么疑问标记"多"之前经常会出现"有"。

汉语中可以用"多A"来表达疑问,如例(23)"多大"是问人的年龄,例(24)"多长"是问时间长短。这种格式的出现是由于汉语中表示积极意义的形容词通常需要一个标记词随现。但这一类句型中不包括"多多"这一问法,为了避免重复,汉语里使用"多少"来提问,详细情况王永祥(2008)一文中已做分析,本书在此不再赘述。

此外,上一节讨论"为什么A"句型时提到,在有些情况下疑问标记"为什么"询问义消失,指称性增强,"为什么A"句型只表达陈述功能。但是,本节讨论的"多A?"构式,由整个构式表达疑问功能,而"多"本身并不能用于询问,所以"多"不存在上述"为什么"类句型疑问标记功能衰变的问题。

3. "多A↑?"类句型适用的语境

"多A↑?"类句型用于询问程度或数量,这一类句型的疑问程度也很高,说话人不仅表达了自己的疑惑,也希望听话人能帮助自己解答疑惑。如:

(28)既然"头脑公司"如此盛行,那么这些企业的作用到底有多大呢?

(29)你们也斗不过他们,你们能活多久啊?

(30)"505"的天地有多宽,境界有多广?

例(28)中"多A"用来询问程度,例(29)、(30)"多A"用于询问数量。在对话语境中,"多A↑?"类句型后面经常会出现相应的答语,如:

(31)"你多大了?"我问她。"反正比你大多了,十九。"(《王朔文集》)

(32)"你认为那间房子离你们这间房子大约有多远?……""这个我可说不上,我也认为不该差得很远……"(同上)

(33)"你和刘炎前前后后有多长?……""没多久。"(同上)

"多A↑?"类句型的疑问程度也很高,既表达了说话人对事物的疑惑,也表达出说话人希望听话人就提出的问题给予回答。以上所举例句中,说话人的问话都有相应的答句出现。

(三)"几+量词"类句型的疑问功能分析

"几"是一个数词,可以用来询问数目。这一节主要考察数词"几"在疑问功能句型中的表现形式。"几"用于询问,不能单独用来询问数量,如不能说"你看了几书"。"几"必须与量词组合才能用来询问数量。这是汉语的特点，与英语中询问数量的"how many/how much ＋ N"用法不同。

1. "几＋量词"类句型构式义解析

数词"几"用来询问数量，并且是数量较少的情况，一般是不超过十的数目。如：

（34）你几岁了？

（35）你几月生的？

（36）参加工作几年了？

例（34）中说话人的心理预设是"对方年龄不大"，如果是询问年龄较大的长者一般会问"您多大了？"这是从语用角度来区分的。例（35）询问月份，一年中只有 12 个月，也属于数目较小的事物。例（36）说话人的心理预设是"听话人参加工作的时间不长"。用数词"几"来提问时，"几"后面的量词不能省略，否则句子无法成立。有时候，"几＋量词"还可以单独成句来询问数量，这种情况通常需要有一定的上下文语境。"几＋量词"组合可以独立成句用于询问，说明其作为一个构式可以承载句子的疑问信息。如：

（37）几点？

（38）几楼？

（39）几节课？

以上例句中"几＋量词"都是单独成句的，说明这一结构的疑问程度很高。因此，本书将这一类句型解析为："几＋量词"＋疑问内容？这一类句型不管使用什么语调，句子都能传递疑问信息，故本书在解析式中没有考虑语调因素。

2. 疑问内容部分的语义分析

"几＋量词"类句型用来询问数量，因此其疑问内容部分为名词性成分，不能用于询问谓词性成分。如：

（40）几本书？

（41）几家报社报道了这条新闻？

（42）几个人去登山？

以上三例中"几＋量词"的语义指向均为后面的名词性成分，而不是句中的谓语部分。只要是可以用数量来统计的且数目不大的事物，都可以使用该类句型。有些情况下，句中虽然也出现了"几＋量词"结构，但句子并没有表达询问功能，如：

（43）几个厂子合并了。

（44）几个厂子合并了？

例（43）使用陈述语气来陈述客观事实。这里"几"仅仅表达数量义。例（44）中"几"表达的是询问义，说话人想知道有几个厂家被合并了。因此，"几"如果只表达数量义不属于本书考察的范围，表询问义的"几"才是本书考察的对象。

3. "几＋量词"类句型适用的语境

用来询问数量，并且是数量不太大的情况下，就可以使用"几＋量词"类句型。这一类句型的疑问程度也很高，说话人不仅表达了对事物的疑问，也希望对方能提供问题的答案。如：

（45）"你跟她约的几点？"我也看看表："现在就可以去了，知道哪儿，海淀影剧院。"（《王朔文集》）

（46）"几个人呀？""就我。"潘佑军看我一眼，又说："还有个朋友。"（同上）

在对话语境中，"几＋量词"类句型通常都会有相应的答句出现。除非听话人违背会话原则，避而不答。

（四）"多少"类句型的疑问功能分析

"多少"在现代汉语中有两种读音，一种是两个音节都读本调"duō shǎo"；另一种是读为轻声词"duō shao"。本节主要考察"多少"读轻声，用作代词的情况。"多少"用作疑问代词，一可以表示疑问，问数量；二可以表示不定的数量。在这一点上"多少"和第三小节论述的"几"有些相似。"多少"类句型还与第二小节讨论的"多A↑？"句型有些相似，都可以询问数量。但是"多少"已经固化为一个词[1]，所以本书单独作为一小节来讨论。

---

[1]　方一新, 曾丹."多少"的语法化过程及其认知分析 [J]. 语言研究，2007（3）.

1. "多少"类句型构式义解析

汉语中可以在"多少"后面加上表示计量单位的词，用于询问较大的数目，如：

（47）班上有多少名学生？

（48）北京到上海多少千米？

（49）这批西瓜多少千克？

与"几＋量词"类句型不同的是，这一类句型有时候也可以不加计量单位，直接在句中用"多少"来询问数量，如：

（50）中国古农书到底有多少？

（51）你们矿单身职工有多少？

（52）这方面的知识您在研究中运用了多少？

上述例句表明"多少"自身就可以承载询问数量的疑问信息。此外，以上例句不管是否使用疑问语调，句中表达的疑问信息都能由"多少"来传递。因此，这类句型可以解析为：疑问标记"多少"＋疑问内容？

2. 疑问内容部分的语义分析

与"几＋量词"构式相同，"多少"类句型的疑问内容部分多是名词性成分，用来询问某一事物的范围或是数量，这里事物的范围既可以是具体、可数的量，也可以是抽象、不可数的量。如：

（53）多少人通过了这次考试？

（54）你的学号是多少？

（55）他的事情你又了解多少？

例（53）、（54）询问的是具体的数量，而例（55）询问的是抽象的量。询问抽象的数量时听话人就无法用具体的数字来回答说话人提出的问题，而只能用"一些、不多"等表示抽象数量的词语来回答。这里不管是用来询问具体的量，还是用来询问抽象的量，汉语中都使用"多少"或是"几＋量词"来询问，而不像英语中区分为"how many/how much ＋ N"的格式。

"多少"也有不表示询问义的情况，用在句子中表示不确定的量，如：

（56）中国的崛起是多少代中国人的梦想。

（57）重要的是赢，不是赢多少。

（58）不知有多少人找不到工作在家里待着。

以上例句中的"多少"询问数量的意义消失，多用来表示虚指，说话人在这里对事物并不存在疑问，而是陈述自己的观点、看法。因此，以上例句中的"多少"也可以认为是疑问标记功能的丧失。汉语中为了避免语言上的重复，使用了"多少"而没有使用"多多"，但是"多少"与"多 A"格式是存在关联性的。"多少"只能用于询问数量，而"多 A"中的 A 可以使用其他形容词，因此还可以用于询问程度。

3．"多少"类句型适用的语境

用来询问数量时就可以使用该类句型。前一小节讨论的"几＋量词"类句型用于询问数量较小的情况，"多少"类句型可以用来询问数量较大的事物。"多少"类句型的疑问程度也很高，说话人不仅表达了自己的疑问，同时也希望听话人能够解答自己的问题。如：

（59）"多少钱？"民警仅仅是对一辆私车卖多少钱感兴趣。"四千。""不贵呀。"（《王朔文集》）

（60）"你包办一晚上舞会能搞多少钱？""不多，你瞧，没多少人上当。"（同上）

在对话语境中可以看出，一般用"多少"来询问时都会在下文中找到听话人的回答内容，除非听话人不想做出回答，而故意转移话题。

（五）"什么"类句型的疑问功能分析

疑问代词"什么"与前几类疑问标记不同，它既可以用来问人，也可以用来问物；既可以单用，也可以后接名词性成分。

1．"什么"类句型构式义解析

含"什么"的疑问功能句型，"什么"既可以位于句首，也可以位于句中或句末，位置比较灵活。如：

（61）什么叫建立完整的工业体系？

（62）什么是世界语呢？

以上二例中"什么"位于句首，是对事物概念的询问。疑问标记"什么"在语句中还可以出现在句中或是句末。如：

（63）你有什么爱好？

（64）你喜欢什么？

（65）要把他培养成什么人？

例（63）中"什么"单用，用来询问事物，例（64）、（65）中"什么"后面带有名词"爱好"、"人"，因此用来询问相关的事物或是人物。当然，用于询问事物时，疑问标记后面也可接名词性成分，如"你喜欢什么食物？／你是什么时候到武汉的？"等。"什么"在一定的上下文语境中也可以独立使用，如：

（66）"什么？"我说，"你叫我干这个。"（《王朔文集》）

（67）"什么？"我游慢了点，等她上来，"我不会算命，和尚会。"（同上）

"什么"单独成句，说明"什么"可以独立承载句子的疑问信息。"什么"类句型基本都是由"什么"和需要询问的内容构成。因此，本书将这类句型解析为：疑问标记"什么"＋疑问内容？其中疑问内容的位置很灵活，可以出现在句首、句中或是句末。这一类句型无论使用什么语调，句子都能够表达疑问功能，因此在解析式中也没有考虑语调的因素。

2. 疑问内容部分的语义分析

"什么"在句中指代的部分是名词性成分，如句子的主语部分或是动宾短语的宾语部分，因此，单独作为一个句子出现的"什么"，都可以根据上下文语境补充出相应的动词性成分，如：

（66'）"你说什么？"我说，"你叫我干这个。"

（67'）"你说什么？"我游慢了点……

单独成句的"什么"一般都可以根据上下文语境补充出"你说"之类的动词性词语。疑问标记"什么"也有不传递疑问信息的情况，如邵敬敏（1996）、肖任飞（2006）

对"什么"的非疑问用法进行了考察。"什么"的非疑问用法如：

（68）你摘了墨镜看看，带着墨镜当然看什么都一片灰了。（《王朔文集》）

（69）我觉得有什么东西滴滴答答往下掉。（同上）

例（68）"什么"表示任指，例（69）"什么"是虚指，这里"什么"的询问义消失，指称性增强。说话人在句中虽使用了"什么"，但并不是为了传递疑问信息，而意在陈述事实。因此这类"什么"的用法也属于疑问标记功能丧失的情况。

3. "什么"类句型适用的语境

"什么"类句型可以用来询问人或事物。"什么"在问人、问时间的时候有一些限制，即在疑问标记"什么"后面通常会出现"人、时候、时间"等名词性成分。如：

（70）这些亿万富豪都是些什么人？

（71）你什么时候结的婚呀姐姐？

（72）如果重新签订的话，在什么时间完成？

"什么"类句型的疑问程度也很高，一般需要有相应的应答句出现。在对话语境中，一般都会看到"什么"类句型相应的答句出现。除非说话人故意不做回答或转移话题。如：

（73）"什么没了？你看见什么了？"胡亦着急地抓住我的手，"海市蜃楼？""说不清。"（《王朔文集》）

（74）"什么意思？"……"相斥呗。就是说总搞不到一起去。"（同上）

例（73）中出现的两个"什么"，一个位于主语位置，一个位于宾语位置，这里的"什么"单用，用于询问事物，听话人也做了相应的回答。例（74）中的"什么"后接名词性成分，说话人明确了询问的范围，听话人也做了相应回答。

（六）"谁"类句型的疑问功能分析

疑问代词"谁"在句中也可以作为疑问功能句型的标记，与上节讨论的疑问标记词"什么"有相似之处，都可以用来询问人。本节主要讨论"谁"类句型的特点及与"什么"类句型的差异。

1. "谁"类句型构式义解析

"谁"在问句中出现，既可以放在句首，也可以置于句中或句末。"谁"询问的内容都是有关人的，因此它只能出现在主语位置或是宾语位置。如：

（75）谁能保证下一个会不会轮到自己？

（76）你们家谁喜欢体育？

（77）那是谁？

例（75）、（76）中"谁"位于主语位置，只是例（76）说话人在询问之前先限定了选择范围。例（77）"谁"位于宾语位置。以上三例不管是否使用疑问语调，都不会影响疑问代词"谁"在句中承载疑问信息，因此这一类句型可以解析为："谁"＋疑问内容？

"谁"在句中，如果前后部分都是谓词性成分的话，那么整个句了就有可能是兼语形式，如：

（78）他征求四方部落首领的意见：<u>派谁去治理洪水呢？</u>

（79）叫谁来写这个碑文呢？

（80）南昌起义的建议最早是谁提出来的？

例（78）可以分析为"派谁＋谁去治理洪水"，例（79）可以分析为"叫谁＋谁来写这个碑文"。这两例虽然都是兼语句式，但表达的并不是使令义，而是疑问义。例（80）虽然标记词"谁"前后都为动词性成分，但这里出现的是用于强调的"是……的"格式，因此不属于兼语式。无论上述三例是何种形式，都不影响标记词"谁"承载语句中的疑问信息，使整个句子表达疑问功能。

2. 疑问内容部分的语义分析

因为"谁"是用于问人的疑问代词，因此这类句型的询问内容部分多为代词或是名词性成分。如：

（81）你是谁？

（82）这幅画是谁的作品？

（83）谁说你跑得最快？

以上例句中，疑问标记"谁"既可以出现在宾语部分，如例（81）、（82），也可以出现在句中的主语部分，如例（83）。例（83）在表达疑问的同时，还表达了否定、怀疑的语义内容。

这一类句型都属于陈述性疑问，只需对方给予相应的信息即可。但是，"谁"也有不表示询问的情况，如：

（84）走吧走吧，<u>跟谁有仇也别跟饭有仇</u>。

（85）我的悟性相当高，<u>学谁像谁</u>，甚至比许多著名歌星唱得都好。

以上二例中的"谁"询问义消失，分别用于任指和虚指，这种用法也属于疑问标记功能的丧失，不属于本书考察的疑问功能句型。

3. "谁"类句型适用的语境

用于询问具体的某个人或是某一类人时即可使用该类句型。前文提到用于询问人的问句中既可以使用疑问标记词"什么"，也可以用"谁"来提问。二者之间的区别是："什么"可以用于指代一类人，并且用来询问人的时候，应在疑问标记词"什么"后面加上"人"；而"谁"既可以用来指代具体的某个人，也可以指代具体的某一类人，"谁"是专属问人的疑问代词，因此无须在其后加上"人"来表明用于询问人的语义功能。如：

（86）什么人是愚人？什么人是智人？

（87）我们今后配备领导班子的时候，要选用什么人呢？

以上二例，说话人询问的是什么样的人或是具备什么条件的人。如果用"谁"来替换句中的"什么人"：

（86'）谁是愚人？谁是智人？

（87'）我们今后配备领导班子的时候，要选用谁？

说话人如果用"谁"来询问，那么想问的就是具体的人，而不是泛指的一类人了。用"什么"来问人时，必须用"什么人"来提问，而"谁"自身就可以指代人，无须与其他词语组合。"谁"也可以用来询问具体的某一类人，如：

（88）你们当中谁考过雅思？

（89）自习室里还有谁在看书？

以上例句中的"谁"所指代的对象可能不止一个人，而是具体的某一类人。因此，"谁"在问句中可以用于指代具体的某个人或是某一类人，这一点是与"什么"所承载的疑问信息不同的地方。

（七）"哪"类句型的疑问功能分析

"哪"在问句中也可以用来询问具体的人或事物。本小节主要讨论"哪"类句型的特点及与"什么"类句型的区别。

1. "哪"类句型构式义解析

"哪"是疑问代词，可以单用，也可以后面跟名词、量词或数词加量词的形式，表示说话人要求听话人在几个人或几种事物中确定相关信息。如：

（90）咱们在哪儿见过？

（91）你都看了哪些书啊？

（92）毕业论文是关于哪方面的？

（93）那么秦昭王时代的宰相范雎与如今的宰相吕不韦相比，哪一个权力大？

以上例句，不管是否使用疑问语调，都可以用来询问地点或是确定具体的范围，因此这一类句型可以解析为："哪"族词[1]＋疑问内容？疑问标记"哪"只有用于询问地点的时候，可以单独使用"哪"来提问。其他情况下"哪"不能单独用于询问，后面必须加上名词、量词或数量短语，所以在解析式中本书用"'哪'族词"来表示。

2. 疑问内容部分的语义分析

由于"哪"本身是疑问代词，所以"哪"类句型的询问内容部分多是名词性成分、动词性成分，"哪"类句型用以询问地点、范围或是事物的性质、状态、方式等。如：

（94）哪儿是取票处？

（95）西红柿里有哪些维生素？

（96）我对你哪样了？

---

[1] "哪"族词包括：哪个、哪儿、哪里、哪些、哪样。

"哪"族词用在语句中也有不表示询问的情况。如：

（97）我哪儿也不去，不去了，就在这儿坐着。（《王朔文集》）

（98）我哪四处跟人说了，不就跟你说过，也是说着玩。（同上）

例（97）"哪儿"是任指，例（98）"哪"是虚指。这里"哪"族词并不表示询问义，而是具有指称性。因此，这种情况也属于疑问标记功能的丧失。

3. "哪"类句型适用的语境

在询问处所、范围、性质、状态、方式时可以使用"哪"类句型。"哪"用于询问，疑问程度也很强，说话人既在心里存有疑惑，也希望听话人给出相关的答案。在具体的上下文语境中往往也会出现相应的答句。如：

（99）"到哪儿去了？一上午。""买菜去了，你瞧着几根黄瓜多嫩，顶着花呢。"（《王朔文集》）

（100）"哪天首演？""过两天。到时候去看吧，别嫌丑。"（同上）

（101）咱们哪样子？我没觉得咱们怎么样了。（同上）

"哪"与"什么"都可以用来询问事物，二者的区别在于"哪"后面能跟数量短语，而"什么"不可以。"哪"类句型可以用来表示在某一范围内进行选择，而"什么"类句型侧重于询问某一类人或事物的性质，而不是重在选择。用于询问地点时，"哪"可以直接用来提问，而"什么"后面需要加上"地点"之类的名词才可以。如：

（102）你们看廉将军跟秦王比，哪一个势力大？

（103）荔枝是南方出产的果品，长安在西北，哪来的荔枝？

（104）要统一全国，该先从哪里下手呢？先打北汉，还是先打南方呢？

例（102）用于询问具体的某个人，不能用"什么"来提问。例（103）、（104）若用"什么"来提问，也需要加上相应的名词，如：

（103'）……什么地方来的荔枝？

（104'）……该先从什么地方下手呢？

上述二例都是在疑问标记"什么"后面加上了名词性成分"地方"，才能用来表达询问地点的语义内容。而例（102）如果不用"哪"来询问，可以选择用"谁"

来替换，如：

（102'）你们看廉将军跟秦王比，谁的势力大？

因为"谁"可以用来询问具体的人，而"什么"用于询问人的时候指的是某一类人，并且需要在"什么"后面加上"人"来表明询问的是人而不是其他事物。疑问标记词"哪"与"谁"虽然都可以问人，但是"谁"可以单独使用，"哪"必须后面接上表数量的词语"一个／个"才能用来问人。

（八）"何"类句型的疑问功能分析

"何"在古汉语中就用来询问事物，在现代汉语中它仍用来询问事物，并且衍生出一系列的疑问词。本书将这一类疑问词称为"何"族词，这类词多用于书面语中。本节将分析"何"在疑问功能句型中的作用。

1. "何"类句型构式义解析

"何"用在问句中多用来询问事物、处所、原因，如：

（105）国家法律对劳动者的工作时间和休息、休假有何规定？

（106）我怎么来到了这个地方，我这是要往何处去？

（107）何故如此？

"何"用于询问，在句中的位置也非常灵活，可以单独承载句中的疑问信息，因此本书将这一类句型解析为："何"＋疑问内容？这一类句型与前几节论述的句型不同的是，"何"类句型既可以传递无倾向性的询问，也可以表达带有说话人主观倾向性的无疑而问。例（105）、（106）属于无倾向性的询问，而例（107）则是带有说话人主观倾向性的反问。

2. 询问内容部分的语义分析

"何"类句型的询问内容可以是名词性成分，也可以是动词性成分，如：

（108）"茴"字的四种写法，又是何人教给孔乙己的？

（109）何必再提那些陈年旧事？

例（108）中"何"用来询问具体的人，"何人"经常出现在主语部分或是宾语部分。

例（109）是带有说话人主观倾向性的无疑而问，后面接动词性成分。"何"族词在语句中也有不表示询问义的情况，如：

（110）汉字究竟何时何地传入日本，成了一桩众说纷纭的疑案。

（111）我张着嘴，一时不知该如何回答他的话。

上述例句中，说话人对所说事物并不存在疑问，只是在陈述某种状况。"何"在语句中的询问义消失，指称义增强。因此，这类情况也应归为疑问标记功能的丧失。

在"何"族词中，"何尝"的用法较为特殊，它可以用在肯定形式前表示否定，也可以用在否定形式前表示肯定。如：

（112）而他又何尝喜欢经历这一切？

（113）从另一个视角来看，这何尝不是上海股市能有今天的一个重要文化背景？

例（112）"何尝喜欢"即"不喜欢"，例（113）"何尝不是"即"就是"。这一语义特点是其他"何"族词不具备的。

3. "何"类句型适用的语境

"何"类句型既可以表达询问，用来问人或事物的相关情况，也可以表达带有说话人主观倾向性的无疑而问。在用来询问人或事物时，"何"与"谁"、"什么"有相似之处。"何"用来询问人或事物与"什么"一样，需要在后面加上特定的词语表明询问的内容，如"何人/地"，但"何"只能用于询问具体的人而不能用来询问某一类人，这一点与"谁"的用法相似。"何"族词常用于书面语中，而"谁、什么"则没有语体上的限制。

（九）"怎么样"类句型的疑问功能分析

"怎么样"用于询问对方的意见、观点或是方式，而前文论述的疑问标记主要用于询问人或事物。"怎么样"还可以缩略为"怎样"，前几类疑问标记则没有缩略形式。

1. "怎么样"类句型构式义解析

"怎么样"用于疑问功能句型中的位置也很灵活，如：

（114）怎么样选择未来的专业？

（115）有一部分人先富起来，这部分人怎么样帮助还没有富起来的人？

（116）那儿的天气怎么样？

由上述例句可见，疑问标记"怎么样"可以置于句首、句中和句末位置。只是询问的具体内容有差别，例（114）、（115）"怎么样"是用来询问动作行为的方式，例（116）"怎么样"用来询问相关事物的情况。因此，这一类句型可以解析为：疑问标记"怎么样"＋疑问内容？

2. 疑问内容部分的语义分析

"怎么样"类句型的疑问内容部分可以为名词性成分，也可以为动词性成分或是一个小句。如：

（117）你的身体怎么样？

（118）怎么样才能写好论文？

（119）你是怎么样一步步地得到了那么多的白主权的呢？

可见，"怎么样"类句型的疑问内容部分既可以位于疑问标记"怎么样"之前，也可以位于疑问标记之后，还可以分布于疑问标记两侧。疑问内容部分若为名词性成分，标记词"怎么样"常见于句末，如例（117）。疑问内容部分若为动词性成分，标记词"怎么样"多位于动词性成分之前，居于句首或句中位置，如例（118）、（119）。有些情况下，疑问标记"怎么样"还可以单独成为一个小句，在形式上用逗号与其他小句隔开。如：

（120）今晚我请你去跳舞，怎么样？

（121）和你谈谈我自己的故事，怎么样？

（122）怎么样，跟袁和平拍武戏，比你那《烈火金钢》、《飞虎队》如何？

例（120）、（121）说话人先陈述自己的想法，然后再询问听话人的意见。这两例除了用于询问，还表达出说话人向对方发出请求的语义内容。例（122）说话人将疑问标记置于句首，表明是向对方询问，然后再指明询问的具体内容。但该例并没有表达出请求的语义内容，具体差异本书将在指令功能句型部分详加讨论。

"怎么样"在句中也有不表示疑问的情况，如：

（123）不知道将来的情况会怎么样，但现在暂时还过得去。

（124）但不管怎么样，进了八强，还是要"拼"，力争最后的最好成绩。

（125）官员们受了他们的欺负，心里气恼，谁也不敢拿他们怎么样。

不表疑问的"怎么样"用来指称无法言说的某种情况，如例（123）、（124），也可以用来指称无法具体说明的某种方式，如例（125）。这种用法的"怎么样"前文多会出现否定副词"不"。

3. "怎么样"类句型适用的语境

在询问对方意见、观点或是具体的行为方式时可以使用"怎么样"类句型。因此，"怎么样"在句中多位于谓语位置或是状语位置。当然，"怎么样"也可以单独作为一个小句而出现。

（十）"怎么"类句型的疑问功能分析

疑问代词"怎么"用于询问性质、状况、方式、原因等。与"怎么样"在询问内容上有相似之处。作为疑问标记"怎么"和"怎么样"只有一字之差，但是二者在疑问功能句型中的用法却有很大的差别。本节主要讨论"怎么"类句型的构式义及其适用的语境。

1. "怎么"类句型构式义解析

"怎么"用于问句中，既可以位于句首，也可以置于句中，用来询问方式、原因等。"怎么"还可以独立成为一个小句，用于询问原因。如：

（126）怎么使用这台电脑？

（127）你们怎么不告诉我这件事呢？

（128）怎么，你还在公司呢？不是说好五点在新天地见面吗？

可见，无论句子是否使用疑问语调，疑问标记词"怎么"都可以承载句中的疑问信息。例（128）中"怎么"单独作为一个小句用于询问，也表明了"怎么"独立表达疑问信息的能力。因此本书将这一类句型解析为："怎么"＋疑问内容？

2. 疑问内容部分的语义分析

"怎么"类句型的疑问内容部分可以是名词性成分或是动词性成分。正由于"怎么"询问的是事物的性质、状况、方式、原因等，所以"怎么"一般位于动词性成分之前。如：

（129）你的腿怎么了？

（130）学校向学生是怎么收费的？

（131）蒙古怎么跑到正蓝旗去了？

例（129）"怎么"用来询问听话人现在的状况，虽然句中只出现了主语部分"你的腿"，但仍可将例句补充为"你的腿怎么受伤了"之类，表明"怎么"后面可以出现动词性成分。例（130）"怎么"用来询问具体的行为方式，例（131）"怎么"用来询问行为发生的原因。

"怎么"类句型也存在不用于询问的情况，如：

（132）无论强盗怎么做，都必定与许诺相矛盾。

（133）电扇的叶子不是轴对称图形，不管怎么画线，都无法找到这条直线。

（134）用一节干电池点亮小灯泡，但并不怎么亮。

例（132）、（133）中的"怎么"都不再表示询问，而是具有指称性，泛指任何方式，表任指义。例（134）中的"怎么"修饰"亮"，表示程度。表程度义的"怎么"多用于否定式，如"不怎么好、不怎么高"等。由此可见，"怎么"也存在疑问标记功能丧失的情况。

3. "怎么"类句型适用的语境

在询问事物的性质、状况或动作行为的方式、原因时可以使用该类句型。"怎么"的疑问程度也很高，可以单独作为一个小句用于询问，并且句子是否使用疑问语调并不影响"怎么"类句型表达疑问功能。说话人使用"怎么"来提问，一方面表达了自己对事物的疑惑，另一方面也希望听话人能够做出解释。如：

（135）"你眼睛怎么啦？"她走近来，用手抚我右眼角，"怎么斜了？""皱巴巴了一夜，还没来及睁好呢。"我躲开她的手，用力睁睁，自己也觉眼角耷拉沉重。

（《王朔文集》）

（136）"这会儿嫌我说多了，你说我的时候呢？你怎么那么痛快？""好好，谈吧，想说什么说什么，怎么解气怎么来。"（同上）

例（135）、（136）是出现在对话中的句子，说话人使用"怎么"来提问，希望听话人能够做出解释。在例（136）中说话人使用"怎么"来询问，而听话人的回答中"怎么"表达的询问义消失，指称义增强，具有任指义。

疑问代词"怎么"与"怎么样"都可以用来询问方式、状况等，都有表示非询问义的用法，但是在使用中二者仍存在差别。如：①"怎么样"可以置于句末，用来询问意见，但"怎么"不可以；②"怎么"可以用来询问性质、原因，而"怎么样"不可以。

以上 10 类疑问功能句型，疑问标记均为句内的某个句法成分，主要是针对某一疑问点提出疑问。下面一节讨论的疑问功能句型，疑问域的范围要大一些。

二、部分成分疑问类

这一部分讨论的疑问功能句型其疑问域为句内的某一部分内容，而不是某一个疑问点。汉语中"A 还是 B"句型就属于此类情况。本书认为这一类句型的疑问标记是连词"还是"，这与前文讨论的单一成分疑问类句型不同。因为"还是"是连词，它无法像疑问代词或是副词一样独立承载句子的疑问信息，必须形成"A 还是 B"构式才可以表达疑问义。因此，本节讨论的是疑问功能句型"A 还是 B"的构式义及其适用语境。

（一）"A 还是 B"类句型构式义解析

这一类疑问功能句型与前一节讨论的疑问功能句型有很大的不同。前一节讨论的句型，句中是由疑问标记词来表示疑问信息，并且说话人希望听话人针对疑问信息做出相应回答。而这一部分讨论的句型，说话人已经提供了可以选择的答案，听话人只需在这些选择项中做出抉择。说话人提供的选择项可以更多，但是不能低于两个。如：

（137）好啦，我们去喝酒去吧。对了，<u>你请还是我请</u>？

（138）我们先打北汉还是先打南方呢？

例（137）中说话人提供了"你请"、"我请"两个选择项，这些选择项才是要询问的具体内容，"还是"起到连接疑问选择项的功能。例（138）中"先打北汉"、"先打南方"是说话人要询问的内容，该例中的选择项也是用连词"还是"来连接。这里说话人是要询问 A 和 B 哪一个才是答案，是一种析取关系。如果没有这层含义，以上例句都不能成为疑问功能句型。因此，本书将这类句型解析为：选择项 A ＋还是＋选择项 B？

该句型中，标记词"还是"是连词，单独使用不具备表达疑问的功能。但是由多个选择项和连词"还是"组合，形成"A 还是 B"结构，就可以表达询问的语义功能。因此，"A 还是 B"的构式义是用来询问，并要求听话人在备选项中进行选择。

（二）选择项部分的语义分析

"A 还是 B"类句型的选择项部分可以是名词性成分、谓词性成分或是一个小句，如：

（139）你喜欢吃什么？<u>中餐、西餐还是韩国料理</u>？

（140）你们到底愿意守卫京城还是想逃跑？

（141）孩子们自己去还是我们陪他们去？

如果"还是"前后连接的是名词性成分，那么这种句子多需要依赖一定的语境。如例（139），说话人可能在前面的语句中指明了要询问的事物。这种情况多在对话语境中发生，听话人也可以根据语境得知问话人要询问的内容。而例（140）、（141），说话人提供的选择项非常明确，听话人只需从中进行选择即可。在有些情况下，句中虽然出现了"A 还是 B"构式，但也不能被认为是疑问功能句型。如：

（142）计划多一点还是市场多一点，不是社会主义与资本主义的本质区别。

（143）去还是不去，需要我跟家人商量之后才能决定。

（144）他们说，花点钱算尽了心，至于药有用还是没用，谁还来找医生？

以上例句中的"A 还是 B"表达的并不是说话人让听话人进行选择的含义。例句中的"A还是B"格式作为话题而存在，是说话人论述的对象。这些例句中的A、B选项间不是析取关系，而是用来说明可能存在的若干种情况。以上这种"A还是B"不表疑问义的情况不在本书考查范围之内。

（三）"A还是B"类句型适用的语境

在说话人提供了相关选择项，需要听话人做出选择时，就可以使用"A还是B"类句型。这一类句型与前文讨论的句型还有一点不同之处在于：前一部分讨论的句型，句中的疑问标记大多有疑问标记功能丧失的情况，而这一类句型无论在什么情况下，"A还是B"问句都表示说话人让听话人做出选择，表达疑问功能。"A还是B"类句型的疑问程度也很高，在说话人提出疑问的同时，也希望听话人能做出相应回答。如：

（145）"你看电影喜欢悲剧还是喜剧？""悲剧！能让我哭的电影我就觉得是好电影。"（《王朔文集》）

（146）"回所还是回家？"我问他。"回所，今晚我值班。"（同上）

在对话语境中，说话人使用"A还是B"句型进行提问，总希望听话人能提供相关信息，除非听话人故意转移话题，避而不答。

（四）"A还是B"类句型的扩展形式

有些情况下，说话人为了强调选择项部分的内容，会在"A还是B"前面加上动词"是"，如：

（147）这回我可要好好地请你们吃一顿饭哟。你看是北京饭店还是长富宫大酒店？

（148）你是什么宗啊？是净土，是禅宗，还是密宗？

（149）欧洲到底应该怎样统一？是政治体、军事体，还是经济体？是地理概念，还是民族共同体？

例句中仍存在两个以上的选择项，只是在第一个选择项之前加上了表示强调、确认的动词"是"。上述例句中有出现两个选择项的，如例（147）、（149）；有出现三个选择项的，如（148）、（149）。例（147）中"是"强调的是第一选择项"北京饭店"，例（148）说话人为了强调各选择项，在前两个选择项前都加上了"是"，例（149）在前一个选择项之前也加上了动词"是"。本书将这类句子看作"A 还是 B"的变化形式"是 A 还是 B"，"是"的作用是强调其后出现的选择项。

有时句子中也可以不出现"还是"，只单独出现各个选择项，让听话人进行选择。如：

（150）"我早就结了，都有了一个孩子。""男孩女孩？""女孩。"

（151）"喜欢中餐西餐？""中餐。"

上述例句中，说话人为了使话语更加简洁明了，往往省略附加成分，只保留句中的关键信息。但是这种省略形式中，疑问语调就成为了不可缺少的因素，否则句子表达的只能是陈述义。

此外，有些例句中若只有两个选择项，而说话人又想强调各个选择项的内容，还可以使用"是 A 是 B"格式来提问，如：

（152）哈利盯着她："是男是女？"

（153）王大姐却对手里大把获利颇丰的科技股票发愁：是卖是留？都舍不得啊！

以上例句中，只有两个选择项，说话人为了强调选择项部分的内容，用"是……是……"来连接两个选择项的内容。"是 A 是 B"中的选择项部分可以是名词性成分，也可以是动词性成分。

还有些情况下，句中的疑问选择项可以用"还是……还是……"来连接。如：

（154）二哥，给我说句真心话，那黑观音——你还是想呢，还是不想？

（155）看看还是我对，还是把女儿关在家里对？

无论使用上述哪种格式来表达询问，用标记词来连接的疑问选择项之间必须具有析取关系，否则不能成为疑问功能句型。根据以上分析，"A 还是 B"是选择类疑问功能句型的基本形式，说话人为了强调选择项的内容使用了"是 A 还是 B"格式。若说话人为了简洁明了，可以将句中的附加成分删除，只保留最重要的信息"AB？"，但此时疑问语调就成了必要条件。如果不使用疑问语调，整个句子只是表达陈述义。若说话人觉得需要强调各选择项，也可以在各选择项前加"是"用来强调。在会话交际中也存在"还是 A 还是 B"的形式，表达说话人让听话人从各选项中进行选择的意义。

三、整体内容疑问类

前面两部分讨论的是对句内成分的疑问，这一部分将考察疑问域更大的一类，即对整句的疑问。

（一）"难道"类句型及其扩展形式的疑问功能分析

1. "难道"类句型构式义解析

"难道"后面通常接动词性成分或是一个小句，用于表达对事物的疑问。说话人采用疑问句的形式，表达的是与句子形式相反的语义内容。这与第一部分讨论的"何尝"类句型类似。这一类问句的特点在于对疑问内容的否定。使用"难道"来询问，语气较为强硬，容不得对方反驳。如：

（156）难道你不知道明天放假？

（157）难道人类长寿是一个永远解不开的谜吗？

（158）难道中国的名牌就能任由国外的更有名的产品随意糟蹋？

"难道"类句型中说话人陈述的事件，与其心理预设或是自己想要得到的答案是相反的。"难道"出现在句子中，使句子带有强烈的质疑色彩。因此，"难道"也可以作为疑问标记来表示一类句型。"难道"的位置很灵活，可以位于句首，也可以置于句中。如：

（159）你难道没有发现，很多球队进攻都依靠定位球。

（160）他们的想象力、悬念难道可以层出不穷？

（161）男性难道不是比女性享有更多的权力吗？

"难道"类句型，由于疑问标记"难道"的使用，句子的询问意图非常明确，句子是否使用疑问语调都不会影响其表达疑问功能。若句中删除"难道"，句子的询问功能或是消失，或是疑问语气减弱。如：

（160'）他们的想象力、悬念可以层出不穷。

（161'）男性不是比女性享有更多的权利吗？

因此，疑问标记"难道"的有无，对句子疑问功能的表达有明显的影响。这一类句型可以解析为：疑问标记"难道"＋疑问内容？"难道"类句型是用疑问的形式来表示否定的语义内涵。

2. 疑问内容部分的语义分析

"难道"类句型的疑问内容部分一般都是陈述句，加上疑问标记"难道"之后，整个句子含有反问的语义特征，带有强烈的质疑色彩。这里的陈述句既可以是肯定式也可以是否定式，加上"难道"之后，整个句子表达的意义与陈述句的语义相反。如：

（162）你的个人简历难道仅仅是一张薄薄的 A4 纸吗？

（163）难道他不是"内行"吗？

例（162）虽然使用的是肯定形式，但是句子表达的意义是"你的个人简历不应该只是一张薄薄的 A4 纸"。例（163）使用的是否定式，但句子表达的意义是"他就是内行"。因此这类句型与第一部分讨论的"何"类句型相似，都属于带有说话人主观倾向性的无疑而问。

3. "难道"类句型适用的语境

由于"难道"类句型蕴含的信息较为丰富，因此这类句型的应答句与前面两部分的句型不同。说话人使用"难道"类句型表明的是自己的态度，是对听话人观点、行为的质问。听话人可以就说话人的问题直接回答，也可以做出其他解释。

但是在有些情况下，"难道"类句型并不表示对疑问内容部分的否定，而是带有揣测的含义。如：

（164）"你老看我干什么？难道是我做了什么对不起你的事？""看看不行吗？"白丽轻轻地说，眼睛没有从刘志彬的脸上移开，"难道我隔着这么远，仅仅看看你，也会使你不舒服，感到受了玷污？""你最好还是照着镜子看看你自己吧。"刘志彬掉脸走开，自己走到穿衣镜前端详起自己。（《王朔文集》）

这一段对话中，刘志彬与白丽分别使用了"难道"类句型，双方并不是明知故问、对对方观点的质疑，而是确实不知道问题的答案，需要从听话人那里得到确认信息。

所以，这里的"难道"再做否定含义理解，就不符合上下文语境。这里只能理解为揣测义，属于带有主观倾向性的有疑而问。江蓝生（2000：79）曾提到：反诘是用疑问的形式表示否定，疑问是虚，否定是实，当这种疑问形式不再表示否定时，疑问就变成了真性的，反诘也就引申为推度。[1] 在这一点上，这一类"难道"句型与前面讨论的反问类是不同的。这里的"难道"可以用"莫非、不是……吧"来替换。

"难道"类句型的情况与前面所论述的疑问标记功能衰变的情况不同。"难道"类句型可以表示反问，表达与句子形式相反的语义内容，也可以表示揣测、猜度的含义。

4. "难道"类句型的扩展形式

"难道"类句型中的疑问标记还可以有其他扩展形式，如"难道说……"，"难道……不成"。这两种形式，都与"难道"类句型用法相似，疑问标记"难道／难道说"可以置于句首或是句中，疑问内容部分都为陈述性内容。如：

（165）难道说中国只有一种哲学即儒家哲学吗？

（166）胡先生，难道说白话文就没有丝毫的缺点吗？

（167）上帝难道说连他自己也保护不了吗？

以上例句也可以用"难道……不成"来替换：

（165'）难道中国只有一种哲学即儒家哲学不成？

（166'）难道这里白话文就没有丝毫缺点不成？

（167'）上帝难道连他自己也保护不了不成？

疑问标记"难道"与"难道说"可以用于书面语，也可以在口语中使用，但是"难道……不成"则经常用在口语中。"不成"作为语气助词用在句末，表示推测或是反问，因此通常情况下"难道……不成"类句型无须再使用句末语气词，而"难道"类句型与"难道说"类句型句末经常出现语气词。

---

[1] 江蓝生.疑问副词"颇、可、还"[A].近代汉语探源[C].商务印书馆，2000.

（二）"是否"类句型及其扩展形式的疑问功能分析

1. "是否"类句型构式义解析

"是否"本身是个副词，后面可以跟动词性成分。因此，"是否"既可以放在句首，也可以置于句中，但不能放在句末。"是否"作为疑问标记可以管辖整个句子。如：

（168）是否不举行运动会了？

（169）生活在大城市或小城市你是否在意？

（170）这个学校是否在当地，或在某个国家或在国际上有名气？

例（168）中"是否"位于句首，是对后面动词性短语的疑问。这里虽然没有出现主语成分，但是一般都可以依据上下文语境补充出来。例（169）中"是否"置于句中，是对话题"你在意生活在大城市小城市"的疑问。而"是否"的位置紧接着主语成分"你"。这一点，"是否"与"是不是"是不同的，具体情况将在下文分析。例（170）中"是否"是对"这个学校在当地，或在某个国家或在国际上有名气"的疑问。以上例句都显示出"是否"是对整个句子的疑问，而不是仅仅针对一个疑问点或是某一个句子成分的疑问。因此，这类句型可以解析为：疑问标记"是否"＋疑问内容？

2. 疑问内容部分的语义分析

"是否"类句型的疑问内容部分多是动词性成分，或是一个陈述性的句子。在检索到的语料中，出现疑问标记"是否"的句子也不全是用于询问。如：

（171）我们不知道罗先生是否已经离开。

（172）预计将在 22 日早 8 时视雨雪情况决定是否开放机场。

（173）当法官问他是否认罪时，杰克逊称自己无罪。

根据以上例句，本书认为疑问标记"是否"必须用在句子的谓语成分前面，才是本书考察的疑问功能句型。若"是否"出现在主语小句或是宾语小句中，那么"是否"的询问义已经丧失，而转为陈述了。如例（171）"罗先生是否已经离开"是"不知道"的宾语部分，例（172）"是否开放机场"是"决定"的宾语部分，例（173）"当法官问他是否认罪时"表明的是具体的某个时点。以上例句中的"是否"并不用于表达疑问，而是用来述说可能存在的正反两种情况或是将"是否"置于修饰语部分，这表明"是否"也存在疑问标记功能丧失的情况。

3. "是否"类句型适用的语境

用于询问对方的意见，可以使用"是否"类句型。说话人使用疑问标记"是否"为听话人提供了正反两种选项，听话人可以据此做出肯定或否定的回答，也可以做出其他回答。如：

（174）"是否确有严重的虐待行为。""不，我认为完全谈不上是虐待。"（《王朔文集》）

（175）"你是否也使自己舒服些，那姿势坚持不了多久。""我就坐在这儿。"白丽骑在窗台上坐下，"我现在不考虑自己是否舒服，只考虑如何最大限度集中您的注意力倾听我的谈话。"（同上）

例（174）听话人直接回答了说话人的问题，并做出相关解释。而例（175）听话人虽没有正面回答说话人的问题，但是她的回答已经表明自己的立场。这一例中出现了两个"是否"，第一个"是否"说话人表明了自己要询问的内容，第二个"是否"用在宾语小句中，只是在列举可能存在的正反两种情况。

"是否"类句型与前文讨论的"A 还是 B"类句型有相似之处，都是说话人提供了相关选择项，供听话人来选择。只是"是否"类句型提供的是正反两种选择项，而"A 还是 B"类句型提供的选择项之间可以不存在正反相对的含义，并且该句型可以存在两个以上的选择项。

（三）"有没有"类句型及其扩展形式的疑问功能分析

1. "有没有"类句型构式义解析

"有没有"用在问句中，需要听话人从正反两种选择中做决定。其在问句中的位置也比较灵活，可以出现于句首，也可以置于句中或句末。"有没有"后面出现的可以是名词性成分、动词性成分或是一个小句。如：

（176）你们村有没有这些人？

（177）有没有电视台对此提出反对意见或建议？

（178）这么晚才下班，有没有吃晚饭？

以上例句表明，"有没有"用在问句中，既可以询问人或事物是否存在，也可以询问某一行为是否发生。说话人在询问的过程中，也提供了正反两个选择项"有／没有"。"有没有"还可以单独成为一个小句，置于句末，与其他成分之间用逗号隔开。如：

（179）你叫我们到外头去捡，不捡就罚钱，这事有没有？

（180）纱布、棉花、剪刀，有没有？

以上二例说话人先陈述想要询问的事物，然后以"有没有"询问以上事物是否存在。"有没有"单独使用表明该词语可以独立承载句子的疑问信息。因此，在语段中"有没有"可以独立成句，如：

（181）"你当我没看见呢？有这么回事没有？有没有？"二嫂的嘴就堵着二妞的耳朵眼，二妞直往后退，还说不出话来。

（182）这些人有没有咱们熟悉的？有没有？

"有没有"独立成句时，一般需要有相关的上下文语境。"有没有"单独成句的情况是说话人为了再次强调想要询问的事物，于是追问一句"有没有？"因此，"有没有"也可以作为疑问标记。"有没有"类句型可以解析为："有没有"＋疑问内容？。

2. 疑问内容部分的语义分析

"有没有"类句型的疑问内容可以是名词性成分。如例（176）、（177），"有没有"询问的对象是句中出现的名词性成分"这些人"、"电视台"。"有没有"类句型的疑问内容也可以是动词性成分，如例（178），"有没有"是针对句中的动作行为发出的疑问。

在检索到的语料中，也有疑问标记"有没有"不表示询问的例句。如：

（183）有没有观众欣赏是一部戏剧成功与否的首要标准。

（184）公民有没有维护和争取自身权利的自觉性对社会的发展非常重要。

（185）总理非常关心税费改革对农村义务教育有没有影响。

（186）曾培炎详细了解了农民工的工作和收入状况，询问他们有没有签订劳务合同……

以上例句中，"有没有"或是出现在主语小句，如例（183）、（184），或是出现在宾语小句，如例（185）、（186）中。这种现象与前文讨论的"是否"类句型有相似之处。句中虽然出现了可以作为疑问标记的"有没有"，但说话人最关注的不是向听话人询问问题，而是就某一事件进行陈述，所以例句中的疑问标记丧失了询问的功能，而转为陈述。

3. "有没有"类句型适用的语境

在询问人或事物是否存在、动作行为是否发生时可以使用"有没有"类句型。听话人听到这类句型，可以使用正、反形式作答，也可以做其他回答。如：

（187）阿眉蛮厉害地打断我，"我有没有这个责任，这个权利，你说你说！"我被逼无奈，只得说"有。"（《王朔文集》）

（188）"你检查过他们的证件了吗？有没有鱼目混珠的？""我正要去检查。"（同上）

（189）"有没有碰见合适的主儿？沪生也挺关心的。"慧芳笑："又有他什么事？"（同上）

例（187）中听话人对说话人的问题进行了正面回答。例（188）中"有没有"是对相关事物的提问，听话人还没有去做检查，所以没有正面回答说话人的问题。例（189）中听话人也没有做正面回答，而是提出另一问题反问对方。

"有没有"与前一节讨论的"是否"有相似之处，都是说话人提出正反两种选择项，希望听话人做出选择。但是由于动词词组"有没有"和副词"是否"的词性不同，导致二者后面接的成分不同："有没有"后面可以跟名词性成分、动词性成分或是一个小句，"是否"后面只能跟动词性成分或是一个小句；"有没有"用来询问事物是否存在，而"是否"用来询问听话人对事物的判断、推测。

4. "有没有"类句型的扩展形式

"有没有"类句型中的标记词"有没有"也可以分开在句子中出现，形成"有A没有"的形式。如：

（190）下午有事没有？

（191）有天理没有？

（192）文章有进展没有？

"有 A 没有"中的 A 一般也是名词性成分或动词性成分，并且在"有 A 没有"句型之后不再有其他成分出现。这一类形式多出现在口语体中。如例（190）、（191）的疑问部分是名词性成分"事、天理"，用于询问事物是否存在，而例（192）的疑问部分是动词性成分"进展"，用于询问行为是否发生。

本书讨论的"有 A 没有"句型，"有"与"没有"都是针对 A 进行提问，在语义上都与 A 有关。若非如此，则不属于本书讨论的"有 A 没有"句型。如：

（193）中国文化有一点没有改变——做了承诺，就必须努力兑现。

（194）……已有 40 年没有睡觉了。

例（193）"有"在语义上与"一点"相关，"没有"在语义上是针对"改变"的，例（194）"有"与"40 年"在语义上相关，而"没有"则与"睡觉"在语义上直接相关。因此，以上二例都不属于本书讨论的"有 A 没有"句型。

（四）"V 不 V"类句型及其扩展形式的疑问功能分析

本节讨论的"V 不 V"格式，V 代表的不仅是动词，还可以是能愿动词或是形容词，因为它们都属于谓词性成分，所以这里都用 V 来表示。本节讨论的"V 不 V"格式分为三个小类：V_1 表示动词类，V_2 表示能愿动词类，V_3 表示形容词类。

1. "V_1 不 V_1"类句型的疑问功能分析

V_1 不 V_1 格式的位置很灵活，可以置于句首或是句中，还可以单独成为一个小句放在句末，与前面的小句在形式上用逗号隔开。这说明"V_1 不 V_1"格式自身可以承载疑问信息。能进入该格式的动词数量很多，本书仅以常见的"是不是"、"行不行"为例来考察"V_1 不 V_1"格式的特点。

I "V_1 不 V_1"类句型构式义解析

"V_1 不 V_1"格式用在句中，表明说话人希望听话人能就自己提供的正反两种选择项进行回答，当然听话人也可以不遵循会话原则，采取避而不答或是转移话题的方式。这一格式在句中通常可以置于句中或是句末，少数动词可以置于句首。如：

（195）表示一下你对家庭的责任，行不行，数额由你定……

（196）要在生产上打先锋，光靠一群小青年身体棒、体力好行不行？

（197）我可以早一个钟点来，趁您正在收拾东西时拉给您听，行不行？

"行不行"多位于句末，也可以单独成为一个小句。在"行不行"前面的成分是说话人提供的一种观点，用"行不行"来征询听话人的意见。有时，通过移位可以将"V_1 不 V_1"格式提前，将询问对象的称呼语置于句末。如：

（198）我倒想出了一个主意，不晓得行不行，杨部长。

（199）有话，心平气和地讲，行不行，两位老兄。

这种句子既表明了自己的观点，又有征询的作用；既突出了疑问信息，又指明了询问对象。还有一些词语构成的"V_1 不 V_1"格式可以置于句首，直接对己有的看法进行提问。如：

（200）这种奇特现象，使他想到："是不是每种物质都有固定的焰色呢？"

（201）你感觉是不是这么回事儿？

（202）回民的坟头儿啊，是方的，长方的。汉民是圆的，是不是？

用"是不是"来询问时，说话人可以直接对己有观点提出质疑，也可以先陈述观点，然后再用"是不是"来征询听话人的意见。

"V_1 不 V_1"类句型中的疑问标记还可以单独成句，如：

（203）你们怎么样？行不行？能坚持吗？

（204）这是不言而喻的事嘛。是不是？

单独使用的"V_1 不 V_1"格式，需要依赖相关的上下文语境，才能确定该格式表达的语义内容。根据以上分析，本书认为"V_1 不 V_1"格式可以独自承载句中的疑问信息，因此这一类句型可以解析为：疑问标记"V_1 不 V_1"＋疑问内容？

II 疑问内容部分的语义分析

"V_1 不 V_1"类句型，疑问内容部分为说话人的观点、看法，多是陈述性或是指称性的内容。"V_1 不 V_1"的疑问程度也很高，通常需要听话人直接回答说话人提出的问题，除非听话人有不同的意见。如：

（205）"这样行不行？"白度对小伙子说，"你要嫌太亏，你上后边坐着来，我们拉你。""……赶紧下来，别等看我揪你。"（《王朔文集》）

（206）"买菜去了，你瞧着几根黄瓜多嫩，顶着花呢。""犯得上么，不吃行不行？""我怎么啦？"晶晶委屈地说。（同上）

（207）"你是不是累了？""困了。"（同上）

（208）"汽车跑一程子还停一停呢，你是不是也该到站了？""你要这么说，我就永远不到站。"（同上）

以上例句，只有例（205）是听话人对说话人的问题进行了正面回答，其他三例听话人都没有正面回答说话人的问题，而是直接陈述了自己的意见。例（205）白度先使用指示代词"这样"来指代自己将要表述的观点，然后才道出自己内心的想法。

Ⅲ "V_1 不 V_1" 类句型适用的语境

"V_1 不 V_1"格式的疑问程度很高，通常情况下都能表示疑问功能，承载句子的疑问信息。但也有一些情况下，"V_1 不 V_1"不表示疑问功能，如：

（209）但这并不是说，只要有了信愿，<u>行不行无所谓</u>。

（210）<u>上帝问狗活三十年行不行</u>，狗想到自己每天要叫要奔跑，也请求上帝让它少活一些年。

（211）<u>幡杆是不是和天后宫一起建造的</u>还不能确定。

（212）研究人员还调查了她们平常<u>是不是</u>爬楼梯、跑步或者绕着楼房散步等等。

以上例句中虽然出现了"V_1 不 V_1"格式，但说话人只是用来列举可能存在的情况，如例（209），或是用于转述或陈述相关事实，如例（210）—（212）。这些情况下，"V_1 不 V_1"格式不再具备疑问功能，而转为陈述功能了。因此，这种情况也可看作是疑问标记功能的丧失。

Ⅳ "V_1 不 V_1" 类句型的扩展形式

这一格式中的 V_1 有多种类型，如单音节的"写不写、去不去"，多音节的"喜欢不喜欢"，这类形式还有省略形式"喜不喜欢"。因此，"V_1 不 V_1"的变式很多，但其基本式都是"V_1 不 V_1"，本书将其他变式归为此类句型的扩展形式。以上讨论的是单音节的"V_1 不 V_1"类句型，下面将简单论述多音节形式"V_1 不 V_1"类句型的特点。

如果多音节的"V_1 不 V_1"格式承载着疑问信息，那么无论它处于句中还是句末，该句都属于疑问功能句型。如：

（213）"你喜欢不喜欢？"她问我。"无所谓，"我说，"无所谓喜不喜欢。"（《王朔文集》）

（214）怎么样，愿意不愿意？（同上）

（215）你很会做嘛，愿不愿意到我的餐厅去掌勺呀？（同上）

可见，多音节形式的"V_1 不 V_1"格式有其变化形式。例（213）中既可以是完整形式"喜欢不喜欢"，也可以是应答句中的省略形式"喜不喜欢"，只是"喜不喜欢"在应答句中仅表达陈述义，表示两种潜在的情况。例（214）中出现的是完整形式"愿意不愿意"，而例（215）出现的是省略形式"愿不愿意"。无论是否为完整形式，只要多音节的"V_1 不 V_1"格式表达疑问义，那么其所处的句子就应归为疑问功能句型。

2. V_2 不 V_2"类句型的疑问功能分析

"V 不 V"格式中的 V 还可以是能愿动词，本书记作"V_2 不 V_2"。可以进入该格式的能愿动词也很多，本节仅以"能不能"、"会不会"为例来观察"V_2 不 V_2"句型的特点。

Ⅰ "V_2 不 V_2"类句型构式义解析

由于 V_2 是能愿动词，因此"V_2 不 V_2"位于句首和句中的用例偏多，置于句末的情况相对较少。"V_2 不 V_2"类句型如果删除句中的标记词"V_2 不 V_2"，整个句子就是一个陈述句或是祈使句，说话人使用"V_2 不 V_2"类句型是在征询听话人的意见，请听话人根据自己提供的正反两种答案进行回答。如：

（216）a 能不能让我看看你的画？

b 你能不能在选秀中帮帮我？

c 现在我想坐，就坐下来，你能不能？

d 你能不能进入村委会，你能不能进入党支部的领导班子？能不能？这时候对妇女是一个非常大的挑战。

（217）a 销售网是否完善？会不会被其他公司赶上？

　　　b 人类会不会像恐龙一样灭绝？

　　　c 打扫打扫这两间屋子会不会？说得上说不上？

　　　d 上车站取行李，会不会？

以上例句表明，"V₂ 不 V₂" 格式可以出现在句首、句中或是句末位置，也可以单独成句。用于句首和句中，"V₂ 不 V₂" 后跟动词性成分。若该格式用于句末，那前面的句子中说话人已经陈述了相关内容，句末的 "V₂ 不 V₂" 用来询问。若该格式单独成句，那么必须有相关的上下文语境才能确定说话人想要询问的具体内容。由上述二例可以看出 "V₂ 不 V₂" 格式既可以和一个陈述性或祈使性的句子组合在一起，也可以在一定的上下文语境中单独成句，在句中独立承载疑问信息。因此，这一类句型可以解析为：疑问标记 "V₂ 不 V₂" ＋疑问内容？例（216c）可以变换为 "你能不能坐下来？" 变换之后，也是一个陈述性的疑问句。

Ⅱ疑问内容部分的语义分析

前文提到，"V₂ 不 V₂" 类句型的疑问内容部分可以是陈述性的，也可以是祈使性的，如例（216a、b、c）就是祈使性的，说话人以问句的形式来请求对方实施某种行为，而例（216d）则是陈述性的，除了疑问标记之外，句子表达的内容为陈述性事件。例（217）都是陈述性的问句。因此，虽然同样为 "V₂ 不 V₂" 形式，都可以传递疑问功能，但是在具体的句子中表达的语义内容不同。"能不能" 可以委婉表达请求的用法将在指令功能章节详细论述。

"V₂ 不 V₂" 格式也有不表示疑问的情况，如：

（218）我不知道自己能不能熬过一个赛季。

（219）现在就看能不能在比赛中发挥出来了。

（220）谈起过春节会不会觉得孤单，万德芳连连摇头说："不孤单啊！"

（221）按照以往以暴易暴的 "惯例"，现在不是会不会发生自杀式爆炸的问题，而是 "何时何地发生"。

以上例句 "V₂ 不 V₂" 格式均处于宾语小句中。例（218）、（219）中说话人重在陈述自己内心的想法，或是陈述自己对未来情况的预测，这里 "V₂ 不 V₂" 格式不表示询问，"能不能" 的疑问功能丧失。例（220）"会不会" 位于句首部分，这一部分是句子的话题，"会不会"在这里表明可能存在的两种情况，不表示疑问。例（221）中"会不会"是在陈述可能发生的情况，该例意在陈述，而非询问。因此，标记词"V_2不V_2"也存在疑问功能丧失的情况。

Ⅲ "V_2不V_2"类句型适用的语境

"V_2不V_2"格式的疑问程度也很高，说话人既表达出自己对某一事件的疑问，也希望听话人能解答自己的疑惑。在对话语境中，听话人一般都会正面回答说话人的问题，除非听话人不知如何作答或是有意回避。如：

（222）"你能不能把他找来我们跟他谈谈？""可以。"（《王朔文集》）

（223）"我能不能从后台下去看你们演出？"小杨问我。"呦，这儿后台管得挺严，不好下。"（同上）

（224）他开始把希望寄托在张燕生身上，一个劲问我他来了会不会有什么办法。"他能有什么办法？"我说。（同上）

（225）"……如果一旦知道了我们的真正用心会不会登时为之一变，大吵大闹甚至发生更坏的事情——不干了？""目前还很难说……"（同上）

例（222）、（225）不管听话人是否知道问题的答案，都做出了正面回应。而例（223）、（224）听话人不想正面回答说话人的问题，故意转移话题或采用了反问的方式。

"V_2不V_2"类句型和上面论述的"V_1不V_1"类句型有以下区别：①二者在词性上存在差异；②"V_2不V_2"类句型除了表示疑问，有时候还可以有指令的含义，但是"V_1不V_1"类句型则不存在指令性的疑问。

3. "V_3不V_3"类句型的疑问功能分析

"V不V"格式中的V还可以是形容词，本书记作"V_3不V_3"。由于词性的关系，这一格式在语句中多用于句末。本书认为"V_3不V_3"格式可以分为两种情况来考察：一类是说话人先陈述某一事实，然后再询问听话人的意见，如"好不好、对不对"；另一类是用性质形容词，针对事物的性状进行提问。因此，本小节将分析以上两种情况下"V_3不V_3"类疑问功能句型的特点。

Ⅰ "V_3不V_3"类句型构式义解析

先看句中使用"好不好、对不对"类词语进行询问的情况。这类句子先是说话人陈述某一观点，然后再向听话人询问意见。V_3多为表示评价性的形容词。如：

（226）从众行为究竟好不好？这要具体分析，要看所从的"众"究竟对不对。

（227）让我们也听听其他与会者是否有其他的看法，好不好？

（228）我有急事要去处理一下，你看这样好不好，我们晚上约个时间，在那儿我们再好好聊一聊你的工作调动问题？

以上例句中的"好不好"都位于句末，也可以单独成为一个小句，与前面的小句中间用逗号隔开。上述三例的"好不好"之间也存在区别。例（226）中的"好不好"是说话人要求听话人就所问的事物进行评价，而例（227）、（228）中的"好不好"，含有请求、商量的内涵，这两例中的"好不好"评价义减弱，作为疑问标记用于询问对方的意见。"好不好"也有位于句中的情况，如：

（229）刘华清问班长李勇："班长好不好当？"

（230）这只蚕是白色的，可是吐了一个金黄色的茧，好不好看？

以上二例中也出现了用于询问的"好不好"，与例（226）中的"好不好"一样都是表示评价义，但是与本节讨论的疑问标记"好不好"不同。上述二例中的"好不好"与后面的动词关系密切，可以看作是"好当不好当"、"好看不好看"的缩略形式。而本节讨论的疑问标记"好不好"并没有这种扩展形式，而且后面也没有动词性成分出现。因此，上述二例不属于本节讨论的"V_3 不 V_3"格式。本节所讨论的"V_3 不 V_3"格式必须是一个已经固化的格式，不能进行任何扩充，可以看作是话语标记。

"对不对"就不存在上述"好不好"的两种情况，标记词"对不对"用于询问只能放在句末。在一定的语境中也可以单独成句。如：

（231）咱们大王宫里有个最宠爱的如姬，对不对？

（232）有修养的人都不会当面顶撞上司，你说对不对？

（233）你别把我们当傻瓜，你叫李云鹤！对不对？

以上例句，说话人先陈述自己的观点，然后再询问对方的意见。使用"对不对"来询问时，有请求对方确认的含义。"对不对"若单独成为一个小句，需要依赖一定的语境，听话人才能明白说话人需要询问的具体内容，如例（233）。

通过前文分析，"好不好"与"对不对"都可以独立承载句中的疑问信息，并且有些情况下，句子不仅能够表达疑问义，还可以表达请求义，因此可以将这类句型解析为："V_3 不 V_3" ＋疑问内容？

再看 V_3 是性质形容词的情况。几乎所有的性质形容词都可以用"V_3 不 V_3"来表示。如：

（234）那个接请愿书的人职位高不高？

（235）她长得漂不漂亮？

例（234）中使用的是单音节的性质形容词"高"，例（235）中使用的是双音节的性质形容词"漂亮"。使用双音节性质形容词的"V_3 不 V_3"格式时，也存在完整形式和省略形式，例（235）中就使用了省略形式"漂不漂亮"。

然而，无论 V_3 是哪一类的形容词，"V_3 不 V_3"格式都有在句中不表示疑问的情况。如：

（236）其实唱得好不好根本没有人在意。

（237）根据书中对问题的看法，进一步思考这些看法究竟对不对。

（238）他挑选小孩的标准，首先是看孩子灵敏度高不高。

虽然以上例句中都使用了"V_3 不 V_3"格式，但是在语句中说话人并没有对事物表示疑问，只是在陈述一种情况。上述三例中的"V_3 不 V_3"格式或处于主语小句，如例（236），或处于宾语小句，如例（237）、（238）。上述例句中，疑问标记"V_3 不 V_3"的疑问功能已经丧失，转为陈述相关内容。

Ⅱ疑问内容部分的语义分析

"V_3 不 V_3"类句型的询问内容既可以是说话人陈述某一观点，也可以用来请求对方实施某种行为，即含有指令性含义。如：

（239）我就知道你们会互相包庇，你们是一伙的对不对？

（240）咱们别开这玩笑好不好？

例（239）说话人先是陈述了自己的观点，并用"对不对"来询问对方的观点。例（240）是说话人要求对方实施某种行为，由于"好不好"的使用，说话人较为婉地表达了指令的内涵。以上二例的区别是由 V_3 位置上的词语语义不同造成的。除了本书列举的"好不好"与"对不对"之外，其他性质形容词也可以用"V 不 V"格式来询问，如：

（241）他打你时出手重不重？

（242）真经在谁手里她们自己清楚不清楚？

因此，性质形容词类"V₃不V₃"句型也是用于询问对方的观点，说话人给出正反两种选项，听话人可以从中进行选择，也可以做其他回答。状态类形容词通常不能受"不"来修饰，因此在分析"V₃不V₃"格式时没有讨论状态类形容词的情况。

Ⅲ "V₃不V₃"类句型适用的语境

在询问对方观点时可以使用"V₃不V₃"类句型。该类句型既可以是说话人陈述某种观点进而询问对方的看法，也可以是说话人委婉地表达请求听话人实施某种行为的语义内容。这类问句后面通常有应答句出现。如：

（243）"我求你了爸爸，您别老那么一副厚颜无耻的样子好不好？"马林生放下腿，嘴角含着一丝讥笑地看看儿子，"你就忍几年吧，儿子，过不这几年，我想折腾都折腾不动了。"（《王朔文集》）

（244）"我们是干什么的不重要，重要的是我们说的对不对？……""收起你那套花言巧语吧！"（同上）

以上二例，听话人都没有直接回答说话人的问题。例（243）父亲委婉地拒绝了儿子的要求，例（244）听话人直接否决了说话人的看法。不管听话人做何回应，"V₃不V₃"类问句总会有相应的答句出现。

通过上述三类词语进入"V不V"格式的分析，本书认为"V不V"格式既可以表达陈述性疑问，也可以表达指令性疑问。这是前面三类疑问标记"难道、是否、有没有"所不具备的语义功能。

（五）含疑问语调的句型

本书认为疑问语调也可以作为一种疑问标记。林茂灿（2006）对"短语的分段听辨试验"进行分析，认为回声问疑问句95%的疑问信息由句末音节携带，句中除最后一个音节外的其他成分只含有5%的疑问信息。作者认为区分疑问和陈述需要依靠末音节的声学表现，即作者文中提到的"边界调"。而F_0曲拱斜率和音阶是影响边界调的两个重要因素，正因为疑问的F_0曲拱斜率和音阶比陈述的大和高，所以，疑问的边界调音高比陈述的高。只有把短语末音节F_0曲拱的斜率减少或加大到一定程度后，才能使疑问语气变成陈述语气，或使陈述语气变成疑问语气。由该文的论述，可以看出疑问与陈述一个重要的区别特征在于句末的语调。因此，在论述完以上疑问标记词或是疑问标记格式之后，本节主要描述由语调影响的陈述类疑问句。

陈述类疑问句，多是由一个陈述句加上疑问语调来构成。如：

（245）明天？

（246）他是中国人？

（247）父亲是北京人，母亲是浙江人？

例（245）中只出现了名词性成分"明天"，加上疑问语调即可用来表示询问。这种疑问句对语境的依赖性较大，听话人必须依据上下文语境才能知道说话人询问的具体内容。齐沪扬（2002：28）认为汉语句子的升调可以用于带有疑惑的句子，降调可以用于反诘的句子，曲调可以用于带有委婉、夸张意味的句子中。上述例句都必须用疑问语调即升调来承载句子的疑问信息，若删除疑问语调，整个句子就转变为陈述句。这类句型表明说话人已含带有主观倾向性的看法，只是对自己的看法存怀疑态度，对听话人的回答仍有一定的依赖性。因此，这类句型可以解析为：疑问内容＋疑问语调↑？这里用"↑"只是为了标示疑问语调为升调。

这种由疑问语调作为疑问功能句型标记的情况，在对话中较为常见。通常是说话人陈述某种观点或是某一事件，听话人对此表示惊疑或是认为有必要再进行确认，于是对说话人的话语进行重复，这时就会使用疑问语调。这种情况即林茂灿（2006）研究的回声问。如：

（248）A：我明天去北京。

　　　 B：你明天去北京？

由于这类句型的疑问部分多是 NP 或是一个陈述性的语句，因此本书将这类句型也归为对整句的疑问。

综上所述，疑问域为整个句子的疑问功能句型中，既包括由疑问标记来承载疑问信息的句型，也包括由疑问语调来承载疑问信息的句型。由语调作为功能句型的标记，是疑问功能句型独有的。本书论述的陈述功能句型及指令功能句型，语调均不能作为句型的标记。

四、复合疑问标记

以上讨论的疑问功能句型中，疑问标记可以是疑问标记词、疑问格式，也可以是疑问语调，这些都是单一疑问标记的功能句型。本节将考察使用复合疑问标记的功能句型。既然是"复合"，那么语句中可以出现两个疑问标记，也可以出现三个疑问标记。

（一）句末语气词与疑问语调共现型

邵静敏（1989）认为真性疑问和假性疑问之间也有一个连续统，几个表示疑问语气的语气词呈离散状态分布在这个连续统中。从整个语气词的连续统来说，疑问语气词的主要功能偏于传疑而非传信。汉语中的语气词比较多，本书主要考察句末语气词"吗、呢、吧、啊"的情况。这一部分讨论的疑问功能句型由语气词和疑问语调共同承载疑问信息。本节主要讨论语句中是否含有疑问语调，对其所表达的语义功能有何影响。前文已经论述了"疑问内容＋疑问语调↑？"类句型的情况，这一节先考察句中含句末语气词，但语句使用降调的情况。然后再考察句末语气词与疑问语调共现的情况。

1. 句末加"吗"的句子

句末加"吗"的句子在不使用疑问语调的情况下，仍然表示疑问。如：

（249）你去学校吗？↓

（250）在学校之外，你还认识其他校友吗？↓

本书用"↓"表示句中使用的是降调，没有使用疑问语调。尽管上述二例没有使用疑问语调，但是句子仍然可以表达疑问功能，句中的疑问功能是由语气词"吗"来承载的。若删除句末语气词"吗"，那么整个句子就变为陈述性话语。

在话语交际中，含语气词"吗"的问句多带有相应的答句。如：

（251）"她漂亮吗？"半天，石静说。"还可以。"（《王朔文集》）

（252）"……她是你的好朋友吗？""……也不是什么特别的好朋友。"（同上）

因此，这类句型可以解析为：疑问内容＋疑问语气词"吗"？"吗"的使用除了表明说话人对事物的疑问，还表明说话人希望听话人能够回答自己的问题。

前文讨论过，陈述性语句若使用了疑问语调，那么疑问语调就可以承载句子的疑问信息。或者句子不使用疑问语调，而使用了句末语气词，那么句末语气词也可以承载句中的疑问信息。句子既使用疑问语调，又使用句末语气词的情况，如：

（249'）你去学校吗？↑

（250'）在学校之外，你还认识其他校友吗？↑

例（249'）、（250'）使用了双重疑问手段——疑问语调和句末语气词。这样使得句子的疑问功能更显而易见。若句子没有使用句末语气词"吗"，那么该句子必须使用疑问语调才能表达疑问功能；若句子使用了句末语气词，那么该句子是否使用疑问语调都可以表达疑问功能。但是如果句子同时使用句末语气词与疑问语调，那么两种疑问手段就可以共同承载句子的疑问功能，也会让听话人更能理解说话人的意图。[1]

邵敬敏（2012）也认为"'语调是非问'跟'吗字是非问'是不同的类型，即使在升调的'吗字是非问'里，'吗'也绝对不只是个'羡余信息'，而是传递'求答'的重要信息。在语言中，没有绝对的羡余信息。它往往承担了其他的语义或者功能。如果真的是多余的，就必然会被淘汰"。由此，本书认为无论是疑问语气词还是疑问语调在语句中都有其存在的价值，只是疑问语气词有书面形式，而疑问语调没有书面形式，属于隐含的形式。

2. 句末加"呢"的句子

再看句末带语气词"呢"的句子。由于这一部分主要考察由语气词和疑问语调来承载疑问信息的情况，所以本节所讨论的含语气词"呢"的问句，不包括句中含有疑问标记词的情况。

句末加语气词"呢"的情况较为复杂，前文讨论句末加"吗"的疑问功能句型

---

[1] 江海燕（2008）认为"当疑问语调和语气词'吧'在句中各自单独起作用时，都能使句子负载70%以上的疑问信息。如果这两种因素共存，则会大大增强对疑问语气的感知"。虽然本书并不认同"语气"等于"句子功能"，但是本书认为语调和语气词是句子表达疑问功能的两种手段。既然"吧"是这种情况，那么"吗"也可以做此类比。

多是说话人对事物毫不知情，属于无主观倾向性的求答。而句末加"呢"的问句则不同，如：

（253）还没下班呢？↓

（254）"笔呢？↓""噢，没笔。"（《王朔文集》）

（255）你的姐妹儿呢？↓（同上）

例（253）属于无疑而问，说话人只是出于礼貌跟听话人打招呼。这种情况在生活中较为常见。如两位同学在食堂见面，会礼貌性地打声招呼"吃饭呢？"这也是无疑而问，只是一种交际上的需要。例（254）、（255）则属于有疑而问，说话人希望听话人能就自己的问题给予相应的回答。本书将上述例句暂且看作是没有使用疑问语调的情况。

句末出现语气词"呢"的问句，疑问内容部分既可以是名词性成分，也可以是动词性成分。"呢"问句中的疑问内容部分也是陈述性的内容，句末加语气词"呢"来表示说话人对事物的疑问。"呢"除了可以表示疑问，还有进一步深究的含义。这类句型可以解析为：疑问内容＋疑问语气词"呢"？但是这一类型的句子有时需要依靠上下文语境才能理解其具体含义。

若上述例句使用句末语气词加疑问语调的双重疑问标记，在表达上与没有使用升调的句子是有区别的。如：

（253'）还没下班呢？↑

（254'）笔呢？↑

（255'）你的姐妹儿呢？↑

江海燕（2006）运用听感实验论证了带语气词"呢"的句子比不带语气词"呢"的句子音高要低，以此证明带语气词"呢"的句子是由句末语气词和句子语调共同承载疑问信息，而不带语气词"呢"的句子只能由句子语调来承载疑问信息。因此不带语气词"呢"的句子音高相对更高。江海燕用实验数据论证了语气词"呢"和疑问语调在表达疑问语气意义时各自承担的作用。本书认为疑问语调作为构成疑问功能句型的重要构件，也会在一定程度上对句子的语义表达产生影响。

3. 句末加"吧"的句子

句末若带语气词"吧",表明说话人心中已有倾向性的答案,但是又不十分确定,需要依赖对方给予确认性的答案。如:

(256)我们回去吧?↓

(257)"你还没领卧具吧?↓"我抬头怔一下,"噢"了一声,跑出去。(《王朔文集》)

(258)惹你生气了吧?↓(同上)

例(256)是说话人在征询对方的意见,含有请求、商量的语义内容。例(257)、(258)说话人通过向对方询问以确认相关事实。这里的语气词"吧"表达了说话人的疑问、对事物的不确定,因此这类句型可以解析为:疑问内容+语气词"吧"?该句型的疑问内容部分既可以是名词性成分,也可以是动词性成分。语气词"吧"的存在使句子不仅表达了说话人对事物的疑问,还表明说话人希望听话人对自己的观点予以证实。

若在上述例句中使用语气词"吧"和疑问语调双重标记,与只使用语气词作为疑问标记的句子在语义表达上也是存在差异的,如:

(256')我们回去吧?↑

(257')"你还没领卧具吧?↑"

(258')惹你生气了吧?↑

江海燕(2008)认为语气词"吧"和疑问语调是相辅相成的关系,当这两个疑问手段在一个句子中共现时,会增强句子的疑问语气。但有时受到语境的约束,"吧"表达的疑问程度达不到那么高时,"吧"只能传达揣测的口气。齐沪扬(2002:195)认为"吧"是表示低度确信功能的语气词。因此,"吧"类疑问功能句型表达的是说话人向听话人寻求确认的疑问。

4. 句末加"啊"的句子

再看句末加"啊"的句子,语气词"啊"是否可以承载句子的疑问信息是有争议的。

陆俭明（1985）[1]、邵敬敏（1996）认为"啊"的作用只是让句子语气更和缓些，并没有增加句子的疑问信息量。如：

（259）走啊？↓

（260）我做错什么了啊？↓

（261）这就是真心啊？↓不对吧，如果这就是本性，我见性了，应该发大神通啊，怎么一点神通都没有呢？那么这就不是了。

以上句子若不使用句末语气词"啊"，那么句子就必须使用其他疑问手段才能表达疑问功能，可以是疑问语调或是其他疑问标记。因此，这类句型可以解析为：疑问内容＋语气词"啊"？这类句型的疑问内容部分既可以为名词性成分，也可以为动词性成分。"啊"的使用不仅表达出说话人的怀疑、惊叹，还表明说话人希望听话人能就自己的问题做出回应。例（261）中说话人属于无疑而问，并不依赖于听话人的回答。说话人只是用问句的形式表达对现象的质疑。这里的"啊"表现出说话人的惊叹。

若在上述例句中使用语气词"啊"和疑问语调双重标记，在表达上也存在差异，如：

（259'）走啊？↑

（260'）我做错什么了啊？↑

（261'）这就是真心啊？↑

以上例句中语气词"啊"和疑问语调双重疑问标记的共现，使句子表达的疑问功能得到加强。例（259'）虽然使用了双重疑问标记，但句子表达的仍是反问，表明说话人并不依赖于听话人的回答。

邵敬敏（2012）考察了"语调是非问"与"啊字是非问"的区别。认为"语调是非问"的疑问信息是由升调来承载，添加了语气词"啊"之后，原来的是非问功能就发生了变化。"啊字是非问"的疑问信息不仅仅表示怀疑，而是转化为怀疑基础上侧重于询问，要求对方回答，并显示出说话人的惊叹口气。其中"惊叹"、"求答"显然不能由"升调"来表达，而是由语气词"啊"来承载的。以上论述表明在疑问功能句型中，可以使用多种手段来承载疑问信息，而不是仅限于使用一种手段

[1] 陆俭明.关于现代汉语里的疑问语气词[A].语法研究和探索（三）[C].北京：北京大学出版社，1985:233-246.

来表达句子的疑问功能。

综上所述，本书认为无论句子是否使用升调，出现了句末语气词都可以表达以下语义功能，具体情况如 3.1 表所示：

表 3.1　句末语气词所表达的语义功能

语气词	语义功能
吗	疑惑＋求答
呢	疑惑＋深究
吧	疑惑＋祈使、猜测
啊	疑惑＋惊叹、求答

（二）句末语气词与疑问标记共现型

本节将讨论句末语气词与疑问标记共现的句子，不考虑句中是否使用疑问语调。这类句型涉及疑问焦点的问题，本书认为该类句型的疑问信息是由句末语气词来承载，句中的疑问标记不能承载该类句型所要表达的疑问信息。

1. 句末语气词"吗"＋疑问标记

前文论述的"吗"问句，都是由语气词"吗"或者"吗"和疑问语调来承载疑问信息。但是"吗"与疑问标记共现的情况也大量存在，这种情况下句子的疑问信息如何分布是本节将要考察的内容。请看下列一组例句：

（262）知道我为什么来买你的书吗？

你知道那里的食物有多差吗？

请问，能耽误你几分钟吗？

能透露联想签约的总费用是多少吗？

生活有什么困难吗？

知道法律授予你哪些权利吗？

有谁知道维生素 F 吗？

你想过我怎么样吗？

能说说您平时是怎么调教这支队伍的吗？

你能判断这是新月还是残月吗？

这难道是历史上一个绝无仅有的特例吗？

你以为我还在乎我是否是个绅士吗？

你的老师会告诉你这些答案对不对吗？

上述例句都出现了疑问标记与句末语气词"吗"，但是例句中出现的疑问标记处于"吗"问句的主语小句或是宾语小句中。例句中的"知道、能、有、是"等词语与"吗"同处一个层级，形成"知道／能／有／是……吗"结构。听话人在回答问题时也是首先就这些是非问进行回答，然后再考虑句中其他疑问标记是否含有疑问信息。有些疑问标记在"吗"问句中并不表示疑问，如"你知道那里的食物有多差吗？""能耽误你几分钟吗？"这里的"多"用于修饰形容词"差"，"几"表示约数，这两个可以作为疑问标记的词语在上述例句中都不表示询问义。因此，本书认为"吗"问句排斥疑问标记的出现。如果有疑问标记出现，也是处于"吗"问句的下一层级上。

2. 句末语气词"呢"＋疑问标记

除了前文讨论过的需要依靠上下文语境出现的"NP/VP 呢？"句型外，"呢"用于问句中一般都会附加在具有疑问标记的问句末。如：

（263）为什么金星有时出现于黎明前的东方，有时又出现于黄昏后的西方呢？

这样小的原子，有多重呢？

您看现在那么多人在争夺天下，有几个算得上英雄呢？

这样的机会，一生能有多少呢？

如果不允许最好的运动员释放他的潜力，那会说明什么呢？

错误出在哪里呢？

虎妞是在等谁呢？

但这家为日本市场生产和服的中国公司效益又怎么样呢？

次声波怎么会持续那么长的时间呢？

沿海和内地收入的差别是合理的还是不合理的呢？

是不是除了愿望达成以外，还有别种梦呢？或难道只有这一种梦呢？

天长县产粮多，是个突出的典型，对其他县农民是否也合算呢？

你有没有分析过自己为什么会被感染呢？

那你也吃过早中饭去，好不好呢？

以上例句和句末带"吗"的疑问功能句型不同。这些句子只能针对疑问标记承载的疑问信息来回答，而上一节论述的"吗"问句，听话人需要就"吗"承载的疑问信息来给予回答。此外，"呢"用于问句中还可以表达出"深究"的含义。这一点"呢"问句与"吗"问句是有区别的。疑问语气词"吗"可以承载句子的疑问信息，而"呢"承载句子的疑问信息是有条件限制的。在前文论述的"NP/VP呢？"问句中"呢"可以承载疑问信息。而在有疑问标记出现的问句中，"呢"是否应该判定为冗余信息呢？邵静敏（2012）对此做出了解释，该文认为在具有特殊疑问形式的问句中，这些特殊的疑问格式已经负载了句中的疑问信息。但是升调和"呢"并不能看作羡余信息，加上升调和"呢"，不仅使句子增添了深究的意味，而且进一步体现句子的疑问功能。邵静敏以"橘子水理论"[1]生动地论证了语法意义与语法形式之间错综复杂的关系。对本书论证疑问功能及其表现形式之间的关系有很大的启发。

3. 句末语气词"吧"＋疑问标记

周士宏（2009）认为"吧"是一个表示"不确定"的情态语气词，有缓和语气的作用，可以削弱句子的肯定性语气。如：

（264）a 你说，今天为什么而来吧？

b 办丧事的时候，孙子辈的人，居然有120多个，你就说说他们家是多大的势派吧？

c 你买了几件东西吧？

d 这位旅客看到标牌上写着"吸烟罚款"的告示，把烟头一扔："罚多少钱吧！"

e 小强这家伙是无事不登三宝殿，他又有什么事要你办了吧？

f 我们这儿九乡二镇都穷，您说去哪吧？

g 你说怎么办吧？你不管，我们就去要饭，给侯姓人家丢脸，也给你侯

---

[1] 邵敬敏（2012）认为语法意义跟语法形式间，不是一对一的匹配关系，往往是一对多，或多对一交叉、复合、分载关系。

先生丢人。

  h 我说：“也不考虑你自己是否存在吧？”

  i 别管谁说的，有没有这事吧？

  j 你估量着不说实话行不行吧？

以上多数例句中含有"你说"、"您说"、"你估量着"这类含有指令性的词语，意在请求或是命令听话人实施某种行为。尽管有些例句中没有出现这类含指令性的词语"你说"之类，但仍可以补充出来，如例（2664c、d）。此外，例（264e、h、i）是不含指令性的疑问，只是表示猜测。上述例句使用句末语气词"吧"，其疑问信息仍是由各句中的疑问标记来承载，"吧"用于句末帮助表达了猜测、不确定的语义内容。

4. 句末语气词"啊"与疑问标记共现

《现代汉语八百词》（1999：46）中提到"啊"在问句中的作用分为两种：①若句中含有疑问标记，那么"啊"的作用是使问句的语气和缓；②若句中不含疑问标记，只是陈述事件，那么"啊"的作用是要求对方证实事件的真实性。这一小节考察的是上述第一种情况即语气词"啊"与疑问标记共现的类型。如：

（265）为什么他每天不坐电梯啊？

  你们的误码率有多高啊？

  一个月放几天假啊？

  你一个月才挣多少啊？

  刚才新来的那个人在什么地方啊？

  售货员又问：“你是买哪一种啊？”

  谁不望子成龙啊？

  您现在的家庭情况怎么样啊？

  你们怎么天天不练功啊？

  老杨，你是 62 岁还是 26 岁啊？

  这十几年来你是否都在朗诵给沙漠听啊？

  他有没有说为什么要来了解情况啊？

  其实啊，我们也是受害者，对不对啊？

根据前文论述，本书认为句末语气词"啊"与疑问标记在同一问句中出现，"啊"不仅具有缓和语气的作用，还可以表达惊叹、求答的语义内涵。上述例句在表达疑问的同时，由于句末语气词"啊"的使用，使得句中的疑问语气得到缓和。但是"为什么他每天不坐电梯啊？""谁不望子成龙啊？""你们怎么天天不练功啊？""我们也是受害者，对不对啊？"这几个例句均带有说话人的主观倾向性，即通常所说的反问。这里句末语气词"啊"不仅使句中的反问语气得到和缓，而且表达了说话人对事物的惊叹。

句末含"啊"的疑问功能句型，疑问信息是由句中的疑问标记来承载，"啊"的作用在于缓和句中的疑问语气，帮助句子表达惊叹的语义内容。

通过这一部分的论述可以发现，句末含"吗"的问句，其疑问功能主要是由语气词"吗"来承载，而句末含"呢、吧、啊"的问句，句子的疑问信息主要由句中的疑问标记来承载，但是句末语气词对句子语义功能的表达起到了一定辅助性作用。因此，语气词在疑问功能句型中的作用不可忽视。

（三）疑问标记、句末语气词与疑问语调共现的情况

疑问功能句型可以通过疑问标记、疑问语调和句末语气词来承载疑问信息，前文分别讨论了句中含上述两种要素的情况，本节简要论述三种要素在疑问功能句型中共现的情况。

本书认为，如果句中出现句末语气词与疑问标记，那么句子是否使用疑问语调都不会影响疑问功能的表达。如果句中只出现了疑问标记，那么是否使用疑问语调对句子疑问功能的表达也无太大影响。若句中只出现句末语气词，那么疑问语调可以帮助句子表达疑问功能。这说明疑问语调与另外两种要素相比，其承载疑问信息的能力是有限的。如前文讨论含疑问语调的句型时提及在陈述性疑问句中，句子若不使用疑问语调，就会变为陈述句，这时候疑问语调是疑问功能句型必不可少的因素。但是句中如果含有疑问标记，那么疑问标记则成为承载疑问信息的首要因素。在讨论句末语气词与疑问标记共现的句型时，提到疑问标记与句末语气词共现，只有"吗"可以独立承载句子的疑问信息，其他三个语气词只是帮助句子表达疑问功能，独立性还不够。

小　　结

　　本章主要讨论汉语中表达疑问功能的句型。按照句子疑问域的大小将疑问功能句型分为对句内成分的疑问与对整句的疑问两大类。其中对句内成分的疑问又可以分为对某一点的疑问，如地点、原因等，或是对句内某一部分内容的疑问，主要是"A还是B？"类句型。在分析完各类疑问功能句型之后，本书认为列举的所有句型主要依靠三个要素来表达疑问功能，分别是：句末语气词、疑问标记、疑问语调。疑问功能句型可以使用上述某一要素来传递疑问信息，也可以使用两种或是三种要素来传递疑问信息。在分析完以上两种要素共现及三种要素共现的情况之后，本书认为这三种要素在承载疑问信息时存在一个序列，即疑问标记＞句末语气词＞疑问语调。

表 3.2 疑问功能句型各小类句型构式义及形式比较

		句型	构式解析	适用的语境	句型扩展形式
句内成分疑问类	单一成分疑问类	"为什么"类	"为什么"＋疑问内容？	询问原因	"为什么不／没（有）"＋疑问内容？ "为何"＋疑问内容？
		"多A？"类	"多"＋疑问内容？	询问事物的程度、数量	
		"几＋量词"类	"几＋量词"＋疑问内容？	询问较小的数量	
		"多少"类	"多少"＋疑问内容？	询问较大的数量	
		"什么"类	"什么"＋疑问内容？	询问人或事物	
		"谁"类	"谁"＋疑问内容？	询问人	
		"哪"类	"哪"＋疑问内容？	询问具体的人或事物	
		"何"类	"何"＋疑问内容？	询问人或事物、常用于书面语	
		"怎么样"类	"怎么样"＋疑问内容？	询问对方意见、观点或是具体的行为方式	
		"怎么"类	"怎么"＋疑问内容？	询问性质、状况、原因、方式	
	部分成分疑问类	"A还是B"类	选择项A＋还是＋选择项B？	需要听话人做出选择	是A还是B？／AB？ 是A还是B？／还是A还是B？
整体内容疑问类		"难道"类	"难道＋疑问内容？"	对行为、观点的质问；猜测	难道说＋疑问内容？／难道＋疑问内容＋不成？
		"是否"类	"是否"＋疑问内容？	询问对方的意见	
		"有没有"类	"有没有"＋疑问内容？	询问人或事物是否存在，动作行为是否发生	有A没有？
		"V不V"类	"V不V"＋疑问内容？	询问对方的意见；请求、商量	
		疑问语调作为疑问标记	疑问内容＋疑问语调↑？	表达惊疑；进一步确认信息	

第四章　指令功能句型

　　一般认为祈使句是指令功能的主要表达形式。关于祈使句的论述最早出现在《马氏文通》中，马建忠将祈使句命名为"命戒之句"、"禁令之句"。祈使句作为术语最早出现在黎锦熙的《新著国语文法》，该书论及的"决定句"和"商榷句"包括现在所说的一部分祈使类句型。直到吕叔湘的《要略》才最早确立了"祈使句"的定义和范围。《要略》认为祈使是以支配我们的行为为目的的语气，并提到了祈使语气也分轻重缓急，可以是：禁止、命令、请求、敦促、劝说，同时反诘性问句可以用来表达请求、禁止等，但是"商量"只是和祈使有相似的地方，并不能归入到祈使类之下。因为"商量"一方面和祈使语气相近，都与行动有关；另一方面又和测度语气相近，都是定而不定之辞。王力在《语法》中认为祈使语气即表示命令、劝告、请求、告诫，并认识到祈使句式与能愿式、使成式、处置式等句式之间的关系。

　　以上是学者们从语气角度来分析祈使句，朱德熙在《语法讲义》[1]中首先提出，从句子的功能角度，汉语的句子可以分为陈述句、疑问句、祈使句、称呼句和感叹句。该文提到陈述句、祈使句与疑问句在形式上的重叠现象，即一些陈述句采用疑问句（反问）的形式和疑问句采用祈使句的形式。

　　近期对指令功能的研究认为祈使句是指令功能的主要表达形式，但是祈使句并不代表所有的指令功能句型。根据侯国金、张妲（2002），樊小玲（2011）的研究，指令功能句型包括传统上定义的祈使句和间接指令句。在现有的研究中，对指令功能句型的研究成果丰富。如李勇忠（2004、2005）以构式语法理论对具体的祈使格式进行考察；吴淑琼、文旭（2011）以语法转喻对"A＋点"格式进行解释；李广瑜（2013）

---

[1]　朱德熙.语法讲义[M].北京：商务印书馆，1982.

对否定祈使格式"别 V 着"中动词的语义特征进行分析等；李圃（2009）从功能角度探讨现代汉语祈使功能句的形式、语义和语用特点；樊小玲（2011）从宏观角度以功能语法理论为依据对指令类句型进行定义及分类。

以上研究对本书探讨指令功能句型的定义、范围及分类标准提供了参考和依据。本章从语义功能的视角对汉语中表达指令功能的句型进行重新分析，并考察指令功能句型与疑问功能句型、陈述功能句型之间的联系。

第一节 指令功能句型的命名及分类标准

邢福义（1996）对祈使句有如下定义："表示命令或请求的句子，语调逐渐下降。"本书认为使用"指令"一词来表示说话人要求听话人去实施某一行为更为合适。因为祈使句涵盖的范围通常只包括非疑问形式，而一些疑问形式也含有指令的功能。另外，汉语中还存在表达警告、威胁义的句子以及间接表达希望对方实施某一行为的句子，本书认为这些句子在语义上都表达了说话人的"指令"意图。因此，本章命名为指令功能句型分析。

一、指令功能句型的命名

赵微（2010）认为指令功能应包括三方面的要素：①发出者对接受者的行为做出指令；②发出者有让接受者实施行为的意图；③发出者有希望通过接受者实施所指令的行为而对现实世界状态产生影响的意图。赵微对指令功能的定义中使用的是指令的"发出者"和"接受者"。他认为，有时候指令接受者并不在指令发出的现场，或者指令行为是以书面形式而不是口语形式出现的情况，并且指令"发出者"和"接受者"有时可能是同一个人，即说话人对自己发出指令。因此，使用"发出者"和"接受者"更为合理。

樊小玲（2011）认为指令类句型包括三个方面的区别性特征：①发出指令者具有让指令接收者实施行为 A 的意图；②行为 A 暂未实施，但发出指令者认为该指令具有现实的必要性和实施的可能性；③发出指令者认为自己有权力对行为接收者发出该指令。该文使用的是"发出指令者"和"指令接收者"，同时该文指出指令类言语行为与提问类言语行为的区别，即指令类言语行为索取的是物品和服务，或是对方的行动，而提问索取的是信息。因此，提问类言语行为应该独立于指令类言语行为而存在。

本书认为指令行为有以下特点：①指令类言语行为强调的是说话人要求听话人去做某事。那么，听话人虽然可以接收到指令信息，但是否"接受"未知，还需通过下文内容才可得知。②指令类言语行为中发出指令信息的说话人和接收指令信息的听话人存在地位上或者是辈分上的等级关系，因此在发出指令时，使用的施令行为是完全不同的。有时候可以使用命令，但对待上级或是长辈，只能是商量或请求等。③指令类言语行为包括说话人对他人或是对自己发出某种指令。因此，本书对指令功能句型的定义是：指令类言语行为即发话人意在指使受话人实施某种行为的言语行为，表述这种言语行为的句型即指令功能句型。因此，指令功能句型由四部分组成：发话人、指令标记、受话人和指令内容。这里的发话人可以是听说双方的说话人，也可以是发布相关条例的行为主体；指令标记即下文所列举的指令功能句型中的标记词；受话人既可以是言语交际中的听话人，也可以是相关条例所针对的对象，因为指令功能句型可以出现在会话交际中，也可以出现在一些条文规定中；指令内容即发话人意在指使受话人实施的某种行为。有些句子这四个部分全部出现，有些句子则会省略发话人部分，但是一般都能根据上下文语境补充出相应的内容。指令功能句型中，经常会出现一些表示结果的内容，即如果受话人不按照发话人的指令去执行，会导致什么后果或遭受什么损失。发话人这样做的目的是希望受话人能按照自己的指令去实施某种行为。

二、指令功能句型的分类标准

根据侯国金、张妲（2002）的研究，指令功能句型包括祈使句和间接指令句。赵微（2010）将指令行为分为狭义指令行为和广义指令行为。狭义指令行为可分为：希望、禁止、命令、请求、诅咒、允许及建议，其中希望和禁止属于情感性指令，其余四项属于实施性指令。广义指令行为除了上述狭义指令行为外，还包括疑问行为。赵微在文中只详细论述了实施性指令行为。樊小玲（2011）认为指令类言语行为按照强度的差异应分为：强指令、一般指令和弱指令。这三个等级又可以细分为五个层级：威胁、命令、建议／商量、请求、乞求。

本书在此基础上进一步思考指令功能句型的体系分类。本书认同以上学者从广义的角度来考察指令功能句型，而不仅仅局限于传统上定义的祈使句。但是本书更希望能以"形式制约、语义管控"为标准来区分指令类功能句型与其他功能句型，并同时关注典型的指令行为与非典型的指令行为之间的关联性及指令功能句型与疑问功能句型在形式上的重叠现象。

第二节 指令功能句型分类

樊小玲（2011）对指令类言语行为进行分类时强调发话人的"话语权"，并依据话语权对指令行为进行分类。本书也从发话人的角度同时依据指令程度的强弱对指令功能句型进行分类，因为所谓的陈述、疑问和指令，都是从发话人的立场来定义句子功能的。本书将指令功能句型分为警告类、命令类、建议类及请求类四个类别。

一、警告类句型

语言中不乏表达警告、威胁的话语形式。发话人采用警告、威胁类话语形式，充分强调了自身的话语主动权，认为自己处于会话交际中的强势地位，而将受话人置于会话中的弱势地位。当然这种交际中的"强势"与"弱势"是由发话人主观认定的，可能与客观情况不同。本书列举了以下几种表达警告、威胁功能的形式。

（一）警告类句型的形式类别

本节列举的几种警告类句型中都有相应的标记词（本章的标记词分为典型的指令标记与准指令标记，具体情况见下文分析）出现，而这些标记词都可以帮助句子表达警告的语义内容。

1. "警告／告诉"类句型的指令功能分析

这一类型的句子中多数都会出现发话人、指令标记、受话人和指令内容四个部分，属于形式上较为完整的指令功能句型。当然，有一些句子中也会将发话人部分省略。如：

（1）我警告你们不要打开这扇门。

（2）我警告你，小心一点。

（3）我告诉你要特别防止有人冒充加拿大律师。

（4）告诉你们不要碰这些设备，贵着呢。

以上例句中发话人部分都是第一人称代词"我"，指令标记为动词性成分"警告／告诉"，受话人为第二人称代词"你／你们"，指令内容既可以出现在受话人之后，也可以单独成为一个小句。指令内容部分可以是肯定形式，如例（2）、（3）；也可以是否定形式，如例（1）、（4）。以上四例中，只有例（4）省去了发话人部分，其余例句均为完整形式。例（4）中还出现了表示原因的小句"贵着呢"，以表明发话人要求受话人实施某种行为的原因。另外，同是表达警告的语义功能，标记词"警告"比"告诉"表达的警告义程度要深。

以上例句若删除发话人及指令标记部分，句子的警告义消失，变为说话人发出的命令或是对受话人的叮嘱，当然句子表达的仍然是指令功能。如：

（1'）你们不要打开这扇门。

（2'）你走了一条错路，小心一点。

（3'）你要特别防止有人冒充加拿大律师。

（4'）你们不要碰这些设备，贵着呢。

本节讨论的"警告／告诉"类句型，这里的标记词为典型的指令标记。但有些指令标记只能间接表达说话人的指令行为，受话人需要在语境中体会说话人真正想要表达的语义内容。

以上列举的警告类句型中，受话人都为言语交际中的听话人。在汉语中，还有一类句子形式上与警告类句型相似，但表达的却是陈述功能，如：

（5）我警告我自己，不能这样。

（6）我警告我自己，笔不能停下来。

（7）文浩警告自己再也不能这样下去了。

（8）他警告自己要小心、要留神。

　　以上四例表示的都是行为主体警告自己的情况，但是与例（1）—（4）所表达的语义功能存在差别。首先看例（5）、（6）的情况，这里句首部分的主语为第一人称代词，但"警告"之后出现的成分为说话人自己，并非言语交际中的听话人。因此，与本章论述的指令功能句型不同。本书将这类句子归为陈述功能句型中的陈述态度类句型，表达的是说话人"我"对自己的态度。再看例（7）、（8）的情况，这两例的句首部分为指人名词或第三人称代词，句子表达的显然不是指令功能，而是对他人言语行为的陈述，这种行为是已经发生的，而本章讨论的指令功能句型中涉及的动作行为均未发生。因此，本书将上述这两种情况归为陈述功能句型，指令功能句型中的发话人与受话人一定是处于言语交际中的听说双方，即发话人为第一人称形式"我"，受话人只能是第二人称形式或是表复数的人称代词"我们"。

　　2.　"否则、不然"类句型的指令功能分析

　　这类句型为发话人先说出希望受话人实施的行为，然后使用连词"否则、不然"加上表示结果的小句或动词性成分来说明如果受话人不按照自己的要求行事，将要遭受的损失。有些情况下，"不然"后面还会加上语气助词"的话"。这种常常与表达指令内涵的小句伴随出现的句子，可以作为判别指令类句型的依据。如：

　　（9）老实点，否则让你好看！

　　（10）不能砍伐这种神树，否则会遭报应。

　　（11）赶快堵上，不然就完了。

　　（12）快把保险箱钥匙交出来，不然就杀掉你！

　　（13）再限你们二十四小时答复，不然的话，我们就要就地消灭。

　　（14）这个月的工作任务必须按时完成，不然的话，就准备走人！

　　以上例句中只出现了指令内容部分，发话人、指令标记部分均省略，但都可以补出相应的成分为"我警告你/我告诉你"。只有例（9）、（12）、（13）中出现了受话人"你"、"你们"，其他例句中的受话人均未出现，但都可以依据对话语境得知受话人为言语交际中的听话人。

　　这类句子往往先出现一个表达指令功能的小句，这些小句并非都是指令程度高的句子。然后再出现带有连词"否则、不然"的小句，意在表明受话人如果不按照发话人的意愿行事，会遭受什么样的损失，以此表明发话人的指令内容中所含有的

警告、威胁义。以上例句由于表达的是警告、威胁的语义功能，所以要求指令内容部分简洁、明确，句子多采用简单句的形式出现。这种简短的语言形式也表明了发话人在言语交际中的强势地位。如果发话人的地位较低，那么他所采用的语言形式就要复杂一些，会使用较多的语言手段令言语表达更加委婉、含蓄。

在含有连词"否则、不然"的句子中，连词之前必须出现表明发话人指令行为的小句，否则即使含有"否则、不然"，该句子也无法表达警告、威胁的语义功能。如：

（15）我要准备准备，不然的话，就来不及了。

（16）丘照再提议道："不然的话，叫作忠勇堂吧！我就怕你'关夫子'是曹、是汉，定不下心来！"

（17）我是你的话，我会劝她做下去。不然的话，也许会好几个星期找不到活干呢。

例（15）中主语为第一人称代词"我"，说话人并不是向听话人传达某种指令，而是说明自己的打算，因此这里表达的就不是警告功能。例（16）中虽然使用了"不然的话"，但是前面并没有出现表示指令行为的小句，这里是说话人提出了不同于前文内容的其他建议。例（17）中"不然的话"前面的小句并没有直接表达指令行为，因而也不能归为警告类句型。"不然的话"在该例中仅表达前后语句之间的转折义。

3. "要是/如果……，就/可……"类句型的指令功能分析

汉语中表达警告、威胁语义功能的句子也可以带有关联词语"要是/如果……，就/可……"，只不过这一类句子比较特殊，指令行为出现在前一个关联词"要是/如果"的后面，并且所要表达的指令义与形式上正好相反。后一小句表示的是如果受话人不按照发话人的意愿行事，将要遭遇的后果。如：

（18）要是你再不去，我可就要不客气了。

（19）你要是还没银子，就别怪四哥和这些本家爷们儿了！

（20）如果还不觉醒，就要采取组织措施，不能再等待了。

（21）如果你不服从，斯内普很可能杀了你和卢娜。

以上例句中也没有出现发话人和指令标记，但是这并不影响句子表达警告、威胁的功能，因为后一小句的内容表明了"要是/如果不这样"，受话人将要受到的惩罚。发话人以对方将要遭受的损失表明自己对对方发出的警告。以上四例均可以

在句首补出发话人和指令标记，如"我警告你 / 我告诉你"，并且说话人想要表达的指令内容与前一小句形式上正好相反。例（18）要表达的语义内容是"你现在必须去"，例（19）要表达的是"你现在必须还银子"，例（20）要表达的是"你现在必须觉醒"，例（21）要表达的是"你必须服从"。本书认为在表达警告、威胁功能的句子中常常伴随出现表示遭受某种损失的小句。在关联词"要是 / 如果"的后面经常出现副词"再 / 还 / 不"。"再 / 还"的出现表明听话人可能之前已经实施了某种不恰当的行为，说话人使用副词"再 / 还"意在表达如果听话人再出现这种行为，就要接受某种惩罚。而副词"不"表明听话人之前没有实施某种行为，说话人威胁、警告听话人如果不实施这种行为将会产生的不良后果。听话人部分既可以是第二人称"你、你们"，也可以是表示复数的"大家"，一般不能出现第一人称代词"我、我们"及第三人称代词"他、他们"。

本小节讨论的两类标记词"否则" / "不然"、"要是 / 如果……，就 / 可……"，本书定义为准指令标记。这种指令标记的特点为：①它不同于典型的指令标记，出现在发话人之后，本身就可以表达发话人的某种指令行为；②这类指令标记可以用来表达指令功能，但是出现了这些词语的句子未必一定能够表达指令功能，还要依据句中其他部分的语义内容而定。

（二）警告类句型各组成部分的语义分析

根据前一小节的例句可以发现，发话人部分多使用第一人称代词，受话人部分多使用第二人称形式。警告类句型中，发话人强调自身在会话中的强势地位，而受话人在这种情形下处于弱势地位，所以警告类句型大多以第二人称"你 / 你们"来充当受话人部分，不会出现表示尊敬的人称代词"您"。另外，由于指令行为多是发话人想要受话人完成某种行为，因此这里的受话人应该是明确的对象。在一些规章、条例中，虽然受话人没有在文中明确指出，但是这些规章、条例面对的是其适用的所有人群，因此受话人仍可看作是明确的对象。

前一小节主要列举了可以表达警告、威胁功能的句子类型，但这些形式是否在所有情况下都表示警告、威胁功能？

首先，看句中含有连词"不然"的句子。如：

（22）我们一开始就应注意，不然我省义务教育就无法保证，在实践上会造成后患无穷。

（23）想起来心里还怕怕的，幸好石头砸在副驾驶座上，不然……

（24）看样子伤得不太重，不然的话，大夫是不会离开的。

（25）幸亏你们提醒我，不然的话，我就要犯大错了。

警告类句型强调发话人的绝对话语权，因此，这类句型的行为执行者一般是受话人，而不包括发话人自身。所以例（22）不是本书谈论的警告类句型，"不然"在句中仅仅表示假设。因此，如果句子中使用了连词"不然／不然的话"，而受话人包括言语交际双方，那么这个句子就不属于警告类句型，而应该属于建议类句型。例（23）—（25）是说话人假设某种情况的发生，也没有表达出让受话人实施某种行为的语义内涵。并且这三例是对过去发生的行为进行陈述，而指令功能句型中的指令行为是发话人意在指使受话人实施的行为，行为暂未发生。

再看，句中含有关联词语"要是／如果……，就／可……"的句子。如：

（26）谁要是不听他们的，他们就断绝供应，甚至罚款，少则几十元，多则上千元。

（27）如果我什么动作都不做，你就猜不出我要打击的部位了。

上面的论述中已经提到，受话人必须是明确的对象，因此例（26）不属于本节讨论的警告类句型。因为该例中的"谁"表任指义。例（27）只是在陈述一种可能发生的情况，因此该例也不是警告类句型。以上两个例句仅仅表示假设的情况。

在警告类句型中，发话人和指令标记可以出现，也可以不出现。如果在话语交际中出现发话人，那么应该为第一人称形式。警告类句型中的受话人大多数情况下为第二人称形式，但不能是表敬意的第二人称代词"您"。在表达警告、威胁的句型中，常常可以伴随出现表示遭受某种损失的小句，表明如果受话人不按照发话人的指令行事，将会出现的不良后果。这一部分内容中常常出现的词语有"否则、就"等。

（三）特殊语境下的警告类句型考察

警告类句型为发话人对受话人发出的强指令，使用这类句型时一般是发话人处于会话交际中的强势地位，或是发话人自认为处于交际中的强势地位，因而向受话人发出警告或是威胁。但有些情况下，警告类句型也可以表达其他语义功能，如：

（28）你再说一遍！

（29）你最好小心点。

例（28）如果是某位同学在询问电话号码时没听清楚，希望对方能再重复一遍，那么这种情况下该例句表达的是一种请求。如果是双方在就某事进行争吵，其中一方非常反感对方的话语，就会警告对方再这样说将会遭受的严重后果。例（29）如果是叮嘱将要远行的亲人，可以看作是提醒。但如果是恐吓对方不要再做出某种令自己反感的行为，就属于威胁、警告。因此，汉语中的很多句子必须放入具体的语境中去考察，才能断定它到底属于哪种功能类型。以出现"最好"的句子为例，如：

（30）你最好去医院检查一下。

（31）你最好尽可能和孩子在一起看电视，以培养亲子之间的感情。

以上例句中出现了"最好"，但同警告类句型又不同，警告类句型后面往往会出现表达遭受某种损失的句子，但上述两例没有。这两例表达的是说话人向对方的建议，关于建议类句型将在下文详细论述。

二、命令类句型

汉语中表达命令功能的句子可以是发话人向受话人下达命令、提出要求，也可以是发话人通过言语行为制止受话人实施某种行为。与警告类句型不同的是，命令类句型的受话人既可以是言语交际中的听话人，也可以包括交际双方。

（一）命令类句型的形式类别

1. "命令"类句型的指令功能分析

既然是传达"命令"，那么这类句型多用于上级对下级或是长辈对晚辈做出某种指示，也可以是发话人自认为处于言语交际中的强势地位，而对受话人发出命令。如：

（32）起立。

（33）去把最新的杂志拿来。

（34）A：什么时候交作业?

　　　B：下周三交作业。

例（32）是在特定的场合，发话人对受话人做出的指示。句子虽然简短，但是表意明确，语力很强。例（33）、（34）是长辈对晚辈说的话，句子中只出现了表示指令行为的动词性成分，言简意赅。由此可见，命令类句型的显著特征就是句子简短，表意直接，常由动词性成分构成。句子中发话人、指令标记及受话人部分均未出现。这里的受话人通常情况下不包括发话人，但是在特殊场合，也包含发话人自身，如例（32）。例（33）表明"把"字句也有表达发话人命令的语义功能，而不仅仅表达致使义。

"命令"类句型主要由动词性短语构成，这类句型只出现指令内容部分，指令功能句型中的其他三个成分均不出现。因此，命令类句型对语境的依赖程度较高。

以上所列举的命令类句型，受话人部分或是指言语交际中的听话人，或是指言语交际双方。汉语中也存在与命令类句型形式相同，但表义不同的一些句子，如：

（35）我命令自己，抬起头挺起胸放开眼光。

（36）我命令自己不许哭。

（37）他命令自己要镇静。

（38）他命令自己集中精力、全力以赴。

以上四例，例（35）、（36）句首的主语为第一人称代词"我"，语句表达的是行为主体"我"命令自己实施某种行为。这种情况不是言语交际中的说话人向听话人发出的指令，因此，不能归为指令功能句型，而应看作陈述态度类句型，表达的是"我"对自己的态度。而例（37）、（38）句首的主语为第三人称代词，这两例表达的并非指令义，而是对他人行为的陈述。因此，句首的发话人部分必须是第一人称形式，句中的受话人部分是第二人称形式或表复数的"我们"，句子表达的才能是指令义。

2. "要求"类句型的指令功能分析

要求类句型与上述命令类句型不同。命令类是上级对下级或长辈对晚辈做出某种指示，而要求类则没有这种身份等级上的强制性规定。要求类句型分为两种情况：

一种是要求受话人实施某种行为，另一种是要求受话人不要实施某种行为。第二种情况将在下文单独论述，本小节只考察第一种类型。这里受话人既可以指言语交际中的听话人，也可以包括听说双方。汉语中可以表达要求功能的句型有以下几类。

Ⅰ 句中带能愿动词"要"

句中出现能愿动词"要"，表示说话人认为听话人必须做某事，这种类型的句子就可以归为"要求类"句型。如：

（39）要按时吃药。

（40）要听妈妈的话。

（41）要注意身体。

有些情况下，说话人为了强调听话人需要做的事情，还会在"要"的前面加上表示肯定、坚决的副词"一定"，如：

（42）大家一定要知道我们在做一件多么了不起的事情。

（43）你一定要掌握足够的材料，寻求有力的支持，把捂着的盖子揭开来！

（44）你一定要慎重考虑，我是个残疾人，而且身无分文，你将来会吃苦的。

以上句子中发话人、指令标记均未出现，句中只出现了受话人和指令内容部分。受话人部分可以是表示复数的人称代词"大家"，如例（42），也可以是第二人称代词"你"，如例（43）、（44）。如果将发话人和指令标记补充出来，可以是"我要求大家／我要求你"。要求类句型中的受话人部分可以是"大家、你、你们、我们"，但不能是第三人称形式。命令类句型中，受话人部分可以使用表示复数的人称代词"我们"。这种情况是发话人将自己也置于受话人的立场，发出的指令符合言语交际中的礼貌原则，也更能让他人接受。发话人发出该指令的意图实质上还是希望由受话人去实施某行为。

与警告类、命令类句型一样，汉语中也存在与要求类句型形式相同，但表义不同的句子，如：

（45）我要求自己不要重复从前的思想方法和感情。

（46）我必须要求自己在工作岗位上努力去创造卓越的成绩。

（47）他要求自己除了学好正常的课程外，还要阅读大量课外读物。

（48）林南要求自己全神贯注地工作。

上述四例中，例（45）、（46）句首主语为第一人称形式，受话人为说话人自身，表明"我"要求自己实施某种行为，这类情况也不属于本章讨论的指令功能句型，因为"要求"之后出现的人称代词指称的对象并非言语交际中的听话人。而例（47）、（48）句首主语为第三人称形式或是指人名词，这两例属于对他人行为的陈述，也不属于本章讨论的指令功能句型。

Ⅱ句中带副词"务必／必须／得"

含表示坚决语气的副词"务必／必须／得"的句子，也可以表达发话人对受话人提出某种要求，并且这种要求受话人必须执行，没有反驳余地。使用"务必／必须／得"的句子，指令内容部分只能是肯定形式，而不能是否定形式。先看句中带副词"务必"的例句，如：

（49）大家外出务必注意人身安全。

（50）我们务必使学生了解该学科的基本结构。

（51）表格涉及毕业信息，<u>大家务必认真填写</u>。

例（49）是相关部门对市民提出的某种要求或者是警示。例（50）是教育工作者对即将走上工作岗位的年轻教师提出的要求，也可看作是希望。例（51）是临近毕业时，老师对毕业生们填写毕业表格时提出的要求。以上三种情况，如果受话人不按照发话人的要求去执行，会导致自己蒙受某种损失。只是这里强调的是受话人必须按照要求执行的内容，会遭受何种损失，例句中均没有提及。

以上列举的例句中，受话人部分是由表示复数的人称代词"我们、大家"来充当。要求类功能句型，受话人部分也可以由指人名词来充当。再看句中带副词"必须"的例句，如：

（52）我们必须尊重他做出的决定。

（53）这是你自己选择的道路，<u>你必须坚持下去</u>。

（54）参赛选手必须按照比赛规则进行比赛。

例（52）中受话人部分使用的是第一人称代词"我们"，表明发话人在提出某种要求时，包括自己在内的所有人都应当遵从该要求的内容。例（53）是长辈对晚辈提出的要求，前一小句表明了发话人提出这种要求的原因。句中的受话人部分是第二人称代词"你"。例（54）是比赛中举办方对所有参赛选手提出的要求，受话人部分由指人名词"参赛选手"充当。以上例句中均含有副词"必须"，表明了发话人提出该要求时的坚决态度。

有些情况下，在含有副词"必须"的例句中还会出现如果受听话人不按照发话人的要求执行，将会遭受的严重后果。这部分内容通常都会伴随出现连词"否则"。如：

（55）你必须把这些内容记下来，否则无法通过考试。

（56）我们必须紧跟网络发展步伐，否则就会被淘汰。

（57）我们必须要有机会鉴别原料，否则重要的信息就会失掉。

以上例句中，发话人不仅对受话人提出了要求，还明确指出如果不按照此要求去执行将会遭受的损失。发话人在句中既提出了要求，也含有对受话人的警告。句中的连词"否则"也可以用"不然／不然的话"来替换，如：

（55'）你必须把这些内容记下来，不然／不然的话无法通过考试。

（56'）我们必须紧跟网络发展步伐，不然／不然的话就会被淘汰。

（57'）我们必须要有机会鉴别原料，不然／不然的话重要的信息就会失掉。

发话人对受话人提出某种要求时也可以用能愿动词"得"，这类句子更具口语色彩。如：

（58）不过这些蛇都是宫里捉鸟雀用的，你得小心饲养，要是饿死了一条，小心你的脑袋。

（59）你得照顾弟弟妹妹，因为这里你最大。

（60）我们得努力打好余下的赛事。

以上例句，例（58）既使用了命令类句型，又使用了警告类句型。先提出要求，然后指明如果出现意外，受话人将要受到的惩罚。例（59）是父母对子女提出的要求，并解释了提出这一要求的原因。例（60）是说话人对自己以及其他受话人提出的要求。发话人在句中使用能愿动词"得"，表明指令内容部分实施的必要性。

Ⅲ句中带副词"凡是"或形容词"所有"

汉语常常使用"凡是／所有……都要／必须／一律……"来表达对某一类人或

事物的指令。这种句型表明发话人在提出要求的同时也指明了这一要求所针对的对象，也就是该指令行为的受话人部分。如：

（61）凡是违反服务细则都要罚款，一罚就是 500 元。

（62）凡是自己能够做到的，就必须自己去做。

（63）凡是入会者一律不得谈论语言的起源。

（64）所有选手都要参加选拔，谁也不能搞特殊。

（65）所有过往车辆的司机都必须出示驾驶证。

（66）所有旅游汽车一律禁止驶入秦始皇陵博物馆。

以上例句中出现的"凡是／所有"表明了在某个范围内无一例外，这个范围即该指令针对的受话人部分。该句型表明某一范围内的受话人都要按照发话人提出的要求来实施某种行为。这种行为必须发生在发话人做出指令之后，而不能是发话人发出指令之前。例（61）—（63）中使用的是副词"凡是"，因此后面可以直接跟动词性成分，而例（64）—（66）使用的是形容词"所有"，因此必须先指明"所有"修饰限定的范围，然后才可以接动词性成分。

例（61）表明只要出现违反服务细则的行为都要被罚款，没有例外。例（62）表明只要是自己能做到的事情，都要自己去完成。例（63）表明只要是入会人员就不允许谈论语言的起源。例（62）、（63）中的"凡是"后面跟的是名词性成分，通常情况下"凡是"后面出现的多为名词性成分，"都要／必须／一律"后面才会出现实施的行为内容。例（64）表明只要是参赛选手都要经过选拔。例（65）表明只要是过往车辆的司机都要出示驾驶证。例（66）表明只要是旅游汽车，都不允许进入博物馆。以上三例，使用形容词"所有"来限定之后出现的对象范围，因此后面出现的都是名词性成分。由此可以看出，"凡是／所有"强调的是其范围内的全覆盖性。这种句型经常见于一些条文规定中，受话人为该规定适用的所有对象。

Ⅳ句中含标记词"V 着点儿／A 点儿"

周元琳（1998）认为"V 着点儿！"中的 V 是具有述人、可控、可反复等语义特征的单音节动词。由于动词之后带有表示低程度的"点儿"，体现出发话人对受话人发出的动作指令比较委婉，即发话人只要求受话人实施该行为即可，受话人在实施动作的量上可以随意。高顺全（2008）认为"V 着点儿"用持续体来表示祈使，其中"着点儿"已经语法化为一个整体。如果"V着点儿"中V的动作状态已经形成，那么"着"的功能就是陈述，如果V的状态尚未形成，那么"着"是用来表示祈使。如：

（67）你们只要忍耐着点儿，早晚一定能接到的。

（68）我出去一趟，您在家照看着点儿。别让秀莲一个人上街去。

（69）跟师傅多学着点儿，保管你受益一辈子。

上述例句中的"V着点儿"，V都具有述人、可控、可反复的语义特征，并且句中的动作尚未实施，是发话人希望受话人去实施的动作行为。因此上述例句属于本书讨论的指令功能句型。以上三例中的V都是动词，形容词也可以进入"V着点儿"格式。如：

（70）这个问题咱们也得狡猾着点儿：拴个套儿叫他们钻一钻。

（71）你快走，秘密着点儿。

（72）机灵着点，别被人看出破绽。

以上例句中，"V着点儿"中的V都是形容词性成分，但说话人表述的仍是要求受话人实施某种行为。这种情况也属于构式压制现象，构式"V着点儿"中的持续体标记"着"要求其前面必须是动词形式，不能是形容词形式。上述例句中的形容词"狡猾、秘密、机灵"进入该构式后，被听话人理解为动作义，而非性质义。上述三例也可被认为是以结果代行动的表达方式。

而另一类表达要求功能的构式"A点儿"中的A由形容词性成分充当。该结构与"V着点儿"在形式上的区别是少了动态助词"着"，因此在A部分出现的成分只能是形容词。"A点儿"既表明了发话人要求受话人去实施某种行为，又强调了实施这种行为时的程度。这一类型的句子中省略了发话人、指令标记和受话人，只出现了指令内容部分，显示出命令或要求的严肃性。如：

（73）快点儿！这里的收费是按时间计算的。

（74）你快点儿拿个主意吧，说不定今儿夜里也许发生什么问题哩！

（75）上课了！快点儿回座位！

例（73）中，发话人催促听话人"快点儿"，并在下一小句指明了提出该要求的原因。例（74）中不仅出现了指令内容，也指明了受话人是"你"，说话人要求对方"快点儿"，以免夜长梦多。例（75）是老师在催促学生们快点儿坐好，准备上课。以上三个例句，既表达了说话人的要求，也体现出催促的语义内涵。但催促义是由 A 位置的形容词"快"来传递的，而不是该结构表达的。如果 A 位置是其他形容词，则会表达出其他的语义内容。如：

（76）<u>放松点儿</u>，不然拍出来不好看啊。

（77）<u>机灵点儿</u>，要学会看别人的眼色。

（78）<u>慢点儿</u>，雪天路滑。

吴淑琼、文旭（2011）使用"转喻"来解释该语言现象，认为"结果代动作"是"A 点儿"形成的认知理据，而构式义对词汇义的压制是语法转喻操作的认知动因。通过构式压制，在指令功能句型中不仅动词性成分可以进入行为内容部分，形容词性成分也可以进入该部分。

"V 着点儿／A 点儿"与前文讨论的只出现动词性短语的命令类句型用法相似，句子都比较简短，表意明确。本书将"V 着点儿／A 点儿"列为要求类句型，而没有将二者看作命令类句型，原因如下：命令类句型语力较强，受话人必须按照发话人的指令实施某种行为；而要求类句型，发话人只是提出该要求，受话人可以接受也可以不接受。而"V 着点儿／A 点儿"中的"点儿"表明发话人在要求对方实施某种行为时，语气并不十分坚决，还含有商量、建议的语义内容，因此，在语力上比命令类句型要弱一些。

3. 禁止类句型的指令功能分析

以上两种类型都是发话人对受话人传达某种命令或是做出某种指示，发话人要求受话人去实施某种行为。命令功能句型还可以是否定形式，即发话人制止、禁止受话人实施某种行为。本书称为禁止类指令功能句型。禁止类句型仍是命令类句型的一种，只是它与前面两种句型表达的语义内容正好相反，所以单独作为一节内容来论述。汉语中可以表达禁止类语义功能的句型有以下几种。

Ⅰ 句中带标记词"别／少／禁止（严禁）／请勿"

首先看句中带有副词"别"的情况，"别"的后面经常出现动词性成分。如：

（79）我今天心情不好，<u>你别和我开玩笑</u>。

（80）别踩了我的画图。

（81）咱们别再提这档子事好不好？

标记词"别"后面出现的动词性短语，即发话人要求受话人不要实施的行为内容。以上例句中，例（79）发话人首先指明原因，然后再对受话人提出具体的要求。该例中受话人是"你"，行为内容是"别和我开玩笑"。例（80）是发话人对受话人提出了明确的要求，句中只出现了指令内容部分。例（81）的情况较为特殊，一方面是发话人对听说双方提出要求"咱们别再提这档子事"，另一方面发话人可能由于客观上自身的身份地位较低，或是发话人主观上将自己置于较低的交际地位，在句中使用了表示疑问功能的格式"好不好？"发话人在提出要求的同时，又在与对方进行协商。本书认为这种形式是指令功能句型与疑问功能句型的重叠形式，具体情形将在下文进行讨论。

标记词"别"的后面也可以出现形容词性成分，如：

（82）孩子，<u>别紧张</u>，就像平时训练一样。

（83）<u>别着急</u>，把取药单给我，地址留下，我给你们邮回去。

（84）<u>别慌</u>，沉住气！

指令功能句型表达的是发话人希望受话人能够实施的行为，那么"别VP"中的VP为动词性成分没有问题。可是上述例句中VP部分为形容词性成分，形容词描述的是某种性质或状态，这里就产生了构式义与词汇义不兼容的现象。此时句法环境"别VP"就会对句中成分的词汇义产生强制性影响，受话人也会依据构式义对词汇义做出合理理解。[1]这里受话人会依据"别VP"的构式义，将以上例句中的形容词性成分理解为某种结果产生时的状态。李勇忠（2004）以转喻理论来解释上述现象，本书认同其观点，上述例句中使用的形容词也是"结果代行动"的一种表现。

再看句中带有副词"少"的例句，"少"的后面经常出现动词性成分，表示制止、禁止，如：

（85）你们少说一点。

（86）你少给我来这一套。

---

[1]　王寅.构式压制、词汇压制和惯性压制[J].外语与外语教学，2009（12）.

（87）你少开这种低级庸俗的玩笑！

上述例句均表明发话人要求受话人不要做某事，即禁止对方实施某种行为。但有些情况下，出现"少"的句子并不仅仅表达命令或要求，如：

（88）你少喝些酒！

（89）大家少对着电脑，对身体不好。

以上例句，在表达命令功能的同时，也含有建议的语义内容。但由于标记词"少"的使用，句子表达的语义功能仍应归为命令功能。

再看句中含有"禁止／严禁"的例句，这里的"禁止／严禁"充当发话人的指令标记。如：

（90）禁止在宿舍里做实验。

（91）禁止虐待和拐卖儿童，禁止使用童工。

（92）严禁向学生收取与免费提供教科书有关的任何费用。

（93）严禁各地元旦春节期间燃放烟花爆竹。

以上例句中，例（90）发话人可能是宿舍管理员或是发布该规定的相关部门，"禁止"作为指令标记，表明了发话人的行为意图，"在宿舍里做实验"是指令内容部分。例（91）也是只出现了指令标记"禁止"和指令内容部分"虐待和拐卖儿童"、"使用童工"，发话人应为该法律条例的制定者，受话人应为受该法律约束的所有公民。该规定针对的对象范围仍是明确的。例（92）、（93）与以上二例的情况相同，也是只出现了指令标记和指令内容部分。但发话人和受话人可以依据句子推测出来。相比较而言，带有"严禁／禁止"的句子要比带"别／少"的句子更为正式。在口语中，经常使用"别／少"来表达发话人制止受话人实施某种行为，而法律文件、政策法规中则偏向于使用"严禁／禁止"来表达制止的语义内容。如果在上述例句中加上主语部分，如：

（90'）宿舍管理员禁止学生在宿舍里做实验。

（92'）学校严禁向学生收取与免费提供教科书有关的任何费用。

以上例句中增添了主语部分之后，句子在形式上完整了，但是不属于本章讨论的指令类句型。因为指令类句型多出现在言语交际中或是法律规定中，用来表达发话人要求受话人实施或是禁止受话人实施某种行为。而以上例句主要用于陈述、说明具体情况，而不是要求对方实施某种行为。

还有一类句子含有标记词"请勿"。该类句子多见于公共场所的广告牌或是一些规定中，既表达了相关单位对受话人的要求"勿VP"，也不失对受话人的尊敬，因为句中使用了敬词"请"。这一类句子的书面色彩较浓，一般不在口语中使用。如：

（94）请勿践踏草地。

（95）请勿携带三岁以下儿童入场。

（96）<u>请勿一稿两投</u>，来稿恕不退还。

以上例句中发话人部分均省略，指令标记为"请勿"，受话人为该规定针对的所有对象，指令内容部分分别为"践踏草地"、"携带三岁以下儿童入场"、"一稿两投"。这里由于受话人部分常常省略，因此"请"与"勿"便结合在一起使用。说话人虽然使用了敬词"请"，但是其表达命令的意图仍十分明确，该句子的语力依然很强，发话人不容许对方反驳或拒绝自己提出的要求。句中使用敬词"请"，是为了体现出发话人对受话人的尊重，可以促使受话人按照自己的指令行事，这样更符合言语交际中的礼貌原则。

Ⅱ句中带标记词"不用／不必／不要／不准／不许／不得／不能"

以上列举的标记词都含有"不必要、不允许"的意思。首先看句中含有标记词"不用"的情况，"不用"后面可以直接跟动词性成分，也可以接一个小句。如：

（97）不用你提醒我。

（98）不用你们操心。

以上二例都省略了发话人部分，而指令功能句型其余三个成分均出现在语句中。例（97）指令标记是"不用"，受话人为"你"，指令内容为"提醒我"。例（98）指令标记也是"不用"，受话人为"你们"，指令内容为"操心"。这两例都表达了发话人制止受话人实施某种行为的要求。在对话语境中，例句中的受话人部分还可以省略，指令标记后面直接跟动词性成分。

"不必"也用于指令功能句型，然而"不必"与"不用"用法不同，"不必"只能置于受话人之后，不能出现在受话人之前，但"不必"后面也可以跟动词性成分。如：

（99）<u>你不必记</u>，等一下我给你发言稿。

（100）我已离开上海，<u>你不必找我</u>。

（101）<u>你不必等我</u>，我还没整理完材料呢。

上述例句中，指令标记"不必"用在动词性成分之前，是对行为内容的否定。若将上述例句中的受话人与"不必"的位置互换，句子的语义会产生变化。请看以下三例：

（102）燕南飞冷笑，道："<u>不必你费心</u>，我一向能照顾自己。"

（103）七姑奶奶想了一下说："这样，<u>买东西就不必你亲自去了</u>，要买啥你说了我叫人去办。"

（104）一切我和苏老三面谈，<u>竟不必你费心了</u>！

以上三例中，"不必"位于人称代词之前，这里"不必"的语义指向为句中的人称代词，而不是人称代词之后的动词性成分。

句中含有标记词"不要／不准／不许／不得／不能"时，其后也多为动词性成分。如：

（105）不要／不准／不许／不得把垃圾扔在走廊里。

（106）不能在宿舍使用大功率电器。

这几个标记词，虽然都可以表示发话人制止受话人实施某种行为的语义内容，但在表义程度上存在差异。"不要／不准／不许／不得"强调发话人的主观意志，发话人不允许受话人实施某种行为，而"不能"强调客观条件不允许受话人实施某种行为。例（105）使用了标记词"不要／不准／不许／不得"，表达的是宿管人员为了保持整洁的公共卫生，制止学生们乱丢垃圾。例（106）使用标记词"不能"，强调宿舍条件有限，不具备使用大功率电器的客观条件。通过强调客观条件的不足来阻止受话人实施某种行为。因此，这一组标记词在语义表达上是有区别的。

Ⅲ句中带标记词"算了／得了／好了／行了"[1]

这一组标记词与前两类标记词不同的是，这一类标记词均可以独立成句，或是

---

[1] 温锁林（2008）认为"行了、好了、算了、得了"可独立成句，但对语境依赖性很强。该文将这四个词语分为评价性制止和了断性制止两类，并认为这几个祈使习用语还存在虚化过程。

用于句首位置。与前两组标记词相比，这一类标记词表示制止的语气要弱一些。并且在出现标记词"算了 / 得了 / 好了 / 行了"的句子中，一般不出现发话人、受话人和指令内容部分。如：

（107）a 算了，还是要原来的那套吧。

　　　　b 算了吧，这只不过是测试而已。

　　　　c 算了算了，一切就照你的意思办吧！

"算了"是发话人对当前观点、态度的否定，从而引出新的建议或是看法。例（107a）是说话人对现在所选衣服的否定，决定还是选择原来定的那套衣服。例（107b、c）是发话人对当前观点的否定，这种否定的原因可能是发话人觉得受话人的观点错误，也可能是由于客观条件不足，不得不放弃现在的计划。发话人通过对现有观点的否定，制止将要实施的某种行为，并提出建议或做出解释。这要比前文论述的两种制止方式委婉、含蓄，也更能让受话人接受。例（107）中只出现了标记词"算了"，其他三个成分均未出现。这里的"算了"也是准指令标记。出现"算了"的语句中多会伴随出现发话人的建议内容。

"算了"还可以用于句末。这种情况下，"算了"主要依附于前面的成分，不能独立成为一个小句。温锁林（2008）认为这是"算了"的虚化现象。如：

（108）吃不完就算了，总不能撑坏了肚子。

（109）有的事，你听了就算了，绝对不许向任何人讲，对老婆也不能讲，做秘书就要严守纪律。

（110）有时真想不干算了，何苦这样天天唠唠叨叨，起早贪黑，孩子也跟着受罪。

例（108）、（109）中"算了"还可以表示制止义，但其独立性已明显减弱，例（110）中"算了"可以看作句末的语气成分，制止义消失。

"得了"多用于对他人某种言语行为的制止，这一点与"算了"不同。"算了"既可以用于对说话人自身某种行为的制止，也可以用于对他人某种行为的制止。如：

（111）a 得了，你别闭门造车来杜撰故事吧！

　　　　b 得了，得了！老三！少说一句。

　　　　c 你想学飞行吗？孩子。那可不是桩好玩的事。得了，待长大点再来吧。

以上例句中，发话人使用"得了"来制止对方实施某种行为，并接着说出具体要制止的行为或是自己的建议。使用"得了"比"算了"语气要更为直接，"得了"强调制止对方的某种行为，"算了"强调暂时先这样吧，语气较弱。"得了"也可以用于句末，起加强语气的作用，与例（111）中制止他人行为的用法不同。如：

（112）我还是去资料室得了，宿舍今天全天不供水。

（113）你去打工得了，免得在家闷出病来。

（114）你就说是小李得了，何必拐弯抹角。

以上三例，说话人只是在陈述自己的某个观点，用"得了"来强调自己的看法，与制止行为无关。因此，"得了"用于句末的情况不是本书讨论的指令功能句型。

"好了"作为标记词，既可以表示转接，也可以表示说话人用来制止他人之前的言语行为。这里的"好"已逐渐失去了评价义。如：

（115）在一盘色拉里，你发现了一根头发，好了，接下来就看怎么办了。

（116）好了，不多写了，麻烦打扰您了，谨致衷心感谢与问候。

以上二例中的"好了"起转接作用，既是对前文所述内容的终结，同时也引出下面的论述。"好了"的这种用法与本书讨论的指令功能无关。但"好了"也可以用于表达对听话人行为的制止。如：

（117）好了，毛毛回家你们应该高兴才是，别再哭。

（118）好了，大家都到齐了，会议可以开始了。

（119）王迈看他们实在忙，不好意思地说："好了，好了，就谈到这儿吧。"

这里的"好了"表达的是说话人对受话人之前行为的劝阻，即表示出对受话人行为的制止。以上例句中的准指令标记"好了"，既可以表达对言语交际中听话人行为的制止，如例（117）、（118），也可以表达说话人对目前行为的制止，如例（119）。因此，"好了"作为禁止类句型的指令标记，可以是发话人制止自己继续某种行为，也可以是制止他人实施某种行为。但是句中出现"好了"不一定都是表达制止义。如：

（120）他今天出去办事了，你们明天来好了，我叫我哥哥准时等着。

（121）他想走就走好了，反正我也不在乎。

这里的"好了"位于句末，与前文论述"得了"在句末位置的情况类似，都有加强语气的作用。但"好了"与"得了"相比，语气较为缓和。例（120）中的"好了"表达说话人委婉地向对方提出建议，例（121）中的"好了"表达出说话人任凭听话人实施某种行为。这两例中的"好了"不表达制止的语义内容，因而也不是本书讨论的指令功能句型。

前文分析的"算了、得了"可以加语气词"吧"，仍表制止义。但是"好了"后面带语气词"吧"则含有询问义，而不是制止交谈双方的言语行为。如：

（122）"好了吧，"她说。"现在心满意足了？"

（123）"好了吧！轻松了吧？""太轻松了！我的腰可以稍稍伸伸直了。"

（124）做药就做药呗，又要挑日子，又要求吉利。这下好了吧，自己拣个套儿，把自己给装进去了。

例（122）、（123）中的"好了吧"用于反问，从例（124）受话人的答句可以看出，该例中的"好了吧"既是表示反问，也表达出说话人对对方的不满或是讽刺。

用来表达制止义的"行了"只能位于句首或句中，也可以单独成句。但它不能像"得了、好了"一样，可以位于句末起加强语气的作用。如：

（125）行了，小冀，别回清华大学读书了，你搞点"外交化学"吧！

（126）行了，行了，你就别跟我演戏了。

（127）行了，还提那事干吗呀？

以上三例中的"行了"也起转接的作用，既是对受话人之前行为的终止，也引出了发话人之后的言论。标记词"行了"之后的小句或是发话人制止对方实施某种行为，或是发话人向对方提出的建议。"好了／行了"都表示发话人认为受话人之前的行为已经达到了某种充分的程度，无须再实施这种行为。因此说话人使用"好了／行了"委婉地制止这种行为继续发生。如上述例句，若句中只使用标记词"别VP"，语气较为生硬，表示发话人向受话人发出某种命令。而使用"好了／行了"，发话人先肯定对方的某种行为已经足够，再进行制止就比较礼貌。因此，本书认为越是符合礼貌原则的句子，使用的间接表达形式就越多，句子也就越复杂。

以上例句中出现的标记词"算了／得了／好了／行了"也属于准指令标记。这类句型中只出现标记词，发话人、受话人及指令内容均不出现。伴随指令标记出现的句子，会进一步解释发话人的话语内容。这类句型虽然也是说话人发出的指令，但表达的却是一种间接性的制止行为。而本小节讨论的前两种句型，则属于发话人通过自身言语行为表达的直接制止行为。

（二）命令类句型各组成部分的语义分析

命令类句型表达的是发话人对受话人发出某种命令，因此句中的受话人部分多为第二人称代词"你"，而不会出现敬称"您"。

命令类句型中的发话人并没有强调自己处于某种优势地位。可以是长辈对晚辈或是上级对下级做出某种指示。这种情况下，发话人本身在客观上就具有话语优势。因此发话人有时做出的指令既是一种命令，但又含有建议、提醒的内涵。如：

（128）不要有压力，就把这次比赛当作明年世界大赛的热身赛。

（129）仔细点儿，词类辨析题中有很多"陷阱"。

以上二例，发话人在向受话人传达命令的同时，也流露出对受话人的建议或是提醒。而警告类句型中，发话人在做出某种警告时语气坚决，不容反对。命令类句型可以是直接发出某种指令，要求听话人实施某种言语行为，也可以是间接提出某种要求，意在使说话人实施某种言语行为。

（三）语境因素下的命令类句型分析

命令类句型的指令程度较强，说话人使用命令类句型时，也是认为自己居于会话交际中的强势地位，或是自认为处于交际中的强势地位。因此说话人在这种情况下较少考虑会话交际的礼貌原则，使用的语句往往简短、精练，表意直接。

三、建议类句型

（一）建议类句型的形式类别

建议类句型仍然可以按照指令程度来分类，有些是发话人直接表达自己对他人的建议，有些是发话人委婉、含蓄地表达对他人的建议。建议类句型与警告类、命令类句型不同的是，警告类、命令类句型语气坚决，发话人主观上要求受话人必须实施某种行为，而建议类句型，发话人在主观上只是向受话人提出某种建议，并没有要求受话人必须接纳的意思。另外，前文论述警告类、命令类句型时都提到与这两类句型形式相同的陈述类句型，而本节讨论的建议类句型，则没有与之类似的陈述类句型。因此，汉语中不存在自己建议自己的情况，只能是说话人向他人提出某种建议。本节将汉语中的建议类句型分为直接表达建议和委婉、含蓄表达建议两类。

1. 直接表达建议类句型

Ⅰ 句中带动词"建议"

以"建议"为标记词的句型中，发话人为第一人称代词。指令标记词"建议"可以表明发话人对受话人做出的指令行为，因此为典型的指令标记。该类句型的受话人部分对人称代词的选择是有限制的。如：

（130）我建议你办一张信用卡。

（131）*我建议她最好别在这件事情上浪费时间。

（132）我建议在座的各位能不能来一个"换位思考"。

（133）我建议我们一起再学习一下有关的历史文件。

例（131）并非不成立，而是不能归为本节讨论的建议类句型。因为指令功能句型表达的是发话人要求言语交际中的听话人来实施某种行为，例（131）中受话人位置上的人称代词为第三人称代词"她"，而不是言语交际中的听话人或是发话人"我"自身，并且该例所表述的行为内容是已经发生的行为。因此，虽然句中出现了标记词"建议"，该例也不属于指令功能句型。根据以上例句，可以看出受话人部分可以是第二人称代词，如"你"；或是交谈中的听话人，如指人名词"在座的各位"；也可以是包含发话人在内的交谈双方，如"我们"。但是受话人部分排斥出现第一人称代词"我"及第三人称代词。首先，受话人部分为第一人称代词时，句子不成立。因为不存在说话人自己向自己建议的情况。需要解释的是：说话人使用建议类句型时，是要向他人提出自己的主张，并且表现出自己对他人的充分尊重，才会促使交际的顺利进行。说话人在向自己发出指令时，无须遵从礼貌原则。其次，受话人部分若为第三人称代词，句子表达的是陈述功能，陈述的是已经发生的某一行为。

若句中主语部分为第二人称代词，那么该类句子也不应看作是建议类句型。如：

（134）<u>你建议编一本"童心诗选"</u>，确是一个好主意。

（135）<u>你们建议我看《达吉和她的父亲》</u>，我看了。

（136）<u>你建议提高员工待遇</u>，公司正在讨论。

以上例句中，"你（们）建议 VP"可以是句子的话题，如例（134）、（135），也可以出现在宾语部分，表明对方的观点，如例（136）。但是以上例句不属于建议类句型，因为上述例句没有表达出说话人要求言语交际中的听话人去实施某种行为的语义内容。据此，本书认为第三人称代词后接动词"建议"的形式也不属于建议类句型。如：

（137）他建议台湾农业企业在大陆市场不要参与一般的产品竞争。

（138）他们建议非洲国家设立更多保护区，实行严格管理，杜绝狩猎活动。

以上例句是说话人转述他人对某事的建议，这种句子表达的也是陈述功能，而非建议功能。本书讨论的建议功能句型仅限于在对话中出现相关标记词的句子。

II 句中带动词"提议"

句中带有标记词"提议"的句子与前一类带有标记词"建议"的句子类似，发话人部分只限于出现第一人称代词，而排斥出现第二人称、第三人称代词或是其他指人名词。如：

（139）我提议把中学的音乐美术必修课，合并为"艺术鉴赏"课。

（140）我们提议每周五下午举行一次交流会。

以上例句中，发话人为第一人称代词"我、我们"，指令标记词为"提议"，受话人部分没有在句中出现，但依据对话语境可以推断出受话人部分的具体所指。而指令内容部分为标记词"提议"后面的部分。有些句子虽然表达的也是说话人在向听话人提出某种建议，但不属于建议类句型，如：

（141）我于是向你提议，改用你的马车，使我可以和你相伴。

（142）我知道他不会同意，所以提议用来帮助一些有困难的作者。

例（141）中发话人与指令标记之间还出现了其他成分，说明在该句子之前的背景信息中，含有说话人说出该句子的原因部分。该例表达的是说话人向对方陈述由于某一事件导致自己向对方提出建议。因此，该句子虽然出现了指令标记"提议"，仍不能归为指令功能句型。例（142）中"提议"出现在表示因果关系的结果小句中，也不能被归为指令功能句型。

若句中的发话人并非第一人称代词，而由第二人称、第三人称或是其他指人名词成分充当，那么该句子也不属于指令功能句型，而应归为陈述功能句型。如：

（143）<u>你提议结婚的</u>，你向我求婚，我答应了，你又推三阻四起来了。

（144）一星期内向我提交一份报告，说明你们提议采取的行动并列出一个时间表。

（145）他提议明年我们合作一部片子。

（146）他们提议我们应该悄悄地、秘密地开采我们自己那小块矿床。

（147）意大利提议各成员国领导人共同协作，监督反恐行动的进程。

例（143）中"你提议结婚"是说话人强调的部分，例（144）中"你们提议"位于句子的宾语部分。这两例中的"提议"都不是句中的指令标记。例（145）—（147）中虽然"提议"是句中的主要动词，但是该动作发生在说话人陈述该事件之前，因此也不能归为指令句型。此外，以上例句中所表达的语义内容都不是言语交际中的说话人意在指使受话人实施某种行为，只是在陈述已经发生的事件，或是发话人对自己的要求做出具体的解释，如例（144）。

2. 间接表达建议类句型

用于间接表达建议的句型，其句中标记词与"建议、提议"不同，前文论述的用于直接表达建议的标记词"建议、提议"位于指令标记位置，可以表明发话人将要实施的行为，因而是典型的指令标记。而这一节讨论的标记词或并非行为动词，或处于指令内容部分，因而被看作是准指令标记。

I 句中含标记词"我觉得／我认为／我看／我想"

徐晶凝（2012）认为"我觉得"是低确信标记，它突出的语用功能就是减缓面子威胁，用于建构交际语境。根据"我觉得"在会话中的分布，徐晶凝认为该标记有一项功能就是用来标记不同观点，可以用于劝说、建议、反驳、批评对方。而本节主要考察"我觉得"作为标记词，用来引出劝说、建议内容的用法。同时考察"我觉得、我认为、我看、我想"在表达说话人主观看法时的区别。

按照本书对指令功能句型的解析式，在发话人和指令标记之后，还有受话人和指令内容部分出现。在"我觉得"类句子中，"我"即发话人，"觉得"可以看作指令标记，只是这里的指令标记仅表达说话人的主观想法，而不像前文论述的"建议、提议"等行为动词一样做出了某种具体的行为。以"我觉得"作为标记词的句子如：

（148）我觉得我挺适合当护士。

（149）我觉得我们仍然能赢得比赛。

（150）我觉得你没有理解我的意思。

（151）我觉得他知道好多我们大家都不知道的东西。

以上例句中，虽然都带有表达说话人主观看法的标记词"我觉得"，但句中并没有表达出发话人意在指使受话人实施某种行为的语义内容。因此，以上四例不属于本章讨论的指令功能句型。本节讨论的含标记词"我觉得"的句子，既要表达发话人的主观看法，又要传递出发话人意在指使受话人实施某种行为的语义内容。如：

（152）<u>我觉得你有两个方向可以走</u>，一个是文学方面的路，另外是走美术方面的路。

（153）我觉得你可以选择飞到北京。

（154）我觉得大家要保持心态平稳。

上述例句表达的都是发话人对受话人的建议。若将句首的"我觉得"删除，句子仍能成立，但是由标记词"我觉得"承担的低确信度语义则消失。如：

（152'）你有两个方向可以走……

（153'）你可以选择飞到北京。

（154'）大家要保持心态平稳。

例（152'）、（153'）表示说话人的主观看法，这里发话人对自己的看法比较肯定。例（154'）中出现了表示要求的能愿动词"要"，表明发话人要求对方实施某种行为。说话人自然是对自己的看法十分确定。例（152）—（154）中由于添加了标记词"我觉得"，表明发话人将自己置于言语交际中较低的地位，建议的内容仅仅是个人观点，受话人可以采纳，也可以摒弃。句中使用"我觉得"，更加符合言语交际中的礼貌原则。

有些情况下，句子中的受话人部分虽然为第二人称代词或是表复数的人称代词"大家"，但句子只是用于表达说话人的主观看法。如：

（155）我觉得你对我的剖析要比我自己更深得多。

（156）我觉得大家现在的心态都非常平稳，把这场比赛看得很平淡。

（157）我觉得大家都在盯着我看所以一时之间有些心乱。

上述例句均表示说话人对某一事件或行为的看法，"我觉得"后面的宾语小句表达的是说话人的个人看法。而建议类句型标记词"我觉得"后面的宾语小句为发话人希望受话人去实施的行为内容。因此以上三例不属于本章讨论的建议类句型。

根据以上分析，本书认为判定是否为建议类句型可以采用删除法先将标记词"我觉得"删除，删除之后剩余的部分若仍表达说话人的主观看法，说明原来的句子仅仅表达陈述功能；若删除标记词之后剩余部分表达的是说话人的命令，则说明原来的句子属于本章论述的建议类句型。

汉语中还有一些词语可以表达说话人的主观看法，用来引出说话人的建议，如"我认为、我看、我想"等。以下将考察这几个词语用于建议类句型中的区别。

"我认为"与"我觉得"一样，都可以用来表达说话人的主观想法，并且只能是在表达发话人意在指使受话人实施某种行为时才是本章讨论的建议类句型。如：

（158）我认为我应该辞职。

（159）我认为你的确有道理。

（160）我认为他应该先开会，开内部会议，自己家里人关起门来先讨论讨论怎么办。

以上三例只是表达说话人的主观想法，删除标记词"我认为"之后，句子仍然是表达说话人的主观看法，因此不属于建议类句型。只有在删除标记词"我认为"之后，句子表达出命令的语义内容，才是本节讨论的建议类句型。如：

（161）我认为我们要继续对艾迪德施加压力。

（162）我认为你还是再仔细考虑一下比较好。

（163）我认为大家不妨随意讲述自以为最有趣的故事。

以上例句若删除标记词"我认为"，表达的是发话人要求受话人实施某种行为的语义内容。加上"我认为"强调以下内容纯属发话人的个人观点。"我认为"与"我觉得"的不同之处在于，"我觉得"是发话人将自身置于较低的交际地位，而"我认为"没有表达出这种语义内容，只是发话人用来表达个人观点的句首标记词。

汉语中，与"我觉得、我认为"表义相同的还有"我看、我想"。但是"我觉得、我认为"的结合程度不够高，中间可以插入其他成分，如"我就觉得、我是这样认为"等，而"我看、我想"的结合度要高一些。同"我觉得、我认为"一样，"我看、我想"也是表达说话人的主观看法，因此只有后面的宾语小句表达的是命令内容时，该句才能成为本节讨论的建议类句型。如：

（164）我看我们还是说德语吧，这样或许对你我都省事些。

（165）我看你不要再参加比赛了。

（166）我想你得找个像我这么漂亮的问问。

（167）<u>我想大家应该从一个比较全面的立场来体会张爱玲</u>，不要把张爱玲局限住了。

由以上例句可以看出，"我看"在表达说话人对事物的断定时比"我想"更具确定性。同是表达说话人的建议，"我看"比"我想"的语气要强。

郭昭军（2004）认为在结合度上，"我想"的结合度比较高。曾立英（2005）认为"我看"从表"观察义"到"认知义"再到"话语标记"，是主观性逐渐增强的过程。本书认为，"想、看"为动作义动词，若要表达说话人的主观想法，必须经历主观化的过程，而"觉得、认为"为表达心理活动的动词，本身就可以表达说话人的主观想法，"我想"与"我看"的主观化程度比"我觉得、我认为"高。

虽然"我觉得、我认为、我想、我看"之后都可以接宾语小句，形成"我觉得／认为／想／看＋（s＋vp）"的格式，但只有在"s＋vp"部分表示命令内容的情况下，该句才属于建议类句型，否则该句只是在陈述说话人的主观看法。

下文论述的几类指令功能句型，都可以在句首位置添加上标记词"我觉得／我认为／我想／我看"。只是在对话语境中，说话人即使不添加这些表示主观看法的标记词，也不影响其话语的表达。

Ⅱ句中含副词"最好"

乐耀（2010）认为"最好"是表建议的主观性副词，委婉地表达了说话人的主观性建议或意愿。本书认为副词"最好"表达说话人的建议，应出现在指令功能句型的指令内容部分。这一点与前文讨论的"建议、提议"不同，"建议、提议"均作为句中的指令标记而出现。

本节分两种情况来考察"最好"在指令内容部分的用法：①人称代词＋"最好"；②"最好"＋人称代词。在这两种情况下使用的"最好"，除表达建议功能外，是否还可以表达其他语义功能，这是以下将要讨论的内容。首先看在指令内容部分出现的：人称代词＋"最好"，如：

（168）奇怪，他一直没有敲钟报时。<u>我最好去找他。</u>

（169）此时此刻我想我最好还是缄口不言。

（170）他最好不要再抽烟。

（171）他最好还是改一改这个坏脾气。我再也忍受不了啦！

以上例句中，例（168）、（169）的人称代词为第一人称"我"，"我最好"表达说话人自身的想法、意愿或是决定，在语句中往往会出现表示说话人主观想法的动词"想、觉得"之类。例（170）、（171）使用的是第三人称代词"他"，"他最好"表达的是主语"他"针对某一事物的现状提出自己的看法、建议，但这里仍然不能归为指令功能，因为这里的"他"并非听话人，说话人没有表达出要求交际中的听话人实施某种行为的语义内容。因此，在"最好"作为标记词的句子中，受话人位置排斥出现第一人称或是第三人称代词。

再看第二人称代词以及复数形式的人称代词"我们、大家"作为受话人的情况，如：

（172）你最好不要当这个官了。你当这个官，亲戚朋友别说沾光，还要受累。

（173）我们最好周末回家看看爸妈。

（174）大家最好说法一致。

例（172）是第二人称代词"你"充当受话人，后面的"最好 VP"部分为指令内容。该例发话人不仅表明了自己的建议，而且指明提出该建议的原因。例（173）从形式上看是"我们"来充当受话人，发话人建议的对象是"我们"，但其实发话人只是在向受话人提出建议。这个句子也可以是："你最好周末回去看看爸妈。"

发话人使用了包括自己在内的人称代词"我们",令自己与受话人站在同一立场上,从大家共同的立场出发提出建议,更容易让受话人接受。这种方式使用了言语交际中的移情策略。例(174)中的受话人为"大家",该例的受话人也是指的听说双方,发话人要求双方共同实施指令内容部分的行为。

"'最好'+人称代词"的形式与上述情况在语序上正好相反,在语义上是否存在差别,请看下面例句:

(175)最好我到旅社楼下,或是上别处去寻摸一些旅游指南,也许我们就可以找到一个去处,在那儿我们花钱不会太多。

(176)最好他们全家一个人影儿都没有,让他吃个"闭门羹"。

以上例句中"最好"后面出现的是第一人称或是第三人称代词。例(175)中"最好"后面出现的是第一人称代词"我",该例表达的是说话人自己的某种想法。例(176)中"最好"后面出现的是第三人称代词"他们",该例表达的也是说话人内心的某种想法。因此,以上例句不能归为建议类句型,因为句中没有体现出说话人要求受话人去实施某种行为的语义内容。

再看"最好"后面接第二人称代词或是复数形式"我们、大家"的情况,如:

(177)最好你自己提出辞职,免得被辞掉,难为情。

(178)最好你们自己发表一点意见。

(179)最好我们能想个不战而降服故军的方法。

(180)自今而后,全真教跟古墓派一刀两断,永无瓜葛,最好大家别再见面。

以上例句,例(177)、(178)"最好"后面接第二人称代词"你"、"你们",表示发话人向受话人建议实施某种行为。例(179)、(180)"最好"后面接表复数的人称代词"我们"、"大家",也是发话人在向听话人提出建议。例(179)受话人部分使用"我们",发话人意在指使听话人执行自己的命令,只不过发话人将自己也归为受话人一方,这样做更能让受话人接受自己的建议。若改为"最好你们能VP"也可以,只是将受话人部分替换为包含发话人的"我们",更容易让受话人接受。例(180)受话人部分使用人称代词"大家",表明言语交际双方或是在现场的所有人都要遵从发话人的指令,实施上述行为。

综上所述，"最好"与人称代词无论语序如何，含"最好"的建议类句型都排斥在受话人部分出现第一人称和第三人称代词，而表示复数的人称代词"我们、大家"可以出现在受话人部分，这也是运用了移情策略，以促成言语交际的顺利完成。

以上例句中使用标记词"最好"，使得语句表达较为委婉，若删除"最好"，句子就会变为表义直接、语气强硬的命令类句型。因此，"最好"才被定义为委婉表建议的主观性副词。

Ⅲ句中含标记词"这样吧 / 这么着吧"

句中出现标记词"这样吧 / 这么着吧"，表明发话人接下来将就相关话题提出自己的建议。而在标记词之前出现的部分，是说话人提出该建议的背景性内容。与"最好"一样，"这样吧 / 这么着吧"属于准指令标记，它们还可以单独成句。卢英顺（2012）认为表建议的"这样吧"与处于同样位置的"这样"作用相同，但是"这样"引出建议之后，常在句末加上"好吧？/ 怎么样？"用来询问，本书将在下文论述这种含疑问形式的建议类句型。

用"这样吧"来引出发话人向受话人建议的内容，受话人部分可以是第一人称、第二人称代词或是其他指人名词。如：

（181）不必争了，这样吧，我们投票表决。

（182）这样吧，让这位刘力的太太，我的老同学舒云做你们的盟主。

（183）我看不像有多大错，这样吧，把这些材料复印一份给我。

（184）这样吧，琴儿……取我那对玉马儿来。

以上例句中，例（181）的受话人是"我们"，例（182）虽然在受话人部分没有出现相应的词语，但依据语境可以得知，受话人可以是"你们"，也可以用第一人称代词"我们"。若使用"我们"则是运用了移情策略，使得受话人更容易接受发话人的建议。例（183）中受话人部分也没有出现，但是这里只能是由第二人称代词"你"或者"你们"来充当，因为发话人不可能自己给自己提出建议，并且在标记词"这样吧"之后使用的是表达命令义的句子"把这些材料复印一份给我"，所以在受话人部分便只能是第二人称代词，不可能出现第一人称代词。例（184）中直接出现了受话人的名称"琴儿"，发话人明确指出实施指令内容的对象。

在"这样吧"之前，常会出现带有发话人主观想法的"我看、我想"之类的词语，这些词语的出现更加表明"这样吧"之后出现的内容带有强烈的主观性。如：

（185）我看这样吧，请你们马上给我写一个书面报告。

（186）我想这样吧，咱们先去告他一状！

口语中，还经常使用"这么着吧"作为标记来引出建议，"这么着吧"与"这样吧"一样，都可以表达建议功能，如：

（187）这么着吧，咱们出去吃？

（188）这么着吧，这事我负责，出了漏子我顶着。

"这样吧、这么着吧"这两种形式与前文论述的间接表达禁止义的标记词"好了、行了"相似。"好了、行了"是间接地终止正在进行的言语行为，并引出后面的小句，只是后面的小句多是表达命令性的内容。而"这样吧、这么着吧"是对之前言语行为内容的总结，并引出后面的建议性内容。

Ⅳ 句中含标记词"还是"

吴颖（2010）认为"还是"具有由表时间范畴的延续义到表连接功能的选择义，再到表示择定义、添加义和反预期的情态功能。该文认为"还是"表示择定义时，表明了说话人的态度和立场，含有主观性。含择定义的"还是"后接动词或是小句，表示说话人经过比较、考虑之后，对听话人提出的带有主观评价性的建议。含标记词"还是"的句子在表达说话人对听话人的建议时，常常省略发话人和指令标记部分，但可以补充为前文列举的"我建议 / 我觉得 / 我认为 / 我看 / 我想"等表达说话人主观看法的建议类句型的标记词。如：

（189）<u>还是先租间房安顿下来吧</u>，找工作的事急也没用。

（190）<u>你还是学医吧</u>，医学虽拯救不了一个人的灵魂，但可积德行善，济世救人呀。

（191）<u>还是休息两天吧</u>，大家已经持续工作一个月了。

例（189）中受话人可能有不同的想法，只是发话人依据当时的环境、条件认为租房安顿下来是受话人目前比较好的选择。例（190）中受话人在选择职业时也有很多选择，而发话人认为医生才是比较好的职业，并表明自己提出该建议的原因。例（191）中受话人还在工作中，发话人根据目前受话人的工作状态及身体状况，认为受话人休息两天可能会提高工作效率。以上例句中，发话人和指令标记部分均未出现。例（189）、（191）中的受话人部分也未出现，但都可以依据语境补充出来，如：

（189′）我看 / 我想你还是先租间房安顿下来吧……

（190′）我觉得你还是学医吧……

（191′）我说大家还是休息两天吧……

以"还是"为标记词的建议类句型，指令内容部分可以出现第一人称代词"我"及第三人称代词。如：

（192）车子出问题了，<u>还是我来修吧</u>。

（193）你工作太忙，<u>还是让他陪大家去参观一下吧</u>。

以上二例中的受话人仍是言语交际中的听话人"你"，只是这里省略没有出现。指令内容部分可以出现第一人称代词"我"和第三人称代词"他"，表示指令内容部分的动作行为可以由发话人来执行，也可以由言语交际双方之外的第三者来执行。这里只是发话人向受话人提出的建议，以供受话人选择，并不存在逻辑矛盾。

在这一类句型中，经常会出现句末语气词"吧"，用于表达发话人的委婉语气。以此表明发话人对自己的话语内容不太确定，只是给受话人提供一种可供参考的建议，没有要求受话人必须按照自己的指令来执行。在句末除了可以出现语气词"吧"之外，还可以出现"好、为好"等表示评价义的词语，形成"还是……好 / 为好"格式。如：

（194）我看你还是留在我身边好一些。

（195）施政委，我觉得你还是考虑一下为好。

（196）恐怕你还是不去为好。

以上例句都较为委婉地表达了说话人的主观建议，例（194）中说话人使用"好一些"来指明在潜存的多种选择中，说话人认为自己提出的建议是较好的选择。句中出现的"好一些"既表现出说话人做出的选择，又体现出说话人对建议内容的评价。例（196）中使用"恐怕"也表明说话人委婉地表达了自己的主观建议，并表明自己建议内容的低确信度。

若把例（189）—（191）中的标记词删除，那么句子表达的建议功能消失，语气变强。

句子变为说话人向听话人传达某种命令。如：

（189"）先租间房安顿下来……

（190"）学医……

（191"）休息两天……

以上例句中将标记词"还是"省略，只是影响了句子语义功能的表达，由建议类变为命令类，并没有导致句子无法成立。因此，标记词"还是"如同上述"我觉得"类词语一样也可以删除，属于准指令功能标记。

V句中含标记词"要不/要不然"

陈若君（2000）从功能语法的角度对"要不"的篇章连接功能进行考察，认为"要不"句可以分为结果类、选择类、推论类和转题类四种类型。史金生（2005）认为选择类"要不"句与建议类"要不"句存在联系。选择类"要不"句表示排他性选择，听话人根据"建议"的语用法则，推导出说话人在建议自己做某事，这样的用法越来越多，以至于在前文中没有"排除"的选择时，也可直接用"要不"来表达说话人的建议。这时"要不"就由表示选择变成了表示建议。本节关注的含连词"要不"的建议类句型即陈若君（2000）讨论的转题类"要不"句，该文认为"转题"指将进入一个新的话题，原话题与新话题可以相互独立，也可以同为一个话题组。该文列出了转题类"要不"句的典型格式为"……，要不……（吧、得了、怎么样）"。

本书认为建议性的"要不"句既可以表达说话人向别人提供某种物品和服务，也可以表达说话人要求听话人来实施某种行为。如：

（197）要不我陪你去医院看看吧。

（198）别多想老陈，<u>要不我们下一盘轻松一下</u>？

（199）<u>要不你把考勤表交给我</u>，出了事我担着。

以上例句中，例（197）、（198）的受话人为第一人称代词"我、我们"，表明发话人向对方建议由自己来实施某种行为，向对方提供服务。这两例中，发话人既是向受话人提出建议，其实也含有商量、询问的内涵。这里，发话人处于较低的交际地位或是将自身置于较低的交际地位，以商量的方式表达向对方的建议，遵循了会话交际中的礼貌原则。例（199）发话人使用"你"来充当受话人部分，这与前两例不同。该例是发话人在向对方建议，由对方来实施某种行为，而前两例是发话人向对方提供某种服务，是发话人自己来实施相关的行为。

"要不"句也排斥第三人称代词充当受话人。如果在标记词"要不"后面出现了第三人称代词，则该句不是本节讨论的建议类句型。如：

（200）我需要钱，<u>要不他就辞了我</u>。

（201）除了看书写作，大概没有其他特别的爱好。<u>要不他怎么能写那么多作品</u>？

（202）我也只能这么说，<u>要不他们就更放不下心了</u>。

例（200）属于陈若君（2000）定义的选择类"要不"句，说话人提出了两个选择项，要么给钱，要么就辞退自己。例（201）属于说话人自己的推论，为推论类"要不"句。例（202）为结果类"要不"句，说话人认为自己如果不这么说，就会出现相反的结果。以上三例都不属于本节讨论的建议类"要不"句。

"要不然"与"要不"一样，可以表示对听话人的建议。使用"要不然"也表明发话人对自己提出的建议不十分肯定，这种建议含有询问、商量的语义内容。如：

（203）<u>要不然我们一起去吃海鲜</u>！

（204）<u>要不然你跟他把话说清楚</u>，起码你也知道他心里在想些什么。

（205）<u>要不然咱们还是出去吧</u>，这些电话弄得人心乱。

"要不／要不然"句型是说话人向听话人提供不同于现状的另外一种选择，以此表达向对方的建议。使用"要不／要不然"时，说话人多是在发起一个新的话轮。前面被排除的"选择项"可以依据上文语境得知。因此，这一组标记词多居于句首位置。

Ⅵ句中含标记词"不妨"

姚小鹏、姚双云（2009）认为一般的祈使句与"不妨"句相比，前者主观性较弱，后者的主观性较强；后者往往带有商量的口气，语气要委婉得多，与其说是祈使，不如说是建议。本书认同此观点，因而将"不妨"类句型归入建议类功能句型范围内。

副词"不妨"表示委婉的建议或提议，用来表达说话人的主观看法，它的位置比较固定，常出现在 VP 之前，即指令内容部分。这一点与前面论述的标记词"最好"相同。如：

（206）如果你这样做，不妨想想员工们会有什么样的反应。

（207）你不妨和父母谈谈最近发生的事情。

（208）大家不妨先去看一下以后的工作环境。

（209）为了确保数据的准确，<u>我们不妨再做一遍实验</u>。

以上例句中，受话人部分分别为第二人称代词"你"及表复数的人称代词"我们"、"大家"。在表建议功能的"不妨"句中，受话人部分排斥出现第一人称代词和第三人称代词。以上例句中，"不妨"均出现在指令内容部分的 VP 之前，意为发话人建议受话人可以实施某种行为。"不妨"与"要不、还是"类似，都在表达建议的同时，带有商量的语气。

若"不妨"出现在第一人称或是第三人称代词之后，只是用于表达陈述，而不表示建议功能。如：

（210）我不妨把实情告诉您。

（211）我不妨告诉你，投资移民计划的金额会在短期内发生变动。

（212）为此冰心不止一次批评过他，建议他不妨过得轻松一些，洒脱一些。

（213）到了那儿，他不妨佯装说是赶早班火车，大约十点钟到的。

例（210）、（211）是说话人在陈述将要发生或是正在发生的事件，"不妨"在句中虽然修饰 VP，但句子没有表达出说话人意在指使听话人实施某种行为的语义内容。例（212）、（213）陈述的是发生过的事件或是说话人的假设，也不属于本节讨论的建议类句型。

若将例（206）—（209）中的"不妨"删除，句中表达的建议功能消失，而转为说话人在发出某种命令。如：

（206'）如果你这样做，想想员工们会有什么样的反应。

（207'）你和父母谈谈最近发生的事情。

（208'）大家先去看一下以后的工作环境。

（209'）为了确保数据的准确，我们再做一遍实验。

上述例句删除了原先句子中表达建议功能的标记词"不妨"之后，语句变为表达命令功能，即说话人要求听话人实施某种行为。

（二）建议类句型各组成部分的语义分析

建议类句型中的受话人只能由第二人称代词或是表示复数的人称代词"我们、大家"充当。在这类句型中，只有"建议、提议"可以作为典型的指令标记，表明发话人将要实施的动作。其余几类标记词或是只能出现在指令内容部分，如"最好、还是、不妨"，或是表达发话人的主观想法，如"这样吧/这么着吧、我觉得/我认为/我看/我想、要不/要不然"。上述这几类标记词都不能表示发话人将要实施的指令行为，因而只能称为准指令标记。指令标记"建议、提议"用于直接向听话人提出建议，准指令标记是间接地向听话人提出建议。含准指令标记的句子多是发话人处于较低的交际地位或是为了遵守言语交际中的礼貌原则而采取了委婉、含蓄的表达方式。

（三）语境因素下的建议类句型考察

建议类句型表达的是说话人针对他人所陈述的内容给出个人的意见。如：

（214）"他说要请我了？"阮琳停住动作，感兴趣地问。"说了让我转邀你，我想他还挺迫切。"阮琳笑了，开始做侧身运动："我不反对别人请我吃饭。""我建议你不妨对他热情点儿……"（《王朔文集》）

例（214）是"我"与阮琳的对话，阮琳对"我"提到的那个男性不太感兴趣，于是"我"就"建议你不妨对他热情点儿"。如果使用"建议你对他热情点儿"或者"你不妨对他热情点儿"这样的句子也可以表示建议，但是例句中使用了"建议"和"不妨"两个指令标记，表示出"我"对这件事情的重视和对阮琳的强烈建议。

前面的分析中提到，一些准指令标记除了可以表示建议功能之外，其用法和功能还较为丰富，因此在依据指令标记考察和分析建议类指令功能句型时，也要充分考虑这些指令标记出现的语境，结合实际情况进行分析和判断。有些可以标记命令功能句型的标记词，也可以出现在表示建议功能的句子中。如：

（215）小心点儿！

（216）不能让我也参加这次冬令营吗？

（217）行了，我来做吧。

例（215）既可以是说话人用来恐吓听话人，也可以是说话人对听话人的建议，提示听话人注意意外事件的发生。例（216）中出现了表示禁止的"不能"，但是"不能"在该例中并不表达禁止义。由于句末出现了疑问语气词"吗"，该例在用于询问的同时也表达了说话人向对方提出的请求。例（217）中既可以表示说话人对对方行为的不满，要求由自己来完成某项工作，也可以表达说话人对对方之前工作比较满意，要求之后的工作由自己来完成。因此，本书中所列举的标记词，只能表明某一格式主要用于表达何种语义功能，在有语境因素介入的情况下，标记词的功能可能会发生变化。

四、请求类句型

汉语中表达请求功能的句型，既可以使用"请、麻烦你"等敬词后接说话人对听话人的要求，也可以是说话人先说出自己的要求然后在句末加语气词"吧"，或者是使用附加问句的方式来表达请求。本节主要讨论前两种表达请求功能的形式，以问句形式表达请求功能的情况将在下文论述。

（一）请求类句型的形式类别

1. 句中含动词"请"

敬词"请"用来表达说话人希望听话人去实施某种行为时，表现出说话人对听话人的尊重，符合交际中的礼貌原则。"请"作为指令标记，表达了说话人实施的指令行为，因此为典型的指令标记，其后多跟小句或是动词性短语。如：

（218）请您帮个忙。

（219）请你不要误会。

（220）请你帮我重装下系统。

以上例句中，"请"后面的受话人为第二人称代词"您、你"，句中的动词性短语充当指令内容部分。上述三例均省略了发话人部分。例（220）中出现的"帮我"，表明了受话人将要实施的行为会为发话人提供某种帮助。因此，请求类句型中的指令内容表达的是言语交际中的听话人向发话人提供某种服务或是帮助。

如果说话人在言语交际中的地位较低或是将自己置于较低的地位，那么含标记词"请"的句子为请求类句型。如果说话人在言语交际中的地位较高或是将自己置于较高的地位，那么含标记词"请"的句子归为命令类句型更合适。说话人使用敬词"请"，是为了让听话人容易接受自己发出的指令，保证交际的顺利完成。卢福波、吴莹（2005）也认为存在"请 V ＞请 V 一下＞请 VV"的语力序列。本书认为，如果使用"请 V"的形式，那么说话人的交际地位较高，是在向听话人传递某种命令，该命令简短明确，说话人只是为了遵循礼貌原则而使用了敬词"请"。如：

（221）请看大屏幕。

（222）请大家把书收起来，准备考试。

（223）请不要大声喧哗。

如果使用"请 V 一下、请 VV"的形式，在受话人部分除了可以出现相关人称代词外，还可以出现表明人身份、地位的名词性成分或是表示尊称的"您"。在动量上"V一下"与"VV"都比"V"要短小，即说话人只要求听话人实施了 V 即可，在动量上不做其他要求，听话人可以任意实施。如：

（224）我们想办法，尽量减少您的损失，请您先休息一下。

（225）请樊院长介绍一下研究院的主要成绩。

（226）请顾部长谈谈对 1994 年化学工业发展情况的看法。

（227）请韩工程师讲讲这套设备的操作方法。

以上例句中，说话人在言语交际中的地位较低，因此受话人部分出现的词语为敬称形式或是表明对方职务的名词性成分，以显示说话人对对方的尊敬。以上例句为本节讨论的建议类句型，而不是命令类句型。

与敬词"请"表达相同功能的还有动词"麻烦"，使用"麻烦"表达请求功能时，后面的小句只能使用第二人称代词或表复数的代词"大家"来充当受话人，如：

（228）麻烦你到阳台把我晾的两件衣服收回来。

（229）麻烦你帮我修下电脑。

（230）麻烦大家把椅子搬回资料室。

2. 句中含语气词"吧"

朱德熙在《语法讲义》中提到句末带语气词"吧"的特指问、选择问、反复问句表示祈使，不表示疑问。本节主要讨论句末带"吧"的语句表示请求、建议的情况。张小峰（2009）通过对对话语体中"吧"字使用情况的统计，认为"吧"主要用于祈使句，其次是用于疑问句。如果说"吗"是无可争议的疑问语气词，那么"吧"用以凸显祈使句语义功能的作用也不可忽视。该文还提到"如果说话人地位较低或在交际中处于被动地位，那么这个'吧'字祈使句往往表示建议"，"如果说话人地位较高或在交际中处于主动地位，那么这个'吧'字祈使句往往表示劝请"。高增霞（2010）认为"吧"字祈使句常用来结束谈话，或作为文章末尾的结束语。

本书认为请求类"吧"字句与表建议的"吧"字句，应从"请求"与"建议"二者的定义着手进行区分。"请求"是说话人向听话人说明自己的要求，并希望听话人能满足自己的要求。而"建议"是说话人向听话人提出自己的主张，说话人没有表明一定要让对方接受的语义内容。如：

（231）妈妈，再让我看会电视吧。

（232）快告诉我们答案吧！

（233）<u>让他回来吧</u>，他在的时候，我们没有这种头疼的事情。

以上例句均表达了说话人向听话人提出的请求，希望听话人能按照自己的指令来实施相关的行为。例（231）孩子希望妈妈能满足自己多看会电视的要求，例（232）说话人希望对方能解答自己疑惑。例（233）说话人希望对方能允许"他"回来，可以解决大家在工作中遇到的麻烦。上述三例都是说话人请求听话人实施某种行为以满足自己某方面的要求。而建议类句型仅是说话人向听话人提出自己的看法，至于听话人是否采纳自己的建议，要由听话人自己来决定。如：

（234）<u>这件事还是让他去办吧</u>，他对相关事项比较清楚。

（235）现在太晚了，<u>明天上午再去吧</u>。

（236）你的行李太多，<u>还是打的去车站吧</u>。

以上例句是说话人依据现状向听话人提出自己的建议，而不是向对方提出某种请求。建议类句型是说话人从对方的利益出发，提出对对方有利的指令内容。而请求类句型是说话人从自身的利益出发，希望对方实施某种行为给自己提供服务。上述三例，说话人是从对方的角度出发，认为实施某种行为会给对方带来好处，因此属于建议类句型。

（二）请求类句型各组成部分的语义分析

以"请"为指令标记的请求类句型，在请求的对象上存在倾向性，即请求类句型中的受话人部分可以是第二人称代词、表示复数的人称代词"我们、大家"，或是用来称呼对方的指人名词，这种句型的句法结构一般都是"请＋sb.＋vp/不vp"。以"吧"为句末标记的请求类句型，一方面句子本身有表示"请求"的语义，另一方面语气词"吧"对句中"请求"语义的表达起到了强化作用。

（三）语境因素下的请求类句型考察

"请求"类句型在实际使用中，多数情况下是由发话人说出，向受话人提出请求。如：

（237）A："请你务必帮这个忙，就去一趟，装装样子……"
　　　　B："我装不了，装不像……"

上例中的发话人向受话人提出"请你务必帮这个忙"这个请求。句中既使用了敬词"请"，又含有表示要求功能的标记"务必"。句中发话人向受话人提出要求是主要意图，使用敬词"请"一方面是符合会话交际中的礼貌原则，另一方面是为了让受话人更容易接受发话人提出的要求。除此之外，与"请"有关的"请求"类句型在引出对话时有着积极的作用，一些交际对话的展开与"请"为指令标记的句子密切相关，较为常见的是以问句形式出现的"请问……？"句型，这类句型既可以表示询问功能，同时又包含有请求的含义，有时候句中蕴含的请求义还要高于询问义。

在具体使用当中，以"请"为标记的句子在书面语、口语中都较为常见，而以"麻烦"和"吧"为标记的句子在口语使用中较为普遍。

第三节 疑问形式下的指令功能句型分析

汉语中还有一些特殊的疑问句,从形式上看使用了问句的形式,含有疑问标记词。但是从语义功能看,这些问句不仅仅是用于询问,还包含指令功能。这一部分主要讨论汉语中指令功能句型与疑问功能句型形式上的重叠现象。

汉语中这些特殊的疑问句与真疑问句相比,其疑问性要弱。因为这些特殊的问句已包含说话人的观点,说话人并不是对所问的事物一无所知,只是对相关事物存有疑问。跟无疑而问的反问句或是毫无疑问的陈述句、指令句相比又含有疑问点。因此与真疑问句相比,这类疑问句属于弱疑问句[1]。本节列举了以下几类弱疑问句型,这些句型的特点就是既含有疑问功能又含有指令功能。但弱疑问句型多用于表达建议、请求功能,很少用来表达警告、命令功能。因为说话人在发出"警告"、"命令"时,处于会话交际中的强势地位,对自己要求对方实施的行为非常明确,无须与对方协商。

以问句形式出现的请求类句型与建议类句型也存在差别。请求类句型是说话人先说明自己的主张,再请听话人就自己的看法予以回应,如说话人会采用"V 吗 /V 不 V"等格式来请求对方回答。而建议类句型中说话人对自己所陈述的事情非常明确,只是出于言语交际中的礼貌原则,使用了问句的形式。听话人在进行回答的时候可以不使用"V"/"不 V"来回答,即荣丽华(2012)中提到的发话人对受话人的依赖性逐渐变弱,而发话人的主观确认度逐步提高。本书认为请求类句型中,说话人对听话人的回答依赖性较强,而建议类句型中说话人对听话人的回答依赖性较弱。具体情况请见后文论述。

汉语中多采用"附加问句"的方式表达指令功能,如:"陈述＋'好吗 / 行吗 / 可以吗?'"或"陈述＋'你看好吗 / 你同意吗 / 你看怎么样?'"等形式。采用附加问句的方式既可减缓冒犯他人的程度,同时也给人以亲切感。使用附加问句,表明说话人自己对要求听话人实施某种行为非常明确,只是采用协商、询问的方式更

---

[1] 李晓琳(2013)将"是不是"既有疑问功能又有祈使功能的用法,称为"弱疑问句"。

容易让对方接受。如果说话人对所问的事物一无所知，需要从听话人那里获取相关信息，那么该格式则是用于询问，表达疑问功能。

一、"X 吗"类句型的指令功能分析

在"X 吗"问句中，有一部分句子在表疑问的同时，也可以表达指令功能。本节列举了以下几种形式来考察"X 吗"问句表达的指令功能。

（一）句末为"好吗？"的指令功能句型分析

句中含标记词"好吗"的问句，与句末只含疑问语气词"吗"的问句不同。如：

（238）爸爸，你会唱《小星星》吗？那我教你好吗？

虽然这两句话都以疑问语气词"吗"结尾，但前一句只是用于询问，后一句则是孩子向父亲提出自己的建议，属于说话人在向听话人提供某种服务。如前文所述，询问类句型是说话人对所问的事物毫不知情，希望从听话人那里获得相关信息，而指令类句型中说话人有自己的想法，只是在向听话人提出自己的主张。如：

（239）你们不要念稿子好吗？

（240）我想借你的地方住几天好吗？

（241）"师傅，您到哪里，<u>我送你一趟好吗</u>？"一个小男孩，蹬着一辆半旧三轮车喊住我。

（242）70 岁以上的老人找个椅子坐下来，好吗？

以上例句，"好吗"均位于句末位置，既可以直接跟在前一小句的动词性短语之后，也可以与前一小句之间用逗号隔开。上述例句虽然都以"好吗"问句来表示指令功能，但是句子表达的内涵并不完全相同。例（239）、（240）是说话人要求对方实施某种行为，这种行为可以是更好地符合某些规定，也可以是会为说话人带来某些利益，因此属于请求类句型。例（241）、（242）是说话人在向对方提供某种服务或者所实施的行为是对对方有利的，应该属于建议类句型。例（241）小男孩的问话中强调为对方带来服务或是便利，而不是强调自己从中获得利益，以此令交际顺利进行。例（242）中说话人从老年人的身体状况考虑，希望他们能坐下来，

也是从对方的利益考虑。因此，这两例属于建议类句型。请求类句型与建议类句型之间的差异如图 4.1 所示：

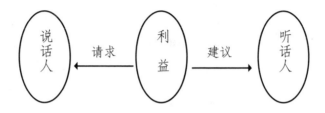

图 4.1　请求类句型与建议类句型的区别

以"好吗"结尾的指令功能句型，由于 X 位置出现的是评价性的词语"好"，因此，说话人在做出指令的同时，也有向对方询问"自己的想法好不好"的含义。

（二）"X 吗"句型的其他形式

"X 吗"还可以为"行吗、可以吗"等形式，也可以是"能……吗"、"可以……吗"的分离形式。但是"X 吗"问句中说话人的疑问度要低，而"X……吗"分离形式中，若 X 为能愿动词"能、可以"，表示说话人向对方询问是否能够实施某种行为，这里说话人的疑问度仍然较高。据此，本书认为疑问功能与指令功能之间是存在连续统的，不能截然分开。有些句型既可以用于询问，也可以表达说话人在向听话人传达某种指令。

先看分离形式的"X……吗"句型：

（243）可以出示下证件吗？

（244）你能帮我装下软件吗？

（245）我可以进来吗？

（246）我能用一下你的电话吗？

以上例句，说话人通过向对方询问某一事件的可能性，来请求对方允许某一行为的实施。这种行为可以由对方来完成，如例（243）、（244），也可以由说话人自己来完成，如例（245）、（246）。"X……吗"句型仍然表达说话人的疑问，但说话人要求实施的行为是能够给自己带来利益的，因此以上例句还含有请求的功能。再看"X 吗"句型，如：

（247）我会让你吃遍上海的饭店，玩遍所有地方的，<u>这算是对你的犒赏，行吗</u>？

（248）专门为你备了壶茶，<u>以茶代酒，行吗</u>？

（249）给你冲杯咖啡，可以吗？

（250）明天上午九点出发，可以吗？

以上例句以"行吗、可以吗"结尾，说话人先说出自己的想法，然后再征询听话人的意见，在表达疑问的同时，也含有建议、请求的内涵。这里说话人话语中的疑问程度减弱。再如表达禁止功能的例句，如：

（251）别再把这些乱七八糟的东西搬回家了，行吗？

（252）不要瞧窗外，等我画完，行吗？

（253）不要乱丢垃圾，可以吗？

以上三例，由于标记词"行吗／可以吗"之前的小句为语气坚决的命令内容，因此，说话人的疑问程度更低。虽然句中出现了疑问形式"行吗／可以吗"，但是句子表达指令功能的内涵已非常明确。

二、"V不V"类句型的指令功能分析

在疑问功能句型部分讨论过"V不V"格式用于表达疑问功能的情况，本节则主要讨论该格式表达指令功能的情况。"V不V"多位于句末，形式上既可以紧接前面的小句，也可以用逗号与前面的小句隔开。如果说话人对所说的事物存有疑问，那么为疑问功能句型。如果说话人不是对所说的事物一无所知，那么以"V不V"形式出现的问句可能是反问句，也可能为非疑问功能句型。

（一）句末为"好不好？"的指令功能句型分析

先以"好不好"为例来分析"V不V"格式表达的指令功能。如：

（254）你先休息一下好不好？

（255）叔叔阿姨带你去吃冰淇淋好不好？

（256）再给我们唱首歌，好不好？

（257）假期我们去海南旅行，好不好？

例（254）、（255）中，标记词"好不好"紧接前面的小句，说话人向听话人表达了自己的建议，因为例句中的指令内容"先休息一下"、"带你去吃冰淇淋"都是在为对方提供某种服务。例（256）、（257）中，标记词"好不好"与前面的小句之间用逗号隔开，说话人请求对方为自己提供某种服务或是满足自己的要求，使自己获得利益。以上例句与反问句不同，反问句属于无疑而问，而上述例句仍对听话人的话语内容存有一定的依赖性，需要听话人予以确认，但是句子表达的指令功能已不能忽视。

史金生（2005）认为这种以附加问句的形式来表达指令功能的现象属于交互主观化。交互主观化是说话人在认识意义和社会意义上对听话人"自我"的关注，说话人关注听话人的"面子"或"形象需要"。在说话人建议对方做一件事时，为了遵守言语交际中的礼貌原则，通常会采用给对方提供几种选择的方式，让对方自己来做决定。本书认为"X 吗/V 不 V"形式属于疑问功能句型与指令功能句型共用的形式，若将例句中的标记词删除，句子表达的则是说话人的命令或是要求。如：

（254'）你先休息一下。

（255'）叔叔阿姨带你去吃冰淇淋。

（256'）再给我们唱首歌。

（257'）假期我们去海南旅行。

删除标记词之后，句子仍然成立，只是在表义上比原来的句子更为直接。原句含有的建议、请求功能消失。以上例句适用于上级对下级、长辈对晚辈提出的命令或要求，或者是说话人自认为处于言语交际中的优势地位，无须遵从礼貌原则。而原句中含有问句的形式，说话人令自己处于较低的交际地位，突出听话人的强势地位，以询问或是商量的口吻来提出自己的建议或主张，符合会话交际中的"礼貌原则"。

在标记词"X 吗/V 不 V"之前的小句必须含有行为动词，并且这种行为只能在将来发生。这一点是指令功能句型与疑问功能句型的不同之处。另外，标记词"X 吗/V 不 V"之前的小句不可能表达警告义，因为警告是说话人强调自己在交际中的强势地位，而以附加问形式出现的指令功能句型多表示建议、请求功能，说话人在表达建议、请求时通常将自己处于言语交际中的弱势地位。

潘晓军（2009）将"好不好"表祈使语气的类型分为委婉、命令和反驳型，并认为"好不好"在主观化的发展中，说话人视角的变化使它的主观评注性增强。本书认为随着"好不好"主观化的加强，句子的语义功能由表达疑问逐渐转向表达指令。两种功能句型共有的表达形式，使得功能句型之间的界限并不是泾渭分明的。有关论述将在以后章节详细说明。

此外，"V不V"格式用于句末，有时仅以"V不"的省略形式出现。以"好不"为例：

（258）今天不回家吃午饭了，就地野餐好不？

（259）别再玩了好不，你看都几点了？

（260）你留下来用茶点，好不？阿特尔涅喜欢找个人说个话儿，可不是经常能找到有头脑的人的。

省略形式"好不"是说话人请听话人针对自己的请求、建议做出评价。这里说话人也是先说出自己的主观想法，即实施某种行为。然后以"好不"向对方询问是否可以实施这种行为。

（二）"V不V"句型的其他形式

以附加问形式出现的"V不V"格式还可以是"对不对、行不行、能不能、是不是"。先看同样可以表达评价义的"对不对"的用法。如：

（261）在这样的夜晚，睡在屋顶下的炉火边会比较合意，对不对？

（262）咱们都得给她打气，对不对？

（263）折腾了一整天，你累了，大家也累了，不能再这样磨下去，对不对？

以上例句，说话人先说出自己的建议或是想法，然后向听话人寻求确认，请听话人来判定自己的建议是否合适。上述例句，在表达疑问功能的同时，含有向对方建议的语义内容。

再看"行不行"的使用情况。"行不行"在说话人表示疑问的同时，也希望听话人能给予确认信息。如：

（264）我还在做数据分析，晚些再把报告给您，行不行？

（265）我知道经理您很忙，就给我5分钟，行不行？

（266）你别吵了行不行？

以上三例，例（264）、（265）在表达疑问的同时，也表达出说话人请求对方给予自己一些方便，使自己获得某种利益的语义内容。例（266）说话人虽然使用了疑问句的形式，但是表达的指令内容十分明确。如果对话中的说话人地位较高，该例可看作是命令，如果说话人的地位较低，该例可看作是请求。

"好不好"与"行不行"用于句末，由表示疑问功能过渡到表达含有指令的弱疑问功能，中间存在进一步失去表达疑问功能的现象，用于表示说话人向对方妥协。如：

（267）这事都听你的好不好？

（268）都是我的错，行不行？你别生气了。

以上例句中说话人的疑问度更低，更偏向于表明自己向对方妥协的态度。这属于疑问功能句型向陈述功能句型转变的过渡状态。

再看"是不是/能不能"的使用情况。这里之所以把"是不是/能不能"放在一起来论述，是因为这两个标记词放在句子中都表示说话人在提出建议或请求的同时，给听话人提供了两种选择。如：

（269）我们是不是先咨询一下老师的意见？

（270）你们是不是再看下其他网站的信息？

（271）您能不能给我们提一些建议？

（272）你能不能说话小点声？

例（269）、（270）中使用了标记词"是不是"，说话人在提出自己观点或是要求的同时，照顾到听话人的"面子"，使用询问的方式，让听话人有多种选择，听话人可以听从自己的建议或请求，也可以持有其他观点。例（271）、（272）中使用了标记词"能不能"，说话人在提出要求的同时，使用询问的方式，问对方是否有能力实施某种行为。若将以上例句中的标记词"V 不 V"删除，变为：

（269'）先咨询一下老师的意见。

（270'）你们再看下其他网站的信息。

（271'）您给我们提一些建议。

（272'）你说话小点声。

删除标记词"是不是 / 能不能"之后，句子原有的疑问功能和建议、请求功能消失，变为命令功能。例（269）中使用"我们"充当受话人来实施相关的行为内容，这里也是使用了会话交际中的移情策略，因此在变为例（269'）时，本书将"我们"删除，整个句子就变为命令句。沈家煊（2003）认为在请求听话人做一件事情的时候，为了避免遭到对方拒绝，最好先询问对方是否有能力做这件事。因为对方要拒绝的话，最好的方式就是说明他没有能力做这件事。在这一语用常规的支配下，说话人经常使用询问对方有没有能力做一件事的方式来请求对方做这件事。因此，本书将含有疑问标记"能不能"的语句也列入指令功能句型。

以上例句中发话人和指令标记均省略。既然是建议，那么说话人就不能自己给自己提供建议。在"是不是 / 能不能"句型中，受话人部分可以是第一人称或是第二人称代词，第三人称代词不能进入该部分。若是第三人称代词后面带"能不能VP"，表达的是疑问功能。如：

（273）你在学校工作，是不是？

（274）你是不是刚从国外回来啊？

（275）他能不能及时收到这封信？

（276）她能不能胜任这项工作？

例（273）、（274）中，虽然受话人部分为第二人称代词"你"，但是说话人并不是要求听话人去实施某种行为，只是在向听话人确认相关的信息。例（275）、（276）中句子的主语部分是第三人称代词"他 / 她"，但在这里不能被看作是受话人部分，因为例句只是在表达说话人对事物的疑问，而不是表达说话人要求对话中的听话人去实施某种行为。因此，上述四例不属于本章讨论的指令功能句型。

三、"怎么样"类句型的指令功能分析

在论述疑问功能句型时提到标记词"怎么样"可以用来询问方式、状况。如：

（277）你最近身体怎么样？

（278）怎么样才能掌握这门技术？

（279）我们怎么样获得大量的就业信息？

上述例句是标记词"怎么样"用于疑问功能句型中的情况，"怎么样"的位置灵活。这一类问句中说话人对所问的事物一无所知，是典型的疑问句。但有些情况下说话人会在"怎么样"之前加上表明主观评价性的词语"您看、大家看"等。如：

（280）我打算立他为帝，您看怎么样？

（281）我想把船烧了，大家看怎么样？

上述例句中，说话人先陈述了自己的想法"我打算／我想VP"，再询问对方的意见。这种表达方式强调说话人希望从听话人那里获得相关信息，对听话人的话语内容存在依赖性，如句中出现的"您看、大家看"。而以下例句说话人对听话人的依赖性就减弱了很多。如：

（282）下礼拜一起吃午饭，怎么样？

（283）我们去海南度假，怎么样？

（284）今天，我们不说别人坏话，也不把任何人往不好处想，怎么样？

以上三例都为含标记词"怎么样"的句子，与只表达询问功能的"怎么样"句不同。询问类的"怎么样"句，说话人对所问的事物毫不知情，希望从听话人那里获取相关信息。而指令类的"怎么样"句说话人总是将自己的观点、看法先表达出来，然后再询问对方的意见，在表达建议的同时含有商量的内涵。说话人对听话人话语内容的依赖性降低，说话人自身的主观性增强。采用疑问句的形式是为了遵循会话交际中的礼貌原则。

从形式上看，表达建议的"怎么样"句，标记词"怎么样"多位于句末，也可单独成为一个小句，与前面的句子用逗号隔开。而用于询问的"怎么样"句，标记词的位置较为灵活。

由上述内容可见，含有疑问标记词的句子在疑问程度上存在差别。如果说话人对所问事物一无所知，完全依赖听话人的话语内容来获取相关信息，那么该句子属于疑问功能句型。如果说话人对自身的话语内容有一定的确信度，不完全依赖听话人的话语内容，并且在自身的话语内容中含有指使听话人实施某种行为的语义内容，那么该句子属于指令功能句型。如果句子中含有疑问标记词，说话人对自身的话语内容有一定的确信度，并且句中表明了说话人的态度、观点，那么该句子则属于陈述功能句型。最后一点，将在以后章节详加论述。

小　结

本章依据指令程度的强弱，将指令功能句型分为：警告、命令、建议、请求四大类。对各类句型的论述中，列举了含有各种指令标记的表达形式。由于指令功能句型中，发话人及指令标记部分经常省略，因此本书列举的指令功能句型的标记词有些位于指令内容部分。本书将指令标记分为典型的指令标记和准指令标记。典型的指令标记位于发话人之后，可以表明发话人实施的言语行为，准指令标记多位于指令内容部分，可以用来表明发话人想要对方实施某种行为。

通过对指令功能句型的分析，本书认为无论是客观上交际双方地位等级的高低，还是说话人主观认定的交际双方地位等级的高低，都要求对地位较高的一方使用表示谦让、礼貌的话语形式。而对地位较低的一方无须使用谦让、礼貌的话语形式，可以直接使用简短的动词性成分来表达自己的指令。因此，存在以下情况：①如果是说话人地位较高或是说话人自认为地位较高，指令功能句型的形式就会比较简单，如"出去／明天别来上班了"，这种情况为本书讨论的警告、命令类句型。②如果是说话人和听话人地位不明确，或是说话人地位较低时，就会使用表示建议、请求的句型，如："我觉得咱们还可以再考虑考虑。／明天再下单，行不行？"如果是说话人为了表达对听话人的尊敬，还会使用表达谦让、礼貌的敬词"请"等，如："请你帮我看看医生写的是什么。／麻烦你看看有没有我的邮件。"请求、建议类句型中会使用委婉表达的方式，以表示对对方的尊敬。另外，指令功能句型中指令程度较高的警告类、命令类句型都有与之形式相同的陈述功能句型，这二者的区别主要从句中出现的人称代词来考察，因为指令功能句型的发话人只能是言语交际中的说话人"我"，而受话人只能是第二人称形式或是表复数的人称代词"我们"。指令程度较低的建议类、请求类句型则不存在与陈述功能句型形式相同的情况，因为"建议"、"请求"都只能是说话人向他人发出的指令，而不能向自己发出这类指令行为。

最后，本章讨论了指令功能句型与疑问功能句型存在共用的形式，以附加问句为主。在讨论两种功能句型的共用形式时，主要是想说明两大功能句型之间存在逐渐过渡的状态，而不是非此即彼的情况。

表 4.1　指令功能句型各小类句型形式比较

指令类别		句　型
警告类		"警告 / 告诉"
		"否则" / "不然、不然的话"类
		"要是 / 如果……，就 / 可……"
命令类	命令类	含动词"命令"
	要求类	带能愿动词"要"
		带副词"务必 / 必须 / 得"
		带副词"凡是"或形容词"所有"
		句中含标记词"V着点儿 / A点儿……"
	禁止类	带标记词"别 / 少 / 禁止（严禁）/ 请勿"
		带标记词"不用 / 不必 / 不要 / 不准 / 不许 / 不得 / 不能"
		带标记词"算了 / 得了 / 好了 / 行了"
建议类	直接建议	"建议"
		"提议"
	间接建议	含标记词"我觉得 / 我认为 / 我看 / 我想"
		含副词"最好"
		含标记词"这样吧 / 这么着吧"
		含标记词"还是"
		含标记词"要不 / 要不然"
		含标记词"不妨"
请求类		含动词"请"
		含语气词"吧"

第五章　三大功能句型之间的关联性
与差异性分析

　　前文分别论述了陈述、疑问、指令三种功能句型的基本情况。语义功能与表达该功能的句型之间最理想的状态就是一一对应，如：

陈述功能句型————陈述功能

疑问功能句型————疑问功能

指令功能句型————指令功能

　　但实际情况并非如此，虽然三种功能之间处于离散状态，但是表达这三种功能的句型之间却存在连续性。这种连续性使得语言现象复杂多样，为语言学研究提供了丰富的资料。功能句型之间界限的模糊性首先表现在功能句型内部的连续性，如在考察疑问功能句型时，书中已经提及有些构式表达的是典型的疑问功能，而有些构式则既表达了疑问功能，又兼具指令功能；并且同样都是问句，表达的疑问程度也有所不同。在考察指令功能句型时，有些可以表达命令功能的构式，在有些语境下又可以表达建议功能，呈现出同一句型在不同语境中体现出的功能动态性。其次，在三大功能句型之间存在重叠区域，如疑问功能句型与指令功能句型都有表达"建议"的形式，陈述功能句型与指令功能句型都可以表达说话人的态度，但是指令功能句型重在指使听话人去实施某种行为，而陈述功能句型仅是用来陈述相关人物的主观态度。这些形式与功能之间的关联性与差异性将是本章重点讨论的内容。

　　沈家煊（1999：251）认为语言能力是人的一般认知能力的一部分，因此人们建立的语法范畴应该是典型范畴。张高远（2008：26）指出传统的结构主义语法认为语法范畴（包括词类）都是离散的，范畴与范畴的边界是明确的，一个对象要么属于这个范畴，要么不属于这个范畴，非此即彼。认知语法的原型范畴观则主张范畴是"非离散的"，实体处在一个连续的标度上，范畴的边界是模糊而不固定的，同一范畴内的成员有典型成员和非典型成员之分。典型成员可能具备这个范畴内的全部或者是大多数特征，非典型成员可能只具备这个范畴内的某些特征。范畴与范畴之间的界限是连续性的而非离散性的。正是由于这种典型范畴与非典型范畴的存在，储泽祥（2011）提出对语言研究应进行"倾向性"考察。该文认为语言除了具有工具性、符号性之外，还具有概率性。语言系统、语言各要素之间呈现出连续统的状态，语言规律不可能是绝对的，只能体现为一种倾向性。本书认为以上论述为解释三大功能句型之间的关联性提供了理论依据。

陈述、疑问、指令功能句型就是三个不同的范畴，这三个范畴之间既相互区别，又存在一定的联系。本章的研究内容即论证这三种功能句型各自的内部特点及三者之间的相互关系。汉语功能句型既存在典型的陈述、疑问、指令功能句型，也存在非典型的陈述、疑问、指令功能句型。这些非典型的功能句型分布于两两功能句型之间的过渡地带，兼具两种功能句型的一些特征，并非纯粹地只具有其中某一种功能句型的特征。本章将关注功能句型内部及各功能句型之间的连续性，以期描绘出三种功能句型之间的关系。

如果是典型的陈述、疑问、指令功能句型，那么该句型在会话中就应该只有一种语义功能，如"1月10号开始放假。/你是这里的负责人吗？/禁止在教室内吸烟。"这是说话人在告知对方某种信息/向对方询问某种信息/令对方实施某种行为。若是非典型的陈述、疑问、指令功能句型，那么在具体的语境中语句就可能存在两种或两种以上的意义，如：

今天天气真好。

说话人可能意在邀请对方一起出游。

你是这所学校的学生吗？

说话人在询问的同时，也有表达禁止的意思，即如果不是该学校的学生则不能入内。

我觉得你去帮大家订餐比较好。

这种委婉表达指令的方式与陈述态度类句型存在关联性。

本书认为功能句型的非典型性是由以下因素造成的：

一是说话人的主观倾向性。说话人的主观态度会令其使用的句子在形式上发生多种变化。陈述功能句型中，说话人的主观倾向性会令其选择不同的句型来述说相关的事物，如沈家煊（2002）对"把"字句所体现出的主观性研究充分论证了这一点。疑问功能句型中，说话人对事物确信度的强弱决定了其使用的语句是典型的疑问句还是含有一定语义倾向性的弱疑问句。这种倾向性可以是弱肯定也可以是弱否定，当然还包括表达强否定的弱疑问功能句型。表达强否定的反问句中说话人的疑问度降低，所以本书也将之视为弱疑问句。在指令功能句型中，说话人若处于较低的交际地位，那么他就会使用多种形式手段来体现自己的礼貌度，这种礼貌度表现为说话人充分表达自己的谦卑和对方的尊敬。

二是语境因素。句子本身只能表达某种功能，但是在具体的语境中就会产生语用义。一般情况下听话人能够根据具体的语境因素，推测出说话人话语中的深层会话含义。如果听话人没能从说话人的句子中体会出这层含义，那么该交际的有效性将受到影响。

本章关注的另一内容是功能句型之间的连续统状态。目前对语言中连续统现象的研究多集中在对词类的考察上，如沈家煊（1999：251）认为人类在认识世界的过程中建立的范畴大多是"典型范畴"。语言能力是人的认知能力的一部分，因此人建立的语法范畴也应是典型范畴。一个词类的确定是凭一些自然聚合在一起的特征，但它们并不是什么必要和充分条件。一个词类的典型成员具备这些特征的全部或大部分，非典型成员只具备这些特征的一小部分。因此词类的边界不是明确的而是模糊的，词类和词类之间不是离散的而是连续的。现有的研究也有对各种句型之间关系进行分析的，如邵敬敏（1994）对间接问句及相关句类的比较研究，丁善志（2001）研究了英语中疑问句语法化问题；殷树林（2007）考察"你以为（当）X"问句，分析了否定陈述句与疑问句之间的相关性；陈振宇（2008，2009）对非典型疑问句的论述；邱明波（2010）以言者与听者信息量的对立对疑问和陈述系统的影响进行考察；罗桂花、廖美珍（2012）对法庭互动中的回声问进行研究，认为回声问实施的不是询问功能,而是指令功能;对表达某一功能内部的句型连续性的研究,如李晓琳(2013)指出即使是在弱问句内部,也存在有些弱问句倾向于表达疑问功能,有些弱问句倾向于表达指令功能。

现有的考察句型之间连续性的研究成果大多是立足于疑问功能句型,分析疑问功能句型与陈述、指令功能句型之间的关联性,而论述陈述与指令功能句型之间关联性的研究成果仍不多见。因此,本章将系统分析功能句型内部的连续统状态及功能句型之间的关联性。

第一节　各功能句型内部的关联性

在前文的论述中已涉及各个功能句型内部的关联性,这种关联性分别体现在主观性、确信度、指令程度等方面。本章将依次讨论各功能句型内部的连续统状态,主要分析典型的功能句型如何过渡到非典型的功能句型及在过渡阶段的表现形式。

一、陈述功能句型内部的连续统考察

在陈述功能句型一章,本书从陈述内容的角度将该类句型分为陈述行为类、陈述现象类、陈述关系类和陈述心理类,并认为陈述心理类句型是对前三类句型陈述内容的主观映射。本节将从"主观性"和"确信度"两个方面来分析陈述功能句型内部的连续统状态。

(一)主观性对陈述功能句型的影响

陈述功能句型表达的是说话人向听话人述说某件事情、某种现象或事物之间的关系,也可以用来表述说话人对客观事物的主观态度。在陈述的过程中,说话人总是难免带有自己的主观性。储泽祥(2011)指出"语义是主观和客观的结合,总会涉及人的主观看法或心理因素"。本书讨论的功能句型正是从语义角度进行的分类,因此,本节将详细论述陈述功能句型中所体现出的"客观"与"主观"的差异。

1. 陈述客观类句型的主观性分析

在对陈述功能句型进行分类的时候，本书依据语句中陈述对象的不同将该类句型分为陈述客观类与陈述心理类。陈述客观类句型包括对客观存在的行为、现象及关系的陈述。陈述心理类句型陈述的是人对事物、现象的主观态度。当然这并不意味着陈述客观内容的句子就不含有人的主观性。因为人们在陈述相关事物时，总是带有自己的"主观色彩"。本节先考察在陈述客观类句型中所包含的主观性。沈家煊（2009）提出考察主观性的几个要素为：语序、韵律变化、语气词、词缀、代词、副词、时体标记、情态动词、词序、重复。本节将依据以上要素考察陈述功能句型中体现出的主观性。如：

（1）a 屡战屡败。

　　b 屡败屡战。　　　　　　　　语序

（2）a 他的眼睛亮。

　　b 他的眼睛亮亮的。　　　　　重叠

（3）a 她是人大附中的学生。

　　b 她是人大附中的学生呢。　　语气词

例（1）a、b 句在语序上的变化，导致两个句子表达的意义完全不同。a 句是对行为的陈述，陈述相关人物过往的战况，而 b 句既陈述了以往作战的情况，又表达了说话人对陈述对象作战精神的褒扬，可以看作是较为含蓄地表达了说话人的主观态度。例（2）中，a 句是对陈述对象外在特征的陈述，b 句则通过形容词的重叠，传递出说话人对陈述对象较为偏爱的隐含信息，语句中包含的主观性得以增强。例（3）中，a 句只是说明"她"就读的学校，交代了"她"的身份，而 b 句通过添加语气词"呢"，体现出说话人对说明对象的羡慕或者是说话人对这一信息的惊叹。

由以上例句可以看出，通过语序上的变化或是添加一些成分，句子的语义就会增添一些隐含的信息即说话人的主观性得以增强。上述 a、b 两组例句语义上的变化是由较为 客观的表达形式向较为主观的表达形式转变导致的。语句中的人称代词、指人名词的使用，限定性成分及语气词都能够反映出说话人的主观心理。因此，即使是陈述客观存在的句子也或多或少含有说话人的主观性，不存在主观性为零的句子，当然科学论述性语言除外。

2. 陈述心理类句型的主观性分析

陈述心理类句型是对客观世界存在的行为、现象或是关系的主观映射。在陈述功能句型章节，本书将陈述心理类句型分为表态、评价和判断三种类别。说话人对事物的主观态度需要依据客观现实或是一定的标准，但是在言语表达中，说话人的评判标准总是具有模糊性或是主观色彩。人们对事物的主观态度可以分为客观评判和主观评判。客观评判强调人在对事物做评价、判断时不能含有个人的偏见，必须按照一定的客观标准对事物给予评判。如：

（4）a 我不参加今晚的聚会。

b 我绝对不参加今晚的聚会。　　　副词

（5）a 他的文章写得简单易懂。

b 小张的文章写得简单易懂。　　　代词

（6）a 这是四六级考试专用铅笔。

b 这是四六级考试专用铅笔吧。　　语气词

上述例句虽然都是在陈述相关人物的主观态度，但是语句中所包含的"主观性"并不相同。例（4）中，a 句是说话人表明自己的态度，句子使用的是否定式，b 句中由于副词"绝对"的使用，主观性进一步增强，显示出说话人坚决的立场。例（5）中，a 句属于客观的评判，但是从评判标准来看，文章的"简单"和"复杂"在说话人的心中是有界限的，这个"界限"是属于说话人个人的，不具有社会性，可能在其他人看来这篇文章还是晦涩难懂的。另外，该例中说话人使用"小张"来指代相关人物比用第三人称代词"他"心理距离要近一些。例（6）中，a 句是客观的判断，说话人依据一定的标准认定陈述对象属于某种范围。但是考试专用笔的规格是由专门的机构规定的，因此也含有一定的主观性。b 句在句末使用了语气词"吧"，体现出说话人对事物的不确定。"确信度"的强弱也具有主观性。当说话人由对事物的确定转向对事物的不确定时，也会由使用陈述性的语句转向使用疑问性的语句。

对事物的评判本身就表明了说话人的主观态度，语句中具体的表达形式更能透露出说话人对事物的偏爱程度或是与他人人际关系距离的远近，如例（5）。说话人对事物进行评判，可以较为客观地进行表述，也可以在字里行间流露出自己的主观

态度。如前文在论述陈述功能句型时，将一般直陈性的语句与含有修辞手法的陈述语句看成一个连续统。那么，一般性陈述就是较为客观的或者说是主观性较弱的陈述方式，而含有修辞手法的陈述则为主观性较强的陈述方式。修辞性的表达方式在语句中进一步主观化的结果，就是比喻词虚化为表示说话人主观判断的副词。方梅[1]将此类现象表述为以下语义序列：客观上具备共同点＞主观上认为有共同点＞说话人主观上认为是什么／怎么样。如：

（7）她跑步很快。

（8）她跑步好像风一样快。

（9）她好像跑步很快。

例（7）是对陈述对象"她"运动才能的评价，这种评价较为客观。例（8）使用了修辞方式，使得说话人的评价具有了主观性，而例（9）中动词"好像"虚化为副词，只能起帮助表达说话人主观判断的作用。

由以上论述，本书认为陈述客观类句型与陈述心理类句型都存在"主观性"，只是语句中所包含的主观性强弱不同。主观性越强的句子，句中所蕴含的语义信息越丰富，使用的句法手段就越多，并且有些词语可能由于经常使用而发生语法化。

（二）确信度对陈述功能句型的影响

考察陈述功能句型，不仅可以从主、客观方面去分析，还可以从肯定、否定方面入手，因为"确信度"也是陈述功能句型的一个重要属性。本节主要从"确信度"方面来分析陈述功能句型的连续统状态。

1. 形式与语义的正相关

说话人对自己所述事物的确信度可能有高有低，其使用的句型一般情况下都与"确信度"存在密切关系，即说话人对事物十分确定便会使用肯定或否定的表达形式；说话人若对所述事物不太确定便会使用比较模糊的表达方式。

无论是肯定形式还是否定形式，说话人对自己所陈述的内容都是确定的。这种形式与语义相匹配的表达方式便是"正相关"。除了以上所列举的肯定形式表达肯定义、否定形式表达否定义，在肯定与否定之间还存在"广阔的过渡地带"，这一

---

[1]　方梅. 疑问标记"是不是"的虚化 [A]. 语法化与语法研究（二）[C]. 北京：商务印书馆，2005.

区域可以为"确信度"任意取值，即：确定＞a_1……＞a_n＞不确定。处于中间状态的（a_1＞……＞a_n）在语言形式上就体现为说话人会使用一些表达"不确定"语义内容的句法手段，如例（6）使用的语气词"吧"，或者是在语句中使用一些能够体现出说话人主观倾向性的"也许、大概"等表达估测义的词语。当这种不确定性逐渐增强，即说话人的存疑度逐渐增强时，就需要向对方询问以消除自己的疑惑，语句就从表达陈述功能转向表达疑问功能了，反之亦然。如：

（10）a 他绝对／肯定是我们学校的老师。

　　　b 他可能是我们学校的老师。

　　　c 他是我们学校的老师吧。

　　　d 他绝对不／不可能是我们学校的老师。

上述例句中，a、d 两句表达了说话人对所述内容十分肯定，虽然 a 句使用的是肯定形式，d 句使用的是否定形式。a 句中的"绝对"、"肯定"，b 句中的"绝对不"、"不可能"都强调了说话人的主观态度。这两例中，说话人对所述事物的确信度比较高。而 b、c 两句中，说话人分别使用了表达估测义的能愿动词"可能"及句末语气词"吧"。这些词语的使用表明说话人的确信度相对较低。当说话人的确信度进一步降低，存在的疑惑逐步增强时，说话人使用的语句便由"确信"向"疑问"转变了。因此，本书认为说话人的确信度也存在连续统序列，即确定→不确定→疑问。"不确定"阶段包含了说话人对事物的疑惑，当这种疑惑进而由问句表达出来时，语句就产生了质的转变，由表达陈述功能转为表达疑问功能了。

说话人在话语中体现出的"确信度"，可以由其自身具有的"知识"来决定，也可以由其所处的社会地位或是交际地位决定。"肯定"形式是社会地位或是交际地位高的人的优先权利。而"否定"形式为地位相对较低的人常常使用的话语形式。这种规律遵循了言语交际中的礼貌原则，说话人使用否定的方式减少了自己在知识面上的"优越性"，以突显对方在这方面的"优越性"。如：

（11）我就知道会这样，谁让他当时不听我的建议。

（12）我不知道这样写是否合适，还得您再看一下。

例（11）说话人以"我就知道"强调自己在某方面"知识"的丰富，暗讽"他"没有听取自己的建议，以致现在遭遇了不良后果。该例中说话人的确信度很高，语句中明显流露出对"他"的鄙夷。而例（12）以"我不知道"表明自己缺乏某方面的"知识"，需要对方帮助自己提高这方面的"知识"。说话人通过表明自己欠缺某方面知识的方式，来表达对对方的尊重。以上两例表明，如果是肯定的表达方式，那么语句中蕴含的礼貌度可能就会低；如果是否定的表达方式，那么语句中蕴含的礼貌度可能就比较高。

2. 形式与语义的负相关

在汉语中还存在语句形式与语义内容负相关的情况，这种负相关表现为形式与语义不相匹配，即语句为肯定形式，但表达的语义内容为否定义，或者语句为否定形式，但表达的语义内容为肯定义。汉语中主要表现为双重否定表达肯定及正反同义结构。双重否定表达肯定义的情况，早已被学者们所关注，如：

（13）来北京不能不逛庙会。

（14）这座城市因供电不足而不得不拉闸限电。

（15）他并不是不喜欢用键盘。

上述三例，虽然语句中出现的是否定形式，但句子表达的都是肯定意义。因此，本书将这类双重否定表达肯定义的句子归为形式与语义负相关的情况。对于双重否定表达肯定义的研究成果很多，如王志英（2013）认为"能＋不＋VP"构式不但能强化语气，在一定的语境中也可以起到表示委婉的修辞效果。"能"在该构式中语义上等值于"不能"。因而本书也将该构式归为双重否定表达肯定义的情况。但曹娟（2013）以"你不是不知道"为例，对老舍话剧作品中的例句进行了穷尽性考察，发现"你不是不知道"的用法并不像前人所说的表达"委婉"语气，曹娟认为"你不是不知道"出现的例句都表达了"不客气"的主观义，人物说话的口气也是"居高临下"的占多数。本书认为，不管双重否定的情况是表达"委婉"还是"强调"，这一形式都表达了说话人对所述事物的肯定，属于语句形式与表达意义之间的负相关。

汉语中还有一类特殊情况是语句的肯定形式与其相应的否定形式表义基本相同即正反同义结构。如："差点儿 A"与"差点儿没 A"在表意上相同，这里的 A 表达的是说话人主观上不希望发生的事情，另外"VP 之前"与"没 VP 之前"表意也相同。江蓝生（2008）运用同义叠加与构式整合解释了这类特殊现象。该文认为"整合前的肯定式'差点儿 VP'主要用来描述一种事态，一般不涉及说话人对这种事态的态度或看法，因此语句传递的主要是一种客观性的命题意义；而整合后的'差点儿没 VP'则不仅描述真实世界中的一种事态，而且也表达出说话人对该事态的态度或看法，语句中同时传递出一种主观性的评价意义"。这种情况与前文论述的"把"字句情况类似，都是语句中通过添加相关成分，使得变化之后的句子所蕴涵的主观性得以增强。

以上列举的是肯定形式与否定形式表义相同的情况，汉语中还有一类为同是否定形式，但由于结构中出现的词语表义不同，导致听话人有不同的解读。如沈家煊（1994），杨子、王雪明（2013）分别对"好不 AP"的不对称用法进行了解释。作者认为 AP 的成分不同会导致解读方式的差异，如果 AP 为道义形容词"讲理、安分、识相"等或是表示人们在社会活动中对行为结果的某种期待，如"值得、习惯"等，那么该否定式仍表达否定义；如果 AP 为其他性质的褒义词或贬义词，"不"应看作羡余成分，"好不 AP"表达的为肯定义，如"好不蛮横、好不热闹"。

从上述情况可以看出，汉语中既存在形式与语义的正相关，也存在形式与语义的负相关，特别是前文列举的正反同义结构是语言教学中的难点。根据本节所论述的内容，陈述功能句型内部在"主观性"和"确信度"两个方面都存在连续性。从主观性角度来看，陈述客观类句型与陈述心理类句型都存在说话人的主观态度，只是二者的程度不同。从确信度方面来看，陈述功能句型分为确信度较高的陈述和确信度较低的陈述，确信度进一步降低就有可能导致语句的表义功能发生迁移。

二、疑问功能句型内部的连续统考察

本章以疑问域的大小将疑问功能句型分为对句内单一成分的疑问、对句内部分成分的疑问和对整体内容的疑问，并且提到疑问功能句型中有三种疑问方式：疑问、测度与反诘。其中"疑问句"是最典型的疑问功能句型，该类句型表达的是说话人需要通过向听话人询问以获取相关信息。这一类疑问功能句型，第三章已进行了详细的论述。本节关注的则是"测度"、"反诘"与典型的疑问功能句型之间的连续性。

"测度"类疑问功能句型指的是说话人对事物的相关情况并不确定，需要向听话人进行询问。在前一小节也列举了这类情况，主要体现为句末含语气词"吧"的句子，只是前一小节所论述的句子句末为陈述语调。本小节主要考察使用疑问语调作为疑问标记的测度问，如"下雨了吧？"测度问与表估测义的陈述功能句型的区别就在于句末语调。反诘属于"无疑而问"，该类句型使用疑问的形式却无疑问之实。这一类疑问功能句型通常被看作是"修辞性疑问"，大多依靠句末的疑问语调作为功能标记。上述三种情况，说话人的疑问度都介于"疑"与"信"之间。根据以上分析，从"疑"与"信"的角度考察疑问功能句型，则是立足于说话人的主观性对该类功能句型的再考察。

丁善志（2001）考察了英语疑问句的连续统情况，认为统一体内部的排列依据的是发话人的存疑度和心理倾向。疑问形式、存疑度和疑问标示的语法化程度是考察疑问句内部连续性的主要因素。该文认为从理论上来讲，疑问句话语形式的语法化程度小于语序形式的语法化，语序形式的语法化又小于形态形式的语法化程度。该文强调疑问句型之间的可转换问题，是基于对语言动态性以及语境多样化的考虑。本书据此来考察典型的疑问功能句型与测度问、反诘问之间的关系。

（一）典型疑问句与测度疑问句的关系

典型的疑问功能句型是说话人想要获得相关信息而向他人询问，如"科学会堂怎么走？""去省博坐几号线？"非典型的疑问功能句型可分为两种情况：①当说话人对事物的相关信息了解得不充分，还存在疑惑，需要寻求听话人的意见予以确定的时候，就会使用测度问。如"她是十点的飞机吧？""你是新来的老师？"②如果说话人对事物的情况已有所了解，只是为了提醒对方或是表达自己的惊讶，可以使用反问的方式，如"难道她已经回来啦？""为什么我就不能出去玩？"以下将详细论述这两种非典型的疑问功能句型与典型的疑问功能句型之间的联系。本节先讨论典型的疑问功能句型与测度问之间的连续性。

1. "疑问句"与"测度句"之间的连续性

当说话人对相关事物的疑问程度由强变弱时，就会由使用典型的疑问功能句型变为使用含有"测度"义的疑问功能句型。而"测度"又可分为倾向于肯定的猜测和倾向于否定的猜测。因此，本书将介于"信"与"疑"之间的测度问分为弱肯定和弱否定两种语义类型。如：

（16）天气怎么样？／下雨了吗？

（17）是不是下雨了？／有没有下雨？

（18）不是下雨了吧？

（19）下雨了？↑

以上这组例句表明说话人对天气状况的疑问程度由强变弱。例（16）是说话人对天气状况一无所知，所以向听话人询问。该例属于典型的疑问功能句型，这类句型可以使用疑问标记词或是句末语气词"吗"来进行提问。例（17）中说话人的疑问程度仍然较强，但是语句中已经透露出说话人对天气情况的判断，说话人通过相关疑问格式提供了正反两种答案，以供听话人进行回答。例（18）说话人对天气状况可能有了一定的了解，但还不确定，所以向听话人询问以解除自己的疑惑。说话人以句末语气词"吧"来提问，表明心中已有答案，只是需要别人来确认该信息是否正确。例（19）说话人使用疑问语调作为疑问标记，表达自己的揣测。"测度"介于疑信之间，如果语句中使用了疑问标记，那么就应归为疑问功能句型；如果语句只是表达说话人的疑惑，没有使用疑问标记，那么就应归为陈述功能句型。以上例句由使用典型的疑问标记"怎么样、吗"到仅仅使用疑问语调来表达自己的疑惑，表现出的疑问功能逐步弱化，表达疑的形式越来越简单。

既然测度问表达的语义内容介于"信"、"疑"之间，那么它在语义上就存在倾向于肯定和倾向于否定两种情况。

Ⅰ倾向于肯定的测度问

有一些疑问标记可以帮助表达倾向于肯定的测度问，如：

（20）下雪了？

（21）他得奖了吧？

（22）不会是他得奖了吧？

表达肯定倾向的测度问，可以使用疑问语调作为疑问标记，但句子内容必须是肯定的形式，如例（20）。也可以使用表示不确定义的语气词"吧"，句子内容也必须是肯定的形式。如果需要加强说话人的肯定语气，可以使用一些反问的格式，如例（22）中的"不会……吧？"以上三例均表达了说话人对已发生行为的揣测，表现出说话人对该情况不十分肯定，需要向对方询问。因此，本书把这类问句归为表达"弱肯定"义的疑问功能句型。

Ⅱ倾向于否定的测度问

表现说话人对事物的猜测，还有倾向于表达否定义的一类。如：

（23）他还没来吗？

（24）小张真的回家了？↑

（25）我不可能没遇见他啊？↑

以上例句均表达了说话人对相关事件的猜测，例（23）由于使用了疑问语气词"吗"，因此该例是否使用疑问语调不是强制性的。而例（24）、（25）由于句中没有出现疑问标记，因此这两例必须使用疑问语调作为功能标记。例（23）说话人在询问时，使用了否定的形式，表明说话人对目前的情况已有所判断。例（24）说话人表达了自己对"小张已经回家了"的质疑，因此在句中使用了限定性成分"真的"。例（25）说话人认为自己本应该遇到"他"，但是却没有遇见"他"，所以怀疑他人所述情况是否属实。

上述三例都是偏向于否定的测度问，因为较之典型的用"不/没（有）"来表达否定义的句子，这类句子在表达否定语义时比较含蓄，因此本书将这类句型归为表达"弱否定"的疑问功能句型。

2. "疑问句"与"测度句"之间的转换条件

前文中已经对"确信度"的强弱进行了分析，并列出了相关序列为：确定→不确定→疑问。在"不确定"这一阶段，如果语句中使用的是陈述语气，那么句子应归为前文讨论的陈述功能句型；如果语句中使用的是疑问语气，那么句子应归为本节讨论的"测度"类疑问功能句型。如果语句中的确信度进一步降低，说话人对相关事物毫不知情而向他人询问，就属于典型的疑问功能句型。测度类疑问功能句型多使用疑问语调、句末语气词"吧"，而典型的疑问功能句型多使用疑问标记、句末语气词"吗"。因此，上述序列可以进一步概括为：

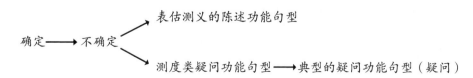

（二）测度疑问句与反诘疑问句的关系

1．"测度句"与"反诘句"之间的连续性

"反诘"类疑问功能句型表现为说话人对相关事物并无疑问，只是以问句的形式提醒对方注意，表达出的语义内容与句中出现的内容相反。与测度问的情况不同，"反诘"表达的是加强否定的语义内容，说话人对表述的内容是十分确定的。如：

（26）这样安排不是挺好吗？

（27）你不觉得这些色彩很不协调吗？

（28）他怎么能对孩子不管不问呢？

（29）难道我们要重演这段历史？

以上例句中说话人对自己的观点是没有疑问的，使用问句的目的在于提醒听话人注意自己询问的内容或是间接地表达自己的建议。说话人想要表达的建议与语句内容正好相反，如例（26）是向对方表明"这样的安排挺好"，例（27）是提醒对方"这些色彩很不协调"，例（28）是说话人在委婉地斥责对方"不应该对孩子不管不问"，例（29）是说话人表明自己的立场为"我们不要重演这段历史"。

以上例句，说话人都是以反问的形式强调自己的观点或是立场。因此，反诘类疑问功能句型表达的是"强否定"的语义内容。但是反诘类问句并不总是用来表达"强否定"，有些情况下也可以表达说话人对相关事物的揣测，如：

（30）难道你们是一个单位的？

（31）难道她已经回国了？

（32）难道我想错了？

上述三例，说话人对所问事物并不十分确定，在表达自己疑惑的同时也在向对方询问。例（30），由于句中出现的是第二人称代词"你们"，句子更偏向于向交际对话中的另一方反问，同时也含有说话人对所问事物的揣测。例（31）、（32）中出现的分别是第三人称代词"她"、第一人称代词"我"，句子更偏向于表达说话人对相关事件的猜测。因此，上述例句中虽然都出现了标记词"难道"，但是句子表达的语义内容与反诘类问句表达的"强否定"义并不一致。

2. "测度句"与"反诘句"的转换条件

"测度"类问句的使用条件是说话人对相关事物不确定而向他人询问，而"反诘"类问句为说话人对所述事物十分确定，只是为了提醒对方注意相关内容而使用了问句的方式。两类问句的疑问度不同，"测度"类问句所包含的疑问度大于"反诘"类问句，或者说"反诘"类问句的确信度高于"测度"类问句，但也不排除使用"反诘"的方式表达测度的语义内容，如前文所述"难道"类问句的使用情况，如果是说话人向对方询问，那么属于反诘类问句；如果是说话人对某件事情产生疑问，则属于测度类问句。因此，本书认为测度类问句与反诘类问句之间也存在可以转换的情况，只是这种转换具有很强的制约性。

在疑问功能句型中也存在语义序列，该语义序列以"疑问度"的高低依次为：

典型疑问功能句型→"测度"类疑问功能句型→"反诘"类疑问功能句型

这一序列中的三种疑问功能句型"疑问度"逐渐减弱。"反诘问"与"测度问"是疑问功能句型与陈述、指令功能句型发生重叠的"过渡地带"。

（三）"命题疑问"与"交际疑问"

在典型的疑问功能句型内部也存在疑问程度的高低。如说话人在语句中先表明自己的观点，最后向对方询问，这类问句的疑问程度就很低，属于"交际疑问"。如：

（33）这两天老是大脑短路，你说怪不怪？

（34）现在找到工作就要马上定下来，你说对不对？

以上两例，说话人在语句中虽然也使用了疑问的形式，但是其主要意图仍是向听话人表明自己的观点。这种询问只是起到提醒听话人注意，以维持交际的正常进行等目的，属于言语交际的一种方式。

与"交际疑问"相对的就是"命题疑问"。命题疑问指的是具有真实语义价值的疑问，而交际疑问指的是徒有疑问外表的问句（陶红印 2003）。方梅 [1] 曾以"是

---

　[1]　方梅 . 口语语法研究的动态视角：描写与解释 [R]. 北京语言大学对外汉语研究中心学术报告，2003.

不是"为例做了如下分析：

（35）a 咱们公司是不是初一才放假？

b 咱们公司初一才放假是不是？

c 咱们公司初一才放假，是不是。我就知道每次都是这么刻板，一点人情味儿都没有。

d——咱们公司初一才放假，我就知道每次都是这么刻板，一点人情味儿都没有。

——是不是。多放一天假能怎么着。

通过以上例句，论证了疑问格式在语句中会出现如下的主观化过程：命题疑问＞交际疑问＞话语标记（邀请信号＞回应信号）。上述序列中疑问格式承载的疑问信息呈递减趋势。a 句说话人对相关信息不了解，需要向听话人询问；b 句说话人已经了解了一些情况，但仍需要咨询他人以确认自己得知的信息是否准确；c 句中"是不是"承载的疑问信息已经很低，只是起到提醒说话人注意的功能，"是不是"在语句中的作用是延续话轮的话语标记；d 句的"是不是"完全没有表达疑问的功能，只是听话人对说话人话语内容的回应。以上例句中的疑问格式由表达疑问义到非疑问义的演变，是由说话人的主观性决定的。随着说话人疑问度的逐渐降低，疑问格式由语句中的疑问标记逐渐演变为话语标记，进一步演变为并无实在意义的回应信号。因此，在疑问功能句型中，句子语义类型的转变仍与说话人的"主观性"密切相关。

在言语交际中，说话人会依据会话语境选用不同的疑问功能句型。当说话人不具备某方面的知识时，就会使用典型的疑问功能句型向听话人询问。当说话人对自己所具有的知识确信度不够时，也会向听话人询问。这种情况下，说话人往往使用测度类疑问功能句型。如果说话人主观上对自己所持有的观点是倾向于肯定的，就会使用偏肯定义的疑问形式，一般使用疑问语气作为功能标记。如果说话人主观上对自己所持有的观点是倾向于否定的，就会使用偏否定义的疑问形式，这种弱否定义受句子成分的影响，句中一般不出现疑问格式，而是使用疑问语调或是句末语气词作为功能标记。当说话人认为需要提醒对方注意某方面内容时，便会使用反诘类疑问功能句型，此时说话人对所述事物是十分确定的，使用该类句型是为了表达"强否定"的语义内容。

语义上的肯定与否定，通常在句法形式上体现为相应的肯定式与否定式，但是语言中的肯定义还存在这样的递减序列：

肯定 > 弱肯定 > 弱否定 > 否定

在表达揣测义时，说话人对所述事物不太确定，这种不确定造成了语句表义上有时倾向于肯定，有时倾向于否定，本书将这两种情况分别定义为"弱肯定"和"弱否定"。"反诘"问中说话人对自己所说的内容是没有疑问的，因此也可看作是"肯定"。

在言语交际中，说话人为了凸显对方的交际地位，也会使用低确信度的表达方式体现出自己的谦虚与顺从，以此表达对听话人的尊重。这种表达方式是为了消除听说双方的对立，以促使言语交际的顺利进行。如：

（36）您看这样怎么样，这次洽谈业务让小张去？
（37）不知道会场这样布置您是否满意？

上述两例，说话人以询问对方的方式表达对听话人观点的重视，突显对听话人的尊重。

三、指令功能句型内部的连续统考察

典型的指令功能句型具有较强的"语力"，表述的是说话人意在指使听话人实施某种行为。这是指令功能句型与其他两类功能句型的不同之处，陈述功能句型与疑问功能句型注重听说双方信息的交流，而指令功能句型意在向对方索取相关服务。指令功能句型在语义程度上也存在差异，如威胁 / 警告、命令、建议、请求、商量等。这种语义程度上的差异正是说话人的主观性使然，说话人使用不同的指令功能句型受其社会地位及交际语境的制约。

（一）指令功能句型的弱化过程

前文在论述指令功能句型时，按照指令的程度分为四大类：警告、命令、建议和请求。如果说话人的社会地位较高，那么通常情况下就会使用强指令句型，如果说话人的社会地位较低，那么通常就会使用弱指令句型。如：

（38）<u>快点写</u>，都十点了。

（39）老师，<u>麻烦您再讲解一遍</u>。

例（38）是父母对孩子做出的强指令，命令孩子快点儿写作业。例（39）则是学生对老师做出的弱指令，请求老师能将这一复杂的问题再解释一遍，从上述例句就可以看出说话人使用何种指令功能句型，与其社会地位有密切的关联性。但是在会话交际中，说话人使用的指令功能句型并不总是与其社会地位相关，更与其在当下语境中的交际地位密切相关。如：

（40）<u>帮我夹菜</u>。

（41）<u>麻烦你帮我看看怎么设置手机密码</u>。

例（40）是孩子向父母提出的强指令，要求父母给自己夹菜。虽然一般情况下父母的社会地位较高，但是在家庭生活中，孩子的地位有时比父母还要高。因此，该例中孩子只使用了简短的命令类句型表达自己的指令。例（41）则是老师向学生提出的弱指令，请学生帮助自己设置手机密码。以上两例表明交际地位的高低与社会地位的高低不是绝对的相对应关系，而是需要依靠具体的语境来判断。

因此，使用指令功能句型的情况为：如果说话人的社会地位较高，或是在交际对话中自认为交际地位较高，就会使用警告、命令的方式；如果说话人所处的社会地位较低，或是在交际对话中自认为交际地位较低，就会使用比较委婉的表达方式。如果是第二种情况，说话人为了使对话顺利进行，往往采用建议、请求，甚至是商量的表达方式。此外，还需要注意的情况是，如果发话人对自己发出指令时，只能出现在指令程度较高的句型中，而不能出现在指令程度较低的建议、商量类句型中。

（二）指令强度的制约因素

交际地位对说话人的话语内容有直接影响，在会话中说话人表达指令的方式也会受到语境因素的制约。如：

（42）好了，喝点水，消消气。……<u>我建议咱们医院每个星期举办一次手术观摩</u>。（六六《心术》）

（43）我每次出急诊，到楼下停车，那个门卫永远跑到我车门口，管我要十块钱，

<u>你为什么不规范一下门卫制度？（同上）</u>

上述两个例句是医生同科室主任之间的对话。例（42），医生因为违反了一些医院的规章制度被主任叫到办公室训话，一开始医生还在为自己的行为作解释，先以"好了、消消气"委婉表达制止义，希望主任别再生气了；再以"建议"类句型跟主任开玩笑，还是希望主任能够原谅自己这次的行为。但是，主任仍然以"制度"为由训斥医生无视医院的规章制度，例（43）中医生紧接着就以表达强否定义的"反问"类问句向主任提出建议。这类问句既表现出说话人对医院规章制度的不满，也强烈地表达了自己对此事的不满或是建议。这种以疑问的方式表达指令的情况将在下文做详细论述。

根据前一小节的论述，无论是说话人交际地位的高低还是受具体语境的影响，都与说话人的主观性密不可分。表达警告、命令功能时，说话人一定是确信自己在交际中拥有绝对的话语权。而表达建议、请求功能时，说话人一定是明白自己在会话中不占有优势地位。如：

（44）在宿舍养点绿色植物。

（45）我们在宿舍养点绿色植物吧。

（46）我觉得可以在宿舍养点绿色植物。

例（44）说话人以命令的口吻要求在宿舍养植物，例（45）中指令度降低，因为句末出现了表示低确信度的语气词"吧"，例（46）使用表达低确信度的认识立场标记"我觉得"，说话人以自己对这方面内容的不确定来委婉表达建议，减缓了对听话人面子的威胁，构建了良好的交际语境，使听说双方的会话交际能够顺利进行。上述三例，说话人由使用命令类句型到使用表达低确信度的立场标记"我觉得"，说话人的话语权呈递减趋势。

说话人使用何种程度的指令功能句型一定与会话语境密切相关，这样才能做到言语表达的适切性。否则会导致话语表达的不合时宜，影响会话的顺利进行。根据以上论述，会话语境以及听说双方交际地位的高低决定了其使用的指令功能句型的强度。例（43）表明问句也可以表达指令功能，不过是指令强度较弱的建议功能。当说话人为了取得良好的交际效果，达到自己预期的目的时，往往会使用比较委婉的方式表达自己的意图，这就为指令功能句型向疑问功能句型的转化提供了条件。

第二节　三大功能句型的区别与联系

通过前文分析可见，各功能句型内部在语义方面存在差异和变化，并且呈现出连续性特征。而三种功能句型之间存在怎样的关系同样值得关注。

一、陈述功能句型与疑问功能句型的区别与联系

"陈述"与"疑问"这两种功能是彼此对立的，一个是告知他人相关信息，一个是向他人索取相关信息，是一对截然相反的信息传递过程。但是使用语言形式表达这两种功能的时候，却会衍化出很多中间状态。处于中间状态的句子传递的语义信息介于"信"与"疑"之间。

（一）陈述功能句型与疑问功能句型的区别

讨论两种功能句型之间的关系，首先必须明确两种功能句型的具体所指。陈述功能句型表达的是说话人向听话人述说某一事物的情况或是表达自己对相关事物的主观态度，概而言之即说话人向听话人告知、述说某一信息，除此之外若还存在其他意图，就可能产生功能的弱化，陈述功能进一步弱化的结果就是向其他功能产生迁移（徐盛桓 1999）。疑问功能句型表达的是说话人对相关事物存在疑惑，并向听话人询问以获得相关信息，解除自己的疑惑。根据以上论述，陈述功能句型与疑问功能句型之间最重要的差别即（下图箭头的方向为新信息的流向）：

图 5.1　陈述功能句型与疑问功能句型的区别

其次，陈述功能句型与疑问功能句型在人称代词的使用上也存在差别。陈述功能句型通常不以第二人称代词为主语，疑问功能句型通常不以第一人称代词为主语。如：

（47）a 我是小张。

　　*b 你是小张。

（48）*a 我是华师的学生吗？

　　b 你是华师的学生吗？

陈述功能句型是说话人将信息告知对方，并且这一信息是说话人认为对方不知道的。听话人自身的信息是无须说话人告知的，而说话人自身的信息则有可能是对方不知道的，所以说话人可以使用陈述功能句型将自身的情况告知对方。因此，例（47）a 句没有问题，而 b 句则违反了双方所占有的信息量规律。疑问功能句型表达的是说话人对未知事物的疑问，并且主观上认为对方是知道该信息的，所以例（48）b 句没有问题，而 a 句说话人向自己询问自身的情况，逻辑上存在矛盾。但是说话人如果对与自己相关的某些情况不了解，也可以进行询问。如刚入学的时候，学生向辅导员询问"我被分到哪个班级？/我的宿舍是哪一间？"这里说话人询问的事物对他来说是未知信息，是没有问题的。根据以上论述，例（47）b 如果成立，说话人必须使用疑问语气，而例（48）a 则须将疑问形式转为陈述的形式。

再次，陈述语调与疑问语调也不同。林茂灿（2004）以声学实验论证了陈述语气与疑问语气最重要的区别在边界调上，疑问的边界调要比陈述的"重"。并且区分陈述语气与疑问语气的辨认函数不是突变的，而是连续的：强疑问→弱疑问→既不是疑问又不是陈述→非终端语气→陈述语气。

根据以上论述，陈述功能句型与疑问功能句型在新信息的流向上，人称代词的使用以及句末的边界调上都存在明显的差别。

（二）陈述功能句型与疑问功能句型的联系

在疑问功能句型一章，本书提到当疑问标记处于句中的宾语小句或主语小句时，疑问标记并不承载疑问信息。这一现象即吕叔湘先生在《要略》中提到的"间接问句"。吕叔湘（2002：290）定义的间接问句为"问句有时不是独立的句，只是装在直说句的里面，作为全句的一部分"。间接问句既包括复述型的，如"我问你在找什么。"也包括指代型的，如"我知道他们是从什么地方来的。"邵敬敏（1994）也论及了该类现象，并将间接问句分为转述性、称代性和存疑性三类。本书认为这种现象就是疑问功能句型向陈述功能句型逐渐迁移的结果。疑问功能句型逐渐转变为陈述功能句型的过程可以看作是疑问标记所承载的疑问信息逐渐减弱的过程。而陈述功能句型逐渐转变为疑问功能句型的过程可以看作是说话人对所述内容的确信度逐渐减弱的过程。

根据戴耀晶（2001）的分析，可以从"疑"与"问"两个要素看待疑问功能句型与陈述功能句型之间的联系，具体情况如下：

陈述功能句型		无疑无问
疑问功能句型	典型的疑问句	有疑有问
	测度问	有疑有问／有疑无问（说话人）
	反诘问	无疑有问／有疑有问（听话人）

本书也认为在典型的陈述功能句型与典型的疑问功能句型之间存在中间状态，表示说话人猜测的句子如果使用的是陈述语气，那么该句子应归为陈述功能句型，如果句中使用的是疑问语气，那么该句子应归为疑问功能句型。本书对疑问功能句型进行论述时，提到表达反诘的问句并非总是表达强否定的语义内容，有些情况下也可以表达说话人的揣测，这些内容能够印证戴耀晶（2001）的相关论述。本节主要关注的是陈述功能句型与疑问功能句型之间的转化过程。

1. 由陈述向疑问的转换条件

由陈述功能句型逐渐过渡到疑问功能句型与说话人的主观性密切相关。当说话人对所述事物的确信度由高变低，并进一步提出疑问时，其所使用的句型也就完成了从陈述功能句型到疑问功能句型的迁移。

通过第一部分对陈述功能句型及疑问功能句型内部语义连续性的分析，可以推断出从陈述功能句型过渡到疑问功能句型要经历以下几个阶段：陈述功能句型、表估测义的陈述功能句型、倾向于表达肯定义的疑问功能句型、倾向于表达否定义的疑问功能句型、典型的疑问功能句型、带有强否定义的疑问功能句型。如：

（49）a 今天空气污染非常严重。

太严重了，这空气污染的。

今天空气污染严重。

b 今天空气污染很严重吧。

c 空气污染得太严重了，你说呢？

空气污染得很严重，你说是不是？

空气污染得很严重吧？

d 空气污染得很严重吗？

e 空气污染状况如何？

f 难道空气污染得不严重吗？

以上这组例句中，a 组句子体现出说话人由主观陈述向客观陈述的变化，说话人使用程度副词"非常"和句子语序上的变化来表达自己的主观态度。b 组句子通过使用表不确定义的语气词"吧"，表明说话人对所述内容的确信度不高。c 组句子说话人先是陈述自己的观点再向对方询问意见，到直接向对方询问，体现出说话人对所述事物确信度的逐步降低。前两句说话人是询问对方是否同意自己的观点，这时说话人对所述内容仍具有较高的确信度。第三句句末语气词"吧"的出现，表明说话人对自己所述内容不确定，需要依赖对方予以确认。d 组句子说话人在询问的同时透露出自己的主观倾向，说话人由前两组偏向于肯定的语义内容转为偏向于表达否定义。e 组句子为纯粹的询问，说话人对所问事物毫不知情。f 组句子表现出说话人强烈的否定义，此时说话人对所述事物是没有疑问的，只是用问句的形式来表达强烈的质问语气。以上五组句子表达的语义内容由非常肯定、不太肯定、倾向于肯定的询问、倾向于否定的询问、无主观倾向性的询问到强否定。其中表达"弱肯定"、"弱否定"的语句都可以表达"揣测义"，而表达"强否定"的语句为传统上定义的"反诘问"。"强否定"也是对某一命题的肯定，是说话人突出强调的部分。如：

（50）我不是跟你说了我不想读书吗？

（51）难道他不想早点完成任务？

邱明波（2010）以言者/听者所持有的信息量来解释反问现象，文中指出"言者本身没有认知上的信息差，但认为听者存在信息差。如果言者不强调一个事实，则可能由于听者的信息差引发言者不希望发生的事，所以产生一个修辞动因，使言者采取反问这种强调形式"。上述例句虽然形式上采用了否定的形式，但是说话人想强调的内容分别是"我已经跟你说了我不想读书"、"他也想早点完成任务"。因此，从陈述到疑问的变化过程，在语义上呈现出肯定到强否定的连续统，即：

肯定、强否定 > 弱肯定 > 弱否定 > 询问如果只看 a—e 组的情况，说话人的确信度是逐渐降低的，疑问度逐渐增强。而 f 组说话人没有疑问，可以看作是对所述内容的肯定，这样从陈述功能句型到疑问功能句型可以看作是一个完整的连续统。

2. 由疑问向陈述的转换条件

由疑问向陈述的过渡主要体现为疑问标记所承载的疑问信息逐渐弱化的过程。吕叔湘先生在《要略》（2002：295-301）中论及了疑问功能句型的"副作用"，并提出辨别是否为询问句最简单的方法就是看这句话要不要回答（或是问者自答，或是无可回答），如果不需要回答，那就表示这个问句的作用不在询问。邵敬敏（1994）专门论述了"什么"在句中的非疑问用法。徐盛桓（1998）从语用和语法两个角度研究了英语疑问句探询功能的消退。本小节以句中出现的疑问标记为考察对象，论证由"疑问"向"陈述"的转化过程。请看以卜例句：

（52）a 他为什么喜欢摇滚乐？

　　　b_1 你知道他为什么喜欢摇滚乐吗？

　　　b_2 你不知道他为什么喜欢摇滚乐吗？

　　　c_1 你知道他为什么喜欢摇滚乐？

　　　c_2 你不知道他为什么喜欢摇滚乐？

　　　c_3 你知道他为什么喜欢摇滚乐吧？

　　　d_1 我知道他为什么喜欢摇滚乐。

　　　d_2 我不知道他为什么喜欢摇滚乐。

　　　d_3 我不知道他为什么喜欢摇滚乐？难道你知道？

上述这组例句，疑问标记所承载的疑问信息逐渐减弱。a 句说话人在询问时没有任何主观倾向性，是典型的"有疑有问"。b 句"为什么"处于宾语小句中，整个句子最重要的疑问信息首先是由句末语气词"吗"来承载，因此听话人在回答时肯定要先回答"是 / 否"，然后才会关注"为什么"所承载的信息。c 句的疑问信息由疑问语气来承载，说话人在询问的同时又表现出惊讶的语气。c_3 与前两个句子又有所不同，说话人以语气词"吧"结尾，说明说话人对所问的内容已有倾向性的认识，只是还不太确定，因而需要从听话人那里获得相关信息以解除疑惑。该句的"为什么"也不承载句中的疑问信息，这一点与 b 组句子相同。c_3 句中表达的主观倾向性是句子语义功能发生变化的又一诱因。因为疑问功能句型是不能表达判断功能的，表达这一功能的只能是陈述功能句型。张文泰（1984）认为"疑问句本身不是断定，但任何疑问之产生和提出，总是因为已对有关事物有所断定，在对事物毫无断定的情况下，不可能产生疑问。"这一论断也证明了"陈述"与"疑问"之间的关联性。d 句人称代词变换为第一人称代词"我"，整个句子只能表达陈述功能，疑问标记"为什么"在这里只是起指称作用，不承载任何疑问信息。d₃中虽然使用了问句的形式，但说话人使用的是反诘类问句，说话人对所述内容并不存在疑问，只是在提醒对方自己怎么可能不知道他喜欢摇滚乐的原因。疑问标记"为什么"在上述例句中逐步弱化的过程，反映了疑问功能句型向陈述功能句型迁移的过程。

　　疑问标记在一些语句中只起指代作用，不再表示疑问。这与该疑问标记出现的句子环境相关。如果语句表达的是说话人向对方的询问，在不考虑相关语境因素的条件下，该语句基本不涉及说话人的主观情感与态度。如果句中出现的疑问标记表示的是虚指或是任指，那么句子就不再仅仅是客观地向对方询问，而是具有了说话人的主观性（唐燕玲 2009）。这种现象也可以用"构式压制"来解释，由于"疑问标记"进入了特定的构式，为了与整个句子表达的语义内容兼容，疑问标记便产生了新的相关意义，具有指称作用。如：

　　（53）不知道是谁在大声嚷嚷。

　　（54）谁来也没用。

　　上述两例中，疑问词"谁"不再承载疑问信息，分别指代的是某个人、任何人。虽然例（53）中"谁"仍然表明说话人存在疑惑，但是该句表达的主要信息是说话人认为他人的喧哗打扰了自己。例（54）则表明了说话人的主观态度：任何人来都没用。因此，疑问词由"疑问义"到"非疑问义"的变化过程，伴随着说话人主观性逐渐增强的过程。

　　3. 特殊情况

　　在前文已经提到反诘问最常用的疑问标记"难道"并不总是表达强否定的语义内容。陈振宇、邱明波（2010）对此现象进行了详细的论述，本书在此不再赘述，仅提供几例以供论证。如：

　　（55）都八点十分了，<u>难道老师今天不来上课了</u>？

（56）我的信息系统怎么无法登录了，<u>不会是密码记错了吧</u>？

以上例句中的"难道"、"不会"本是强否定的标记，但是在具体的语境中，表达的是"弱肯定"的猜测义。在例（56）中语气词"吧"的出现，更表明说话人表达的是不确定义。但是，无论反诘问句中是否传递了疑问信息，该类句型都使用了疑问标记即疑问语气。

其次，在言语表达中还存在说话人自问自答的情况。如：

（57）<u>我为什么以这篇论文为例呢</u>？因为这篇文章思路清晰，解释问题简单明确。

例（57）中的问句也可看作是一种"无疑而问"，因为说话人并非对所问事物一无所知。邱明波（2010）认为辩驳或说教等是形成设问的动因。设问与反问一样都是说话人假定听话人不知道某一信息，需要通过某种方式来突出说话人想要强调的内容。只不过反问是通过强否定的方式，而设问是通过一问一答的方式。因此，设问是句群或是语篇层面的内容，不在本书讨论的范围内，本书讨论的功能句型只涉及单句层面。

（三）判别陈述功能句型与疑问功能句型的要素

根据前两节的论述，在判断一个句子表达的语义功能是陈述还是疑问时，可以参考以下几个因素：

1）句中新信息的拥有者。如果新信息是指向听话人的，那么句子为陈述功能句型；如果新信息是指向说话人的，那么句子应为疑问功能句型。

2）作主语的人称代词。陈述功能句型一般不在主语位置出现第二人称代词，疑问功能句型通常不在主语位置出现第一人称代词。

3）边界调。疑问功能句型的边界调音高比陈述功能句型的边界调要高。

4）说话人的主观倾向性。说话人在语句中体现出的"信"与"疑"，决定了该句子是倾向于表达陈述功能还是倾向于表达疑问功能。

二、陈述功能句型与指令功能句型的区别与联系

"陈述"与"指令"也是彼此对立的两种功能类型，但用来表达这两种功能类

型的语言形式却并非呈离散状态。处于两种功能句型之间的语句所传递的语义信息介于"陈述"与"指令"之间。在现有的研究成果中，对"陈述"与"指令"之间的关联性主要以间接言语行为理论来解释。本节先考察陈述功能句型与指令功能句型之间的区别，再从语境因素的角度分析"指令"向"陈述"的转换。

（一）陈述功能句型与指令功能句型的区别

本书认为陈述功能句型中的陈述态度类句型与指令功能句型关系最为密切，因为二者都可以表达对将要实施行为的态度。但陈述态度类句型用来陈述表态者对将要实施行为的主观态度，而指令功能句型是说话人意在令对方去实施某种行为，二者表达的语义完全不同。以下主要从语力的强弱、人称代词的使用、动词的使用情况三个角度来阐述两类句型之间的区别。

1. 语力的强弱

陈述功能句型仅是述说相关事物的情况或是向他人表明自己的观点、态度，指令功能句型则不仅表达了说话人对对方的态度，还表达了说话人意在指使对方实施某种行为的语义内容。因此，就两种功能句型的区别来看陈述功能句型所具有的语力较弱，不涉及对他人行为的干预，而指令功能句型具有的语力较强。如：

（58）我觉得你这篇文章写得不错。

（59）a 我觉得他的文章写得不错。

　　　　b 我觉得他的文章还可以再改改。

（60）我觉得你的文章还可以再改改。

以上三例中，例（58）、（59）表达的是说话人对所述事物的主观态度，属于陈述心理类句型。例（59b）在表达说话人态度的同时，也含有对他人的建议，但是这与本书讨论的指令功能句型不同。因为指令功能句型的指令对象为言语交际中的听话人，也可以是说话人自身，但不能是言语交际之外的第三者。因此，例（59b）只是表达了说话人对相关事物的态度。例（60）说话人在表态的同时，委婉表达了希望听话人对文章再做修改的意思。这里说话人建议的对象为言语交际中的听话人而非第三方，属于指令功能句型。前两例只是表达说话人的主观态度，不涉及对他人行为的干预，因此语力较弱。而例（60）既表达了说话人的主观态度，也暗含对听话人行为的干预，因此该例含有的语力与前两例相比较强。

2. 人称代词的使用情况

两种功能句型在人称代词的使用上也存在区别。陈述功能句型一般不以第二人称代词为主语，如：

（61）*a 你对我的行为非常失望。

　　　*b 你对他的行为非常失望。

一般情况下，例（61）中的两个例句不能成立。因为陈述功能句型是说话人向对方传递新信息的过程，交际对方的态度无须由说话人告知。当语句表达的是说话人对对方的评价或表态时，主语可以为第二人称代词。这种情况下，陈述的对象是与"你"相关的事物。如：

（62）你今天表现得不错。

（63）你长得真像你的父母。

以上两例分别是说话人对"你今天的表现"、"你的长相"的评价与判断，虽然句子的主语为"你"，但这类句子一般都可以在句首加上表明说话人观点的标记词，如"我觉得、我认为"等。以上例句都没有对听话人的行为产生任何干预或影响，因此只能是陈述功能句型。

而指令功能句型则主要以第二人称代词为主语，还包括表复数的人称代词"我们"之类。这种情况多是句中省略发话人和指令标记，只出现受话人和指令内容的句子。如：

（64）你今天必须好好表现。

（65）我们今天要第一个完成任务。

上述两例中出现了指令功能句型的标记词"必须、要"，表达了说话人对听话人发出的指令。说话人的话语对听话人的行为产生了干预，因此属于典型的指令功能句型。若将以上二例中的主语替换为第一人称代词"我"或者第三人称代词"他"，如：

（64'）我 / 他今天必须好好表现。

（65'）我／他今天要第一个完成任务。

上述二例，说话人就只是在陈述自己的态度，没有对交际中的听话人产生行为上的干预或影响，因而不能归为指令功能句型。即使在句首部分出现可以表达指令义的标记成分"我命令／我要求"之类，上述例句也只能归为陈述功能句型。

根据以上分析，有些陈述功能句型与指令功能句型在形式上有相同之处，但在人称代词的选择上却存在差异。这是导致具体的语句不同功能归属的主要原因。

3. 动词的使用情况

陈述功能句型表达的是告知功能，是说话人向听话人述说新的信息，并不存在对听话人的行为产生任何干预的因素。因此在句中出现的谓语动词没有太多的限制，可以是表示判断的"是"，表示领有、存在的"有"，表示估测、意愿的"能、想"之类，表示心理的"喜欢、讨厌"等，表示动作行为的"吃、看、跑"，等等。而指令功能句型因为具有特殊的语力，因而在动词的使用上有一定限制。进入指令功能句型的动词可以是表警告义的"警告、告诉"等，或是表示情理性的能愿动词"应该"等。这些动词在语义上有一个共同的特征就是都含有对他人的行为产生影响的内涵。因此，在判别一个句子是属于陈述功能句型还是指令功能句型时可以从句中主要动词的语义特征角度来考察。

根据以上论述，陈述功能句型中出现的动词语义特征为［－指使义］，而指令功能句型中出现的动词则具有［＋指使义］。

（二）陈述功能句型与指令功能句型的联系

1. 由指令向陈述的转换条件

陈述功能句型与指令功能句型之间的关联性不像其与疑问功能句型之间的关联性那么紧密。二者之间的关联性不仅需要具备主观性因素，还需要依赖一定的语境。因此，陈述功能句型若要表达指令功能具有很强的限制性。如：

（66）她每天这个时候都在广场上跳民族舞。　　　行为

（67）她太胖了。　　　特征

（68）这个杯子是我的。　　　关系

（69）我喜欢喝鲜橙汁。　　　　　　　　　　表态

（70）这是一台高端、大气、上档次的笔记本。　　评价

（71）这不是我的 U 盘。　　　　　　　　　判断

以上例句或是陈述客观的动作行为、外貌特征、所属关系，或是陈述说话人的主观心理。若不考虑其出现的语境，那么这些句子只能表达陈述功能。但是在一些特殊场合，上述例句就可以表达指令的内涵，因为句子所表达的语义内容在告知对方信息的同时还可能含有其他隐含的话语信息，那么该句子表达的陈述功能就会发生迁移。如：

（72）—— 孙阿姨在吗？

　　　—— 她每天这个时候都在广场上跳民族舞。

同样的句子有了语境因素的参与，在叙述行为的同时也隐含着建议的功能。该例中答话人的意思是"孙阿姨不在这儿，你可以去广场找找看"。

陈述事物特征的句子有时也可以转化为指令功能句型，如例（67），如果是说话人从"她"的健康角度考虑，该例可以看作是对"她"的建议，希望"她"能够考虑减肥。例（68）如果是发生在办公室里，某位同事想拿起水杯喝水，说话人马上说明"这个杯子是我的"，言下之意为"请不要用我的水杯"。该例句可以扩展为：这个杯子是我的，你不要碰。说话人在说明事物所属的同时，也发出了禁止对方实施某种行为的信息。例（69）如果是点餐的情况下，说话人以表明自己喜好的方式达到请求他人为自己服务的目的，可看作是一种间接言语行为。该例句可以扩展为：我喜欢喝鲜橙汁，帮我点杯鲜橙汁吧。例（70）也属于类似的情况，如果是在购买商品的过程中，说话人对事物表达出较高的评价，那么言下之意就是希望对方能为自己购买此商品。该例可以扩充为：这是一台高配置的笔记本，就买这台。例（71）为判断类句型，表达的是说话人对事物相关内容的判断。在一定的语境中，该例也可以转化为具有指令功能的句子。如：这不是我的 U 盘，你再去问问其他人吧。这种情况下，句子表达的就是建议功能。

从以上论述来看，陈述功能句型若要表达指令功能，必须依赖一定的语境因素。这与陈述功能句型与疑问功能句型的相互转化不同，陈述句型与疑问句型的转化更多依赖的是说话人的主观态度。

2. 特殊情况

侯国金、张姐（2002）论述了英语中八种类型的假指令句，该文中定义的假指令句为不完全实施或实施不完全指令功能的指令句，可以看作是非典型的指令功能句型。英语中的假指令句与汉语中具有指令功能的句子情况并不完全一致。但是汉语中确实存在一些指令功能句型与其所表达的语义内容不完全一致的情况，如：

（73）请坐。

（74）爷爷，您在家里好好的。

（75）不要灰心。

例（73）中说话人看上去是在对听话人发出命令，实则是主人接待客人时的一种礼貌态度，请对方就座的意思。在言语交际中，说话人往往只是用简单的动词"坐"来表达邀请对方就座的意思。例（74）看上去是晚辈对爷爷的命令，"您（要）在家里好好的"，实则表达的是对长辈的关心。例（75）看上去应归为禁止类句型，因为句中出现了禁止类句型的标记词"不要"，表示说话人命令对方不要实施某种行为，但实际上是说话人表达对对方的鼓励。以上例句与陈述功能句型中的表态类句型有相似之处，只是句中若出现人称代词，只能是第二人称的形式。

在言语交际中，人们常常用表示斥责、批评的方式来表达警告、命令功能，而用表示赞赏、表扬的褒义词语表达请求、建议功能。如：

（76）看你的手套，全湿了。

（77）爸爸，<u>你做的饭比妈妈做的好吃</u>。

例（76）中，儿子在玩水的过程中把冬天保暖用的手套全弄湿了，爸爸使用陈述客观情况的方式表达对儿子的不满，言外之意是命令儿子不准再碰水了。例（77）中，女儿很少吃到爸爸做的饭，偶尔吃了一次便用夸赞的方式表扬爸爸的饭好吃，言外之意是想以后常常能吃到爸爸做的饭，可以看作是间接的请求。

（三）判别陈述功能句型与指令功能句型的要素

根据前两节的论述，陈述功能句型与指令功能句型之间的差异较大，可以从以下几点进行判别：

1）主观性角度。如果说话人的话语具有较强的语力，对听话人的行为产生一定的干预，那么应该为指令功能句型。如果说话人仅仅是向听话人传递新信息，那么应该为陈述功能句型。

2）人称代词的使用，两种功能句型倾向于使用的人称代词不同。一般情况下，省略了发话人和指令标记的指令功能句型中出现的是第二人称代词作主语，有些情况下也可以为第一人称代词，而陈述功能句型通常不以第二人称代词作主语。

3）由于两种功能句型表达的语义功能不同，因此二者倾向于使用的动词也不同。

4）如果是在具体的语境中，则要考虑语境所赋予句子的"言外之意"。如果说话人在陈述事物的同时还意在令对方实施某种行为，那么该句子就不再是"纯粹"的陈述功能句型。

本节在论述两种功能句型的联系时，只描述了从陈述功能句型过渡到指令功能句型的情况，没有对指令功能句型向陈述功能句型的过渡情况进行阐述。因为，含有指令功能的句子都具有较强的语力，一般不能直接省略该因素而转化为陈述功能句型。

三、疑问功能句型与指令功能句型的区别与联系

"疑问"与"指令"，一个是向对方索取新信息，另一个是意在令对方实施某种行为。这二者也存在相关性，因为向对方"索取"的过程实质上也是在令对方实施某种行为的过程。"索取"的内容既可以是新的信息，也可以是对方提供的某种服务。本节将详细论述这两种功能句型之间的关系。

（一）疑问功能句型与指令功能句型的区别

在论述这两种功能句型的关联性之前，仍是先梳理清楚二者之间存在的区别。本节主要从以下三点来论述二者的差异。

1. 两种功能句型蕴涵的语义内容

说话人使用疑问功能句型时，是向对方表明自己的疑惑并进行询问。无论说话人对事物的疑问程度如何，总是希望听话人能给予自己想要获得的新信息。而说话人使用指令功能句型时表明的是自己的主观态度，该态度含有令对方实施某种行为

的语义内容。因此，这两种功能句型体现出的说话人的立场不同。

2. 人称代词的使用情况

前文在论述陈述功能句型与疑问功能句型的区别时，已经提到疑问功能句型排斥以第一人称代词为主语，在论述陈述功能句型与指令功能句型的区别时，提到指令功能句型排斥以第三人称代词为主语。当然也有例外情况，如：

（78）我为什么要帮你去拿包裹？

（79）我什么时候才能出去玩？

上述例句中，虽然都是以第一人称代词"我"为主语，但是例句询问的并非说话人自身的信息，而是与说话人相关的其他事物的信息。句中的疑问点在其他成分上，如例（78）是对"我要帮你去拿包裹"这一行为原因的询问，例（79）是对时间要素"什么时候"的询问。

根据以上论述，三大功能句型在人称代词的使用上存在倾向性（韩孝平1992），见表5.1：

表 5.1 三大功能句型在人称代词使用上的倾向性

	陈述功能句型	疑问功能句型	指令功能句型
第一人称	＋	－	＋
第二人称	－	＋	＋
第三人称	＋	＋	－

表格中的"＋"、"－"号只表示某类句型使用人称代词时的倾向性，并不是说某一类人称代词完全不能在某种功能句型中出现。

3. 动词的使用情况

同陈述功能句型一样，疑问功能句型对动词的使用并无太多限制，而指令功能句型要求句中出现的主要动词必须具有 [＋指使义] 的语义特征。具体内容在此不再详述。

（二）疑问功能句型与指令功能句型的联系

现有研究成果中讨论疑问功能句型与陈述功能句型之间关联性的文章有：商拓（1996）讨论了现代汉语口语中理想祈使语气的表达。周士宏（2009）论述了测度与商量在语气意义上的相近性，认为"吧"也可以用在表示祈使意义的问句中。高华（2009）认为"好不好"除了出现在"要求、意愿/意向"之后，还可以出现在"断言"之后，表达的语义内容是"提请对方注意某一事实"。王琴（2012）认为"行不行"的发展过程伴随着"主观化"过程，其逐步由命题成分变为话语成分，由客观意义变为主观意义等。随着语法化程度的不断加深，"行不行"的疑问功能渐渐削弱，逐渐固化为祈使、感叹和话语标记。李晓琳（2013）论述了"是不是"问句从表达疑问功能到表达指令功能的中间环节。李宗江（2013）对疑问格式主观化的过程阐释更进一步，前人的文章只是解释了疑问格式如何语法化为话语标记，而该文深入考察了疑问小句的三种话语功能：话轮功能→人际功能→填充功能，这三种功能之间是逐渐虚化的过程。这个过程正好解释了疑问格式主观化逐渐增强的过程。随着主观化的增强，句子表达的功能便随之发生了变化。以上研究成果多是以"V不V"格式为例，讨论两种功能句型之间的相关性。本书则主要考察疑问功能句型与指令功能句型之间的转化过程，范围更为广泛。

"疑问"与"指令"这两种功能句型最重要的差别是：疑问功能句型可以是说话人对过去、现在、将来事物的询问，而指令功能句型中表示行为内容的部分一定是暂未发生的，是说话人指使听话人去实施的行为。

前文已经提到，典型的疑问功能句型是说话人要求对方提供新信息，典型的指令功能句型是说话人要求对方提供某种服务。二者的关联性在于如果说话人要求对方为自己提供某种服务或是便利时，为了遵循交际会话中的礼貌原则，可以采取间接指令的方式，那么以询问对方"是否可以、是否能够"的方式则是最佳选择。这个时候说话人使用的疑问功能句型不再仅仅表示疑问，而是产生了功能上的迁移，兼具指令的功能。

1. 由"疑问"到"指令"的转换条件

疑问功能句型不表询问义的时候，就可能产生功能上的迁移，或者是表态、评价，或者是令对方实施某种行为。吕叔湘在《要略》中论述了与"疑问"、"祈使"都有关联性的"商量"。吕先生认为"商量"是说话人持有自己的观点，仅是询问听话人对自己观点的态度，如句末使用"吧／怎么样？／好不好？"的语句。"商量"同时又关系到与双方行动有关的建议，可以单管"你"的行动，或单管"我"的行动。商量语气原则上是一种问话。要是语气坚决，也可以不用询问，即不征求对方的同意，这仍属于"建议"，不能算是商量。如果语气不够坚决，也是无论要回答与否，都不失为测度。问话的"吧"和非问话的"吧"声音略有高低长短的分别，这种无待商量的建议，要是指"你"说，那就是祈使；要是指"我"说，就是宣布"我"的宗旨；要是包括双方，就是语气较为坚决的建议，也可以说是广义的祈使。从以上论述可以看出，功能句型之间发生关联性的部分都是非典型的成员。指令功能句型中的"请求／商量"类句型指令度最低，疑问功能句型中的"测度"类问句疑问度最低，这为两种功能句型的转化提供了条件。

请看下列一组从疑问功能句型逐渐变为指令功能句型的例句：

（80）你有充电器吗？

（81）你的充电器能借我用一下吗？

（82）你的充电器能借我用一下吧？

（83）你的充电器借我用一下吧。

（84）你的充电器借我用一下。

上述例句中，例（80）为说话人向对方询问"是否有充电器"，例（81）说话人对"听话人有充电器"是没有疑问的，但是希望听话人能将充电器借给自己，所以询问对方"是否能够"借给自己充电器。以询问对方的"能力"为由，希望对方能够为自己提供某种服务。例（82）说话人的疑问度降低，倾向于表示肯定义，希望对方借给自己充电器。例（83）、（84）说话人询问的内容暂未发生，因而存在表达指令功能的可能性。若是弱问句中表示行为内容的部分已经发生了，那么该句子就不可能表达指令功能。例（83）说话人的话语中不含疑问，仅是表达出弱指令义，请求对方借给自己充电器。例（84）由上一例的弱指令变为强指令，说话人命令对方借给自己充电器。这组例句表达的语义上呈现出以下特点：有疑而问＞疑问性减弱，指令性增强（倾向于表达肯定义的疑问句）＞无疑而问（疑问性进一步减弱，变为反问句）＞指令功能句型（由弱指令到强指令）。

2. 由"指令"到"疑问"的转换条件

上面论述的是从疑问到指令的转化，反过来再看从指令功能句型到疑问功能句型的情况。如：

（85）你去借一包调料。

（86）你去帮爸爸借一包调料。

（87）你去帮爸爸借一包调料吧。

（88）你去帮爸爸借一包调料吧？

（89）你能帮爸爸借一包调料吗？／你去帮爸爸借一包调料，好不好？

上述例句中的指令功能逐步弱化，所反映出的语义序列与上一小节归纳的语义序列正好相反：指令功能句型（由强指令到弱指令）＞无疑而问＞有疑而问（疑问兼具指令）。例（85）为典型的指令功能句型，是说话人向听话人传达的命令。例（86）虽然也是说话人向听话人传达的命令，但是句中的"帮"表明说话人遵循了交际中的礼貌原则。例（87）语气词"吧"的使用，表明说话人对自己的要求不太确定，含有商量的意味。例（88）说话人使用了疑问语调，偏向于向对方的询问。通过询问对方"可不可以"，请求对方为自己服务。例（89）说话人通过询问对方"能不能"的方式请求对方为自己服务。这组例句中，说话人在会话交际中的地位逐渐降低，礼貌度逐渐提升。将会话交际的主动权逐渐移交给对方，充分表现出说话人对听话人的尊重。因为说话人本来就处于交际中的"强势"地位，逐渐降低自己的交际地位，充分体现了父亲对孩子的尊重。通过前文对两种句型转化条件的分析可以看出，只有对暂未发生行为进行询问的语句才有可能含有指令功能。

日常交际中，除非是说话人认为自己拥有绝对话语权的情况下才会使用威胁／警告类、命令类句型。一般情况下，说话人都会使用指令程度低、表意比较委婉的指令功能句型。而更为含蓄的表达方式则是使用疑问功能句型询问他人"是否能够"、"是否可以"实施某种行为为自己提供便利。

根据以上论述，本书认为典型的疑问功能句型即真问句需要听话人以话语的形式来回答说话人提出的问题；弱问句既需要听话人就相关问题做出回答，但是同时也需要听话人实施某种行为，当然说话人也可以不做回答，直接实施某种行为；反问句中，通常情况下说话人对所述事物是没有疑问的，只是想通过问句的形式使听话人实施某种行为，以疑问的形式表达的指令义比指令功能句型表达的更为委婉、含蓄，语气上也更加柔和（商拓，1996）。当然在言语交际中，听话人可以针对说话人这种无疑而问的形式进行反驳。如：

（90）—— 你能帮我把字典拿过来吗？

　　　—— 凭什么啊。

（三）判别疑问功能句型与指令功能句型的要素

根据前两小节的论述，疑问功能句型与指令功能句型之间的区别可以从以下几个角度进行考察：

1）句子表达的语义内容。如果句子表达的是说话人向听话人索取相关信息，那么该句应归为疑问功能句型；如果句子表达的是说话人向听话人索取相关服务，那么该句应归为指令功能句型。

2）疑问功能句型中一般不以第一人称代词做主语，而指令功能句型中一般不出现第三人称代词。

3）疑问功能句型中对动词的选择没有过多的限制，而指令功能句型中的主要动词应具有 [＋指使义]。

小　　结

本章论述了功能句型之间存在的连续统，对处于中间状态的句型做了倾向性分析与梳理，如此安排是基于如下考虑：①认清汉语各类句型表达的语义功能以及各功能句型之间的关系；②为语言教学提供帮助，帮助汉语学习者准确掌握各种句型适切的语境。

根据前文对三大功能句型内部及三大功能句型之间关联性的分析，功能句型之间的连续统如下：

1）疑问功能句型与陈述功能句型：这两种句型之间的转化以说话人对事物的确信度为依据。说话人对事物存在疑惑而向他人询问相关信息，这属于典型的疑问功能句型。说话人对事物有所了解，但仍存有疑惑，若向听话人询问，则为"测度"类疑问功能句型；若仅仅表达自己的疑惑，则为陈述功能句型。疑问功能句型中的反诘问也具有双重性，通常情况下，反诘问表达的是强否定义，说话人对所述内容不存在疑问，但是也不排除有些情况下，反诘问也可以表达说话人对事物的揣测。测度问与反诘问的这种两可情况，就为"疑问"与"陈述"两种功能句型间的关联性起到了桥梁作用。

2）陈述功能句型与指令功能句型：这两种功能句型之间最大的差异体现在二者所具有的语力上。陈述功能句型仅是说话人向听话人传递新信息，而指令功能句型则是说话人要求对方实施某种行为。陈述功能句型中的表态类句型与指令功能句型在形式上较为相似，但是指令功能句型中行为的实施者必须是交际对话中的听话人。若是其他类陈述功能句型需要表达指令内涵的话，往往需要依赖一定的语境，否则陈述功能句型很难表达指令义。

3）指令功能句型与疑问功能句型：指令功能句型与疑问功能句型都是说话人向听话人索取相关服务，只是前者索取的是具体的行为，后者索取的一般是新信息。指令程度最弱的请求/商量类句型与疑问度较弱的测度类句型容易产生重叠现象。因为一般情况下，人们为了遵循礼貌原则，不会选用指令强度高的命令类句型向他人索取服务，而是以询问他人是否能够、是否愿意为自己提供便利的方式向他人索取服务。因此，这就为指令功能句型与疑问功能句型产生关联提供了条件。

三种功能句型之间的关系，可以用图 5.2 表示：

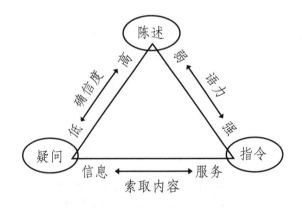

图 5.2　三大功能句型之间的关系

第六章　结　语

一、本书内容总结

本书主要研究现代汉语功能句型的概况，重点描述在语义功能视角下汉语句型的体系框架。对各类功能句型内部的类别进行解析，以解释功能句型内部的差异性和层次性。作者从主观化、疑问度、指令度等角度，对汉语句型进行了重新分析，建构了新的语义功能句型体系。

本书在绪论部分，简要说明了将汉语功能句型分为陈述、疑问、指令三大类的原因。在第二、三、四章中，分别论述了三种功能句型内部的语义类别。文章以"构式语法"和"语块"的思想对汉语句型进行解析，这种析句方法与传统的析句方法存在差异。本书所采用的析句方法更贴近于人的认知思维，对句子的分析虽然较为笼统，但也可以为语言教学中的句型教学提供一种新的析句方式。

在对陈述功能句型进行分析时，本书针对语句所述对象将该类句型分为陈述客观类和陈述心理类两种。其中陈述客观类句型包括陈述行为类、陈述现象类及陈述关系类三种类别；陈述心理类句型分为陈述态度类、陈述评价类和陈述判断类三个次类。本书认为陈述心理类句型所陈述的内容是对陈述客观类句型所述内容的主观映射。

在对疑问功能句型进行分析时，本书以语句所涵盖的疑问域大小进行分类，将疑问功能句型分为对句内单一成分的疑问，对句内部分成分的疑问及对整体内容的疑问三个类别。其中对句内单一成分的疑问主要指的是传统上定义的特指问句，句中所包含的特殊疑问词是本书对这一类句型进行再分类的依据；对句内部分成分的疑问主要指的是传统上定义的选择问句。对句内部分成分的疑问与对句内单一成分的疑问之间的差别是，前者的疑问信息由语句中所含的选择项来承载，而后者的疑问信息是由特殊疑问词来承载；对整体内容的疑问本书分为单一疑问标记及复合疑问标记两种情况。本书在对疑问功能句型进行分析时，将句中所含的疑问语气也作为考察项，但是疑问语气并非在所有的句型中都有承载疑问信息的功能。

在对指令功能句型进行分析时，本书以语句所蕴含的指令度强弱进行分类，将指令功能句型分为警告、命令、建议和请求四类。指令功能句型与陈述功能句型中的陈述态度类句型存在相似之处，但是指令功能句型具有的语力较强，对他人的言语行为存在影响或是干预，而陈述功能句型只是在陈述某种情况，因此这两类句型在人称代词的选择及动词的使用上存在差异。

以上所论述的三种语义功能都是彼此独立的，但是运用语句来表达这三种语义功能时，则存在彼此关联的现象。因此，本书在第五章简要地对这三种功能句型之间的连续性进行了分析。文章主要从主观性及确信度、疑问度等角度对这三种功能句型的中间状态进行考察，并认为以上三类功能句型也存在典型功能句型与非典型功能句型的差异，而非典型的功能句型就是各类功能句型之间彼此相互联系的中间区域。

二、本书研究的意义

（一）理论意义

本书的选题角度不同于以往的汉语句型研究。文章以构式语法为理论依据，结合"语块"的思想对汉语句子进行分析，着重从语义功能的角度考察每类句型所涵盖的语义内容，试图从宏观层面构建汉语功能句型的体系。

本书对汉语功能句型的分类也不同于以往从语气角度对汉语句型分出的功能类别。本书提倡"三分法"，将传统上认为的"感叹类"句型划出功能句型的体系。本书对句型的归类，既注重每一类句型所涵盖的语义内容，又力图找到该类句型的形式标记。只有在陈述功能句型中，形式标记较另外两类功能句型少一些。对句子进行分析时，既注重句中各个语块所表示的语义内容及整个句子所涵盖的构式义，也注重考察该构式所适用的语境。

本书认为各类功能句型之间存在关联性，这种关联性与本书所选取的视角有关，因为语义本身就与人的"主观性"密切相关，所以尽管各个功能类别是彼此对立的，但表达这些功能的句型之间还是有可能存在联系。

（二）应用意义

本书的研究虽然是对汉语句型的重新归类，但是语言研究的最终目的仍然是服务于语言教学。本书从语义功能角度对汉语句型进行考察，希望能够帮助语言学习者准确了解某一句型表达的语义内容及适用的语境，能够准确恰当地运用汉语句型。

三、本书的不足及展望

由于时间和作者水平的限制，本书的研究还存在不少不足之处：

1）本书所使用的析句方法仍然比较简单，可能没有照顾到句子所包含的各方面因素。文章只注重这种析句方法较为符合人们的认知思维，而对此类析句方法的操作过程较少论及。另外，有些句型的解析式中所含的语块还可以进一步细分，但由于时间限制，本书并没有做到详尽说明。

2）文章对功能句型类别的划分，仍然较为笼统，是否还可以更为细致地进行分类，值得进一步思考。

3）文章对指令功能句型的分析，没有像陈述功能句型与疑问功能句型那样对每一类句型做细致、深入的分析，对该类句型的分析仍较为浅显。虽然指令功能句型较前两类句型的情况可能简单一些，但是本书在这方面的讨论仍然不够。

4）对各类功能句型之间关系的讨论仍显得薄弱，虽然本书认为各功能句型之间是存在联系的，但是对这种关系的分析仍然没有找到较为恰当的切入点和理论依据。

本书的研究最终目的是为语言教学服务，对语言现象的讨论仍是为语言的使用提供理论依据。因此，今后的研究还可以从以下几方面来着手：

1）进一步对功能句型所含类别进行分析。汉语与其他语言相比，具有其个性，当然也有与其他语言相类似的共性存在，因此对汉语功能句型的分析，既要参考其他语言研究已经取得的成果，也要兼顾汉语的实际。

2）对功能句型进行细致深入的分析，将功能句型的体系框架进一步完善，我们将结合各类功能句型的构式及其构成成分，深入探讨哪些语言成分能够进入相关构式，哪些语言成分进入相关构式时又有所限制。

3）将功能句型分析与句型教学结合起来，希望对句型教学提供参考，这才是本书研究的最终目的。

参考文献

曹　娟.双重否定结构"你不是不知道"的语用探析 [J].首都师范大学学报（社会科学版），2013（S1）:1-3.

曾立英."我看"与"你看"的主观化 [J].汉语学习，2005（2）:15-22.

常　晖.事件分析之陈述功能翻译探究 [J].外国语文，2010（4）:85-88.

陈　平.汉语双项名词句与话题—陈述结构 [J].中国语文，2004（6）:493-506.

陈　平.试论汉语中三种句子成分与语义成分的配位原则 [J].中国语文，1994（3）:161-167.

陈国亭，兰巧玲.形容词评价句的语用内涵 [J].外语学刊，2004（6）:59-62.

陈佳璇.汉语"询问"范畴研究的既有范式及其问题 [J].华东师范大学学报（哲学社会科学版），2010（5）:85-89.

陈建民.现代汉语句型论 [M].北京：语文出版社，1986:4-22.

陈景元，高　佳.现代汉语副词的评价视角分析 [J].河北师范大学学报（哲学社会科学版），2012（6）:131-135.

陈妹金.北京话疑问语气词的分布、功能及成因 [J].中国语文，1995（1）:17-21.

陈妹金.汉语假性疑问句研究 [J].南京师大学报（社会科学版），1992（49）:78-83.

陈若君."要不（要不然）"的篇章连接功能 [J].语言教学与研究，2000（3）:66-72.

陈望道.修辞学发凡 [M].上海：复旦大学出版社，2008:134-138.

陈振宇，邱明波.反预期语境中的修辞性推测意义——"难道、不会、怕、别"[J].当代修辞学，2010（4）:63-72.

陈振宇."知道"、"明白"类动词与疑问形式 [J].汉语学习，2009（4）:27-37.

陈振宇.现代汉语中的非典型疑问句 [J].语言科学，2008（4）:337-350.

储泽祥.述评性的"NP一副 X 的样子"格式 [A].语法研究和探索（十二）[C].北京:商务印书馆，2003:451-464.

储泽祥.在多样性基础上进行倾向性考察的语法研究思路 [J].华中师范大学学报（人文社会科学版），2011（2）:90-94.

崔雅丽.构式语言压制现象研究 —— 基于构式法的认知机制 [J].外语教学，2012（3）:34-38.

戴耀晶.汉语否定句的语义确定性 [J].世界汉语教学，2004（1）:20-27.

戴耀晶.汉语疑问句的预设及其语义分析 [J].广播电视大学学报，2001（2）:87-97.

杜道流.现代汉语感叹句研究 [M].合肥 : 安徽大学出版社，2005:82-90.

杜永道.是非问句末的"吧"也可表祈使 [J].汉语学习，1992（6）:8.

樊小玲.指令类言语行为构成的重新分析 [J].华东师范大学学报（哲学与社会科学版），2011（1）:144-149.

范　晓.关于句子的功能 [J].汉语学习，2009（5）:3-14.

范继淹.是非问句的句法形式 [J].中国语文，1982（6）: 426-434.

方经民.论汉语空间方位参照认知过程中的基本策略 [J].中国语文，1999（1）:12-20.

方一新,曾　丹."多少"的语法化过程及其认知分析 [J].语言研究，2007（3）:76-80.

冯胜利,施春宏.论汉语教学中的"三一语法" [J].语言科学，2011（5）:464-471.

高　华."好不好"附加问的话语情态研究 [J].深圳大学学报（人文社会科学版），2009（4）:98-102.

高顺全.表祈使的"V 着点儿"的来源和语法化 [J].语言研究，2008（2）:82-89.

高增霞."吧"字祈使句的使用条件 [J].语文研究，2010（2）:41-45.

高增霞.疑问祈使句"Q＋吧"及其中"吧"的功能 [J].湖南师范大学社会科学学报，2009（5）:114-117.

郭宝栋.行为句的构成以及叙述句与行为句的关系 [J].外语与外语教学，1989（4）:32-35.

郭昭军.现代汉语中的弱断言谓词"我想" [J].语言研究，2004（2）:43-47.

国家对外汉语教学领导小组办公室.高等学校外国留学生汉语教学大纲（长期进

修）[M].北京：北京语言大学出版社，2002:95-203.

国家对外汉语教学领导小组办公室.高等学校外国留学生汉语言专业教学大纲[M].北京：北京语言大学出版社，2002:95-203.

韩孝平.人称与句子功能的关系刍议 [J].世界汉语教学，1992（1）:33-39.

侯国金，张　妲.假指令句 [J].解放军外国语学院学报，2002（2）:17-20.

胡清国.否定形式的格式制约 [M].武汉：华中师范大学出版社，2010:7-14.

胡裕树.现代汉语（重订本）[M].上海：上海教育出版社，2002:313-340.

胡壮麟，朱永生，张德禄，李战子.系统功能语言学概论（修订版）[M].北京：北京大学出版社，2008:74-91.

黄伯荣，廖序东.现代汉语（增订三版）[M].北京：高等教育出版社，2002:109-121.

黄伯荣.汉语知识讲话 陈述句、疑问句、祈使句、感叹句[M].上海：新知识出版社，1957:39-44.

黄国文.形式是意义的体现 —— 功能句法的特点之一 [J].外语与外语教学，1998（9）:4-7.

黄国营."吗"字句用法初探 [J].语言研究，1986（2）:131-135.

贾光茂，杜　英.汉语"语块"的结构与功能研究 [J].暨南大学华文学院学报，2008（2）:64-70.

江海燕.语气词"吧"和疑问语气的传达 [J].语言文字应用，2008（4）:62-68.

江海燕.语气词"呢"负载疑问信息的声学研究 [J].首都师范大学学报（社会科学版），2006（4）:69-72.

江蓝生.概念叠加与构式整合 —— 肯定否定不对称的解释 [J].中国语文，2008（6）:483-497.

姜　红.陈述、指称与现代汉语语法现象研究 [M].合肥：安徽大学出版社，2008:30-45.

金　城.评价语句的言语行为 [J].外语学刊，2009（6）:94-97.

康亮芳.从现代汉语疑问句的构成情况看疑问句句末语气词 [J].四川师范大学学报（社会科学版），1998（4）:93-98.

黎立夏."哪"系疑问代词的非疑问用法研究 [D].武汉：华中科技大学硕士学位

论文，2011:9-17.

李　杰.现代汉语语气副词状语的祈使和感叹功能 [J].《宁夏大学学报》（人文社会科学版），2005（4）:57-60.

李　圃.现代汉语祈使表达句的类型、促成因素和信息特征 [J].新疆大学学报（哲学·人文社会科学版），2011（2）:131-134.

李　泉.第二语言教学中的功能及相关问题 [J].中国人民大学学报，1997（6）:87-91.

李发根.评价的识别、功能和参数 [J].外语与外语教学，2006（11）:1-16.

李富林.单句的表述系统浅论 [J].河南教育学院学报（哲学社会科学版），1994（4）:15-27.

李广瑜.否定祈使句式"别 V 着"刍议 [J].语言教学与研究，2013（1）:48-54.

李临定.现代汉语句型 [M].北京：商务印书馆，1986:308-311.

李庆荣.实用语法修辞 [M].北京：商务印书馆，2007:125-137.

李婷婷.对外汉语教学中"谦虚"功能项目教学研究 [D].武汉：华中师范大学硕士论文，2011:27-30.

李小军.表负面评价的语用省略 [J].当代修辞学，2011（4）:35-42.

李小军.有关疑问域的一点历时思考 [J].中国语文，2010（6）:496-501.

李晓琳."是不是"弱问句：从真问到反问的中间环节 [J].汉语学习，2013（3）:96-102.

李勇忠.祈使句语法构式的转喻阐释 [J].外语教学，2005（2）:1-5.

李勇忠.语义压制的转喻理据 [J].外语教学与研究，2004（6）:433-437.

李宇凤.回声性反问标记"谁说"和"难道" [J].汉语学习，2011（4）:44-51.

李宇明,陈前瑞.语言的理解与发生——儿童问句系统的理解与发生的比较研究 [M].武汉：华中师范大学出版社，1998:47-68.

李宇明.疑问标记的复用及标记功能的衰变 [J].中国语文，1997（2）:97-103.

李宗江."A 的是"短语的特殊功能 [J].汉语学习，2012（4）:22-27.

李宗江.表达负面评价的语用标记 [J].中国语文，2008（5）:423-426.

李宗江.几个疑问小句的话语标记功能——兼及对话语标记功能描写的一点看法 [J].当代修辞学，2013（2）:36-42.

林茂灿.汉语语调与声调 [J].语言文字应用，2004（3）:57-67.

林茂灿. 疑问和陈述语气与边界调 [J]. 中国语文，2006（4）:364-376.

刘 珣. 从"结构—功能"法到"功能—结构"法的设想 —— 关于对外汉语教学法的探讨 [A]. 中国对外汉语教学学会第三次学术讨论会论文选 [C]. 北京：北京语言学院出版社，1989:81-92.

刘大为. 从语法构式到修辞构式（上）[J]. 当代修辞学，2010（3）:7-17.

刘大为. 从语法构式到修辞构式（下）[J]. 当代修辞学，2010（4）:14-23.

刘宁生. 汉语怎样表达物体的空间关系 [J]. 中国语文，1994（3）:169-180.

刘钦荣，金昌吉. 有"难道"出现的问句都是反问句吗？ [J]. 河南大学学报（社会科学版），1992（2）： 107-109.

刘钦荣. 询问句特有的表达式 [J]. 郑州教育学院学报，2002（1）:106-109.

刘月华. "怎么"与"为什么"[J]. 语言教学与研究，1985（4）:130-139.

刘悦明. 现代汉语量词的评价意义分析 [J]. 外语学刊，2011（1）:62-67.

卢福波，吴 莹. 请求句中"V"、"V 一下"与"VV"的语用差异 [J]. 语言教学与研究，2005（4）:40-45.

卢英顺. "这样吧"的话语标记功能 [J]. 当代修辞学，2012（5）:39-45.

鲁 苓. 语言的功能：描述还是完成行为 —— 语用学的一个重要问题 [J]. 华中师范大学学报（人文社会科学版），1999（1）:117-120.

陆丙甫，蔡振光. "组块"与语言结构难度 [J]. 世界汉语教学，2009（1）:3-14.

罗桂花，廖美珍. 法庭互动中的回声问研究 [J]. 现代外语，2012（4）:369-376.

罗耀华，周晨磊，万 莹. 构式"小 OV"着的构式义、话语功能及其理据研究 [J]. 语言科学，2012（4）:359-366.

吕明臣，张 玥. 祈使句交际意图的实现过程[J]. 社会科学辑刊，2013（2）:227-232.

吕明臣，张 玥. 祈使句强制度的生成机制 [J]. 社会科学战线，2013（5）:137-142.

吕叔湘. 汉语语法论文集（增订本）[M]. 北京：商务印书馆，2002:481-571.

吕叔湘. 吕叔湘全集（第一卷）[M]. 沈阳：辽宁教育出版社，2002:29-69.

吕叔湘. 现代汉语八百词（增订本）[M]. 北京：商务印书馆，1999.

马 剑. 对外汉语教学中"否定"功能项目教学研究 [D]. 武汉：华中师范大学硕士论文，2011:30-32.

马清华. 论汉语祈使句的特征问题 [J]. 语言研究，1995（1）:44-51.

马瑞英 . "怎么"非疑问用法研究 [D]. 长春：吉林大学硕士学位论文，2011:13-25.

莫启扬，段　芸 . 言语行为语力的认知语言学研究 [J]. 外语研究，2012（3）:21-26.

潘晓军 . "好不好"表祈使语气的形成及虚化 [J]. 汉语学习，2009（6）:50-56.

齐沪扬 . 论现代汉语语气系统的建立 [J]. 汉语学习，2002（2）:1-11.

齐沪扬 . 情态语气范畴中语气词的功能分析 [J]. 南京师范大学文学院学报，2002（3）:141-152.

齐沪扬 . 语气词与语气系统 [M]. 合肥：安徽教育出版社，2002:190-199.

钱　军 . 结构功能语言学－布拉格学派 [M]. 长春：吉林教育出版社，1998:287-295.

邱明波 . 言者信息疑问句与听者信息陈述句 [J]. 修辞学习，2010（6）:65-75.

屈承熹，纪宗仁 . 汉语认知功能语法 [M]. 哈尔滨：黑龙江人民出版社，2005:2-10.

荣丽华 . 从构式角度看汉语中的"X不X"[J]. 语言教学与研究，2012（6）:73-80.

商　拓 . 浅论理想祈使语气的表达 [J]. 修辞学习，1996（4）:46-48.

上海师范大学对外汉语学院 . 旅游汉语功能大纲 [M]. 北京：世界图书出版公司，2008:1-6.

邵敬敏 . "吧"字疑问句及其相关句式比较研究 [A]. 第四届国际汉语教学讨论会论文选 [C]. 北京：北京语言学院出版社，1995:217-225.

邵敬敏 . 间接问句及其相关句类比较 [J]. 华东师范大学学报（哲学社会科学版），1994（5）:50-57.

邵敬敏 . 建立以语义特征为标志的汉语复句教学新系统刍议 [J]. 世界汉语教学，2007（4）:94-104.

邵敬敏 . 论语气词"啊"在疑问句中的作用暨方法论的反思 [J]. 语言科学，2012（6）:596-602.

邵敬敏 . 是非问内部类型的比较以及"疑惑"的细化 [J]. 世界汉语教学，2012（3）:347-355.

邵敬敏 . 现代汉语通论 [M]. 上海：上海教育出版社，2005:199-219.

邵敬敏 . 现代汉语疑问句研究 [M]. 上海：华东师范大学出版社，1996:3-15.

邵敬敏 . 语气词"呢"在疑问句中的作用 [J]. 中国语文，1989（3）:170-175.

沈家煊 . "好不"不对称用法的语义和语用解释 [J]. 中国语文，1994（4）:262-265.

沈家煊 . 不对称和标记论 [M]. 南昌：江西教育出版社，1999:250-253.

沈家煊 . 复句三域"行、知、言"[J]. 中国语文，2003（3）:195-204.

沈家煊 . 汉语的主观性和汉语语法教学 [J]. 汉语学习，2009（1）:3-12.

沈家煊 . 如何处置"处置式"？ —— 论把字句的主观性 [J]. 中国语文，2002（5）:387-398.

沈家煊 . 三个世界 [J]. 外语教学与研究，2008（6）:403-408.

沈家煊 . 语言的"主观性"和"主观化"[J]. 外语教学与研究，2001（4）:268-275.

史金生 . "要不"的语法化 —— 语用机制及相关的形式变化 [J]. 解放军外国语学院学报，2005（6）:6-13.

司罗红 . 句子功能的线性实例化研究 [D]. 武汉：华中师范大学博士论文，2011:10-12.

宋　桔 . 将修辞性语言与直陈性语言放在连续统中 ——Langacker 修辞性语言观评述 [J]. 当代修辞学，2010（5）:39-49.

苏丹洁，陆俭明 . "构式—语块"句法分析法和教学法 [J]. 世界汉语教学，2010（3）:557-565.

苏丹洁 . 试析"构式—语块"教学法 —— 以存现句教学实验为例 [J]. 汉语学习，2010（2）:83-89.

苏英霞 . "难道"句都是反问句吗？ [J]. 语文研究，2000（1）:56-60.

孙汝建 . 修辞的社会心理分析 [M]. 上海：上海外语教育出版社，2006:79-91.

孙雁雁 . 台湾口语中句末"好不好"的功能分析 [J]. 汉语学报，2011（4）:72-80.

唐晓婷 . 对外汉语教学中"批评"功能项目教学研究 [D]. 武汉：华中师范大学硕士论文，2012:27-30.

唐燕玲 . 疑问词的语法化机制和特征 [J]. 外语学刊，2009（5）:57-60.

陶红印 . 从语音、语法和话语特征看"知道"格式在谈话中的演化 [J]. 中国语文，2003（4）:291-301.

宛新政 . "（N）不 V"祈使句的柔动功能 [J]. 世界汉语教学，2008（3）:16-27.

王　琴 . "行不行"的固化及认知研究 [J]. 中国社会科学院研究生院学报，2012（4）:85-91.

王　寅 . "新被字构式"的词汇压制解析 —— 对"被自愿"一类新表达的认知

构式语法研究 [J]. 外国语，2011（3）:13-20.

王　寅 . 构式压制、词汇压制和惯性压制 [J]. 外语与外语教学，2009（12）:5-9.

王　勇，徐　杰 . 汉语存在句的构式语法研究 [J]. 语言研究，2010（3）:62-69.

王　勇 . 评价型强势主位结构的功能理据分析 [J]. 外语学刊，2011（2）:56-61.

王俊毅 . 中级阶段汉语语法教学中功能类意识的构建 [J]. 语言教学与研究，2007（6）:51-57.

王美馨 . 现代汉语功能句型及其语料库建设—以《博雅汉语》初级篇为例 [D]. 上海：上海交通大学硕士论文，2012:8-16.

王擎擎，金　鑫 . 现代汉语功能体系的建构 [J]. 云南师范大学学报（对外汉语教学与研究版），2013（6）:69-73.

王永祥 . 缘何"多少"而非"* 多多"？ —— 从标记理论视角看多 / 少的对立和不对称性 [J]. 外语与外语教学，2008（5）:9-12.

王志英 . 情态动词的隐性否定功能 —— 以"能＋不＋ VP"构式为例 [J]. 汉语学习，2013（5）:44-51.

王　娟 . 疑问语气范畴与汉语疑问句的生成机制 [D]. 武汉：华中师范大学博士论文，2011:21-26.

温锁林 . 汉语口语中表示制止的祈使习用语 [J]. 汉语学习，2008（4）:11-16.

温云水 . 论贬抑句与贬抑功能句型 [J]. 南开语言学刊，2007（1）:113-117.

温云水 . 论现代汉语功能句型 [J]. 世界汉语教学，2001（4）:90-97.

温云水 . 现代汉语句型与对外汉语句型教学 [J]. 世界汉语教学，1999（3）:98-105.

吴　颖 ."还是"的多义性与习得难度 [J]. 华文教学与研究，2010（4）:41-48.

吴剑锋 . 论汉语的八大句类 [J]. 上海交通大学学报（哲学社会科学版），2008（5）:82-87.

吴剑锋 . 言语行为动词的句类标记功能 [J]. 语言科学，2009（4）:387-394.

吴淑琼，文　旭 ."A ＋点"祈使结构的语法转喻阐释 [J]. 解放军外国语学院学报，2011（5）:21-26.

吴为善，夏芳芳 ."A 不到哪里去"的构式解析、话语功能及其成因 [J]. 中国语文，2011（4）:326-333.

吴为章 . 关于句子的功能分类 [J]. 语言教学与研究，1994（1）:25-47.

吴勇毅 . 语义在对外汉语句型、句式教学中的重要性 —— 兼谈从语义范畴建立教学用句子类型系统的可能性 [J]. 汉语学习，1994（5）:51-54.

席建国 , 郭小春 . 评价性标记语探微 [J]. 外语教学，2008（1）:18-22.

肖　燕 . 空间描述的主观性与参照框架的选择 [J]. 外语教学，2012（1）:42-46.

肖任飞 . 非疑问用法的"什么"及其相关格式 [D]. 武汉：华中师范大学硕士学位论文，2006:16-34.

邢福义 . 承赐型"被"字句 [J]. 语言研究，2004（1）:1-11.

邢福义 . 汉语复句研究 [M]. 北京：商务印书馆，2001:49-55.

邢福义 . 汉语语法学 [M]. 长春：东北师范大学出版社，1996:121-126.

邢福义 . 现代汉语的特指性是非问 [J]. 语言教学与研究，1987（4）:73-89.

徐　杰 , 张林林 . 疑问程度和疑问句式 [J]. 江西师范大学学报，1985（5）:71-79.

徐　杰 . 句子的功能分类和相关标点的使用 [J]. 汉语学习，1987（1）:5-8.

徐　杰 . 疑问范畴与疑问句式 [J]. 语言研究，1999（2）:22-35.

徐　杰 . 句子语法功能的性质与范围 [J]. 华中师范大学学报（人文社会科学版），2010（2）:101-105.

徐晶凝 . 认识立场标记"我觉得"初探 [J]. 世界汉语教学，2012（2）:209-219.

徐盛桓 . 疑问句的语用性嬗变 [J]. 外语教学与研究，1998（4）:27-34.

徐盛桓 . 疑问句探询功能的迁移 [J]. 中国语文，1999（1）:3-10.

徐通锵 . 汉语字本位语法导论 [M]. 济南：山东教育出版社，2008:278-286.

薛小芳 , 施春宏 . 语块的性质及汉语语块系统的层级关系 [J]. 当代修辞学，2013（3）:32-44.

杨　曙 , 常晨光 . 情态的评价功能 [J]. 外语教学，2012（4）:13-16.

杨　雪 . 对外汉语教学中"拒绝"功能项目的教学研究 [D]. 武汉：华中师范大学硕士论文，2012:34-37.

杨　子 , 王雪明 . "好不 AP"的构式新解 —— 兼谈词汇压制下的构式稳定性 [J]. 外语与外语教学，2013（4）:39-42.

杨寄洲 . 对外汉语初级阶段教学大纲 [M]. 北京：北京语言大学出版社，1999:126-128.

杨信彰 . 语篇中的评价性手段 [J]. 外语与外语教学，2003（1）:11-13.

姚小鹏，姚双云."不妨"的演化历程与功能扩展 [J]. 世界汉语教学，2009（4）:487-494.

易　峰. 汉语作为第二语言教学的功能大纲及其应用研究 [D]. 广州：暨南大学硕士论文，2009:1-3.

殷树林."你以为（当）"X？"问句及相关句类 [J]. 汉语学习，2007（3）:33-38.

于善志，林立红. 疑问及疑问衰变——谈英语疑问句语法化问题 [J]. 外语教学，2001（1）:33-39.

袁毓林. 祈使句式"V＋着！"分析 [J]. 世界汉语教学，1992（4）:269-275.

袁毓林. 现代汉语祈使句研究 [M]. 北京：北京大学出版社，1993:7-23.

乐　耀. 汉语中表达建议的主观性标记词"最好"[J]. 语言科学，2010（2）:143-153.

张　斌. 新编现代汉语 [M]. 上海：复旦大学出版社，2002:388-439.

张　磊，姚双云. 从语体视角考察指类句的句法特征和分布情况 [J]. 语言教学与研究，2013（2）:74-81.

张　潜. 近百年来汉语句型研究概述（上）[J]. 河北师范大学学报（哲学社会科学版），1998（3）:138-141.

张　潜. 近百年来汉语句型研究概述（下）[J]. 河北师范大学学报（哲学社会科学版），1998（4）:92-98.

张伯江. 否定的强化 [J]. 汉语学习，1996（1）:15-18.

张伯江. 疑问句功能琐议 [J]. 中国语文，1997（2）:104-109.

张高远. 英汉名词化对比研究　认知·功能取向的理论解释 [M]. 北京：中国社会科学出版社，2008:25-29.

张国宪. 性质、状态和变化 [J]. 语言教学与研究，2006（3）:1-10.

张克定. 主位化评述结构及其评价功能 [J]. 外语教学，2007（5）:14-17.

张绍杰，王晓彤."请求"言语行为的对比研究 [J]. 现代外语，1997（3）:64-72.

张文泰. 疑问与判断——兼谈设问、反问与判断的关系 [J]. 天津师大学报，1984（3）:94-96.

张小峰. 关联理论视角下语气词"吧"在祈使句中的话语功能探析 [J]. 南京师大学报（社会科学版），2009（5）:157-160.

赵　微. 指令行为与汉语祈使句研究 [M]. 上海：上海社会科学出版社，2010:29-40.

赵春利,石定栩.语气、情态与句子功能类型[J].外语教学与研究,2011(4):483-498.

赵建华.对外汉语教学中高级阶段功能大纲[M].北京：北京语言大学出版社,1999:5-8.

赵元任.汉语口语语法[M].北京:商务印书馆,1979:44-72.

中国社会科学院语言研究所词典编辑室.《现代汉语词典》（第6版）[M].北京:商务印书馆.

周国光.现代汉语陈述理论述略[J].暨南大学华文学院学报,2004（3）:44-51.

周启强,白解红.原型范畴与间接指令[J].外语与外语教学,2004（12）:1-4.

周士宏."吧"意义、功能再议[J].语言教学与研究,2009（2）:16-22.

周元琳.祈使句式"V着点儿！"对动词的语用、语义和句法选择[J].安徽师大学报（哲学社会科学版）,1998（3）:352-359.

朱德熙.语法讲义[M].北京：商务印书馆,1982:23-24.

邹韶华.中性词语义偏移的类型与成因[J].外语学刊,2007（6）:61-65.

Adele E.Goldberg.构式——论元结构的构式语法研究[M].吴海波,译.北京:北京大学出版社,2007:65-96.

Arie Verhagen.Subjuctification, syntax, and communication[A]. Subjectivity and subjectivisation: linguistic perspectives[C]. Cambridge: Cambridge University Press, 1995:103-128.

Frederick J.Newmeyer.Language form and language function[M].Cambridge: Massachusetts Insitute of Technology Press,1998:7-22.

Jackendoff Ray.Semantic patterns [M]. Cambridge: Massachusetts Insitute of Technology Press, 1992:43-55.

Lyons, John. Linguistic Semantics: An Introduction [M]. Cambridge: Cambridge University Press, 1995:131-290.

M.A.K.Halliday.功能语法导论（第二版）[M].彭宣维,赵秀凤,张征等,译.北京:外语教学与研究出版社,2011:40-182.

James R. Nattinger & Jeanette S. DeCarrico. Lexical phrases and language teaching[M]. Oxford:Oxford University Press, 1992:41-47.

Suzanne Kemmer.Emphatic and reflexive –self: expectations, viewpoint, and subjectivity.[A] Subjectivity and subjectivisation:linguistic perspectives[C]. Cambridge: Cambridge University Press, 1995:55-80.

Talmy Givón. Syntax: A Functional-Typological Introduction II [M].Philadelphia: John Benjamins Publishing Company, 1990:287-325.

Wolfgang Klein.Second Language Acquisition [M]. Cambridge: Cambridge University Press,1986:15-21.

Harnish R M. Mood, meaning and speech acts[J].Foundations of Speech-Act Theory: Philosophical and Linguistic Perspectives, 1994: 407-459.

Kiefer F. Sentence type, sentence mood, and illocutionary type[J]. Current Advances in Semantic Theory, 1992 : 269.

后　记

此书是在本人博士论文《现代汉语功能句型系统构建研究》的基础上修改而成。在此要向所有关心过我的老师和朋友致以最衷心的感谢。

2006年，我有幸进入华中师范大学文学院跟随导师李向农教授攻读语言学及应用语言学硕士学位，在华中师范大学的求学生涯让我对汉语语言学和对外汉语教学产生了浓厚的兴趣。2011年，我回到华中师范大学继续跟随李老师攻读博士学位，2014年毕业至今已有三年。在华中师范大学的六年时间对我意义重大，六年的读书时光让我逐渐了解了汉语语言学的基础知识，掌握了思考问题的基本方法，这对我现在的教学和研究有很大帮助。我十分荣幸自己能够在桂子山求学，感受华中师范大学语言学研究团队良好的学术氛围。

本书的写作，首先要感谢导师李向农教授对我的悉心指导，无论是从论文的选题、写作、修改，还是到最终的定稿，李老师都关怀备至。在华中师范大学读书期间，李老师和师母对我的学习和生活都非常关心，让我从心里感受到家的温暖。尽管自己资质愚钝，没有在学术研究中做出很好的成绩，但李老师一直都在鼓励我再接再厉。此次文稿出版，李老师欣然赐序，让我心怀感激，同时也倍受鼓舞。

感谢华中师范大学文学院吴振国老师、储泽祥老师、刘云老师、罗耀华老师对我的指导和帮助。吴振国老师和储泽祥老师在开题报告会上，对本书的研究内容和方法给予点评和指导，让我受益匪浅。感谢湖南师范大学国际汉语文化学院杨玲院长及其他老师给予我的各种帮助与鼓励，让我的论文写作得以顺利进行。感谢室友华中师范大学城市与环境科学学院朱媛媛博士的热心帮助，让我有一个舒适的环境完成毕业论文的写作。

自 2015 年 1 月入职以来，湖南师范大学文学院陈晖老师、杨合林老师及其他同事对我的关心与帮助，让我能较快地适应新的工作环境。陈晖老师总是以包容的态度勉励我前进，让我获益良多。

最后还要特别感谢父母对我的教育和培养，在成长的过程中为我无私地付出！感谢我的爱人金鑫在工作中对我的理解与鼓励，本书的修改及校订他也提了很多意见。

需要特别说明的是，因本人能力和精力有限，书中难免还存在一些问题，恳请大家批评指正。

王擎擎

2017 年 4 月于长沙